Erlebnis Sprache 1
für die Sekundarstufe II

01 Sprache und Identität

1 Muttersprache – Vaterland	7
2 Der deutsche Sprachraum	11
3 Die Sprachen der Schweiz	13
4 Die Sprachsituation in der Deutschschweiz	16
5 Dialekte in der Schweiz	19
Test	**22**

02 Rechtschreibung und Textredaktion

1 Der Weg zu einem korrekten Text	25
2 Rechtschreibhilfen	28
3 Rechtschreibung	31
4 Zeichensetzung	37
Test	**39**

03 Präsentieren

1 Redner – Rede – Publikum	43
2 Fünf Merkmale einer überzeugenden Präsentation	44
3 Visualisierung und rhetorische Mittel	49
Test	**54**

04 Kommunikation

1 Der Begriff Kommunikation	57
2 Kommunikation beginnt zu zweit	59
3 Mit vier Ohren hören	62
4 Missglückte Kommunikation	64
5 Erfolgreiche Kommunikation	66
6 Feedback geben – Feedback aufnehmen	68
Test	**71**

05 Interview

1 Was ist ein Interview?	75
2 Interview-Analyse	77
3 Fragetechnik	79
4 Ein Interview vorbereiten, durchführen und auswerten	83
Test	**85**

06 Porträt

1 Was ist ein Porträt?	89
2 Die Persönlichkeit eines Menschen erfassen	91
3 Merkmale eines Porträts	93
4 Ein Berufsporträt verfassen	99
Test	**102**

07 Lesen und zusammenfassen

1 Vier Arten des Lesens	107
2 Eine bewährte Lesemethode: SQ3R	108
3 Textaussagen grafisch darstellen	114
4 Texte zusammenfassen	116
5 Mit Fremdwörtern umgehen	120
Test	**123**

08 Textsorten

1 Sachtexte und fiktionale Texte	127
2 Die Abgrenzung der Textsorten	129
3 Journalistische Textsorten	132
4 Einen Leserbrief verfassen	137
5 Die Textsorte bestimmen	139
Test	**141**

09 Sachtexte analysieren

1 Was heisst analysieren?	147
2 Die Analyse von Sachtexten	148
3 Bilder beschreiben und analysieren	153
4 Diagramme beschreiben und analysieren	155
5 Gedanken logisch verknüpfen und strukturieren	160
Test	**163**

10 Erzählen

1 Warum erzählen?	167
2 Erzählen – schildern – beschreiben	168
3 Die Elemente der Erzählung	170
4 Der Aufbau der Handlung und die Zeitgestaltung	172
5 Figuren und Schauplätze	178
6 Schreibtraining	180
7 Anschaulich schreiben	182
Test	**186**

Glossar	**187**
Lösungen	**191**

Mit ↗ versehene Begriffe werden im Glossar erläutert.

Seite 5 / Modul 01

Sprache und Identität

Sie stehen am Anfang einer Berufslehre. Damit beginnt ein neuer Abschnitt in Ihrem Leben. Immer wenn etwas zu Ende gegangen ist und etwas Neues beginnt, bietet sich die Gelegenheit für eine persönliche Standortbestimmung.

Eine Berufsschülerin setzte sich zu Beginn ihrer Lehre mit der eigenen Person auseinander und stellte sich ihrer Klasse mit einem so genannten persönlichen ABC vor.

A   Im **A** wie August vor 17 Jahren fing mein Leben an. Seit dem 13., einem Samstag, bin ich auf dieser Welt.

B   In **B**ern bin ich geboren, und ich wohne auch heute noch hier.

C   **C**armela ist meine zwei Jahre ältere Schwester, der ich mich oft anvertraue.

D   **D**a Silva ist mein Familienname, und den werde ich auch behalten, wenn ich heirate.

E   **E**ssen ist meine Lieblingsbeschäftigung – man merkts!

F   **F**erien verbringe ich in Italien, und zwar am liebsten in Rom.

G   **G**eschirr abwaschen? Nein danke! Ich hasse es. Gerne hätte ich einen Geschirrspüler.

H   Auch **H** mag ich nicht, denn es erinnert mich an Hausaufgaben. Und das muss nun wirklich nicht sein.

I   **I**talien ist mein Heimatland und Italienisch meine Muttersprache.

J   **J**oggen wär zwar gut, doch lieben tu ichs nicht.

K   **K**aufmännische Lehre: Genau das habe ich gewählt.

L   **L**öwe ist mein Sternzeichen, man siehts an der Mähne, die ich habe.

M   **M**eine Mutter ist für mich sehr wichtig. Ich bin froh, habe ich sie.

N   **N** wie Norma ist mein Name. Mein Vater hat ihn ausgewählt.

O   **O**per, weil «Norma» eine Oper ist, und da mein Vater Opern liebt, wollte er mir diesen Namen geben.

P   **P**izza ist mein Lieblingsessen.

Q   Zu viel **Q**ualm kann ich nicht ausstehen, davon wird mir schlecht. Deshalb rauche ich auch nicht.

R   **R**ote Rosen sind die einzigen Blumen, die ich gerne von meinem Freund bekomme.

S   Mit einem **S**MS danke ich ihm dafür.

T   **T**iziano ist mein Ein und Alles.

U   **U**marmt werde ich sehr gerne, vor allem von ihm.

V   **V**incenzo heisst mein Onkel aus Turin.

W   Im **W**ylerbad habe ich die meiste Sommer-Freizeit verbracht.

X   **X**L-Jeans sind glücklicherweise zu gross für mich.

Y   **Y**orky ist der Hund von Bekannten, den ich sehr mag.

Z   **Z**willinge, genau das sind meine Brüder, aber nicht im Sternzeichen, sondern als doppelte Brüder.

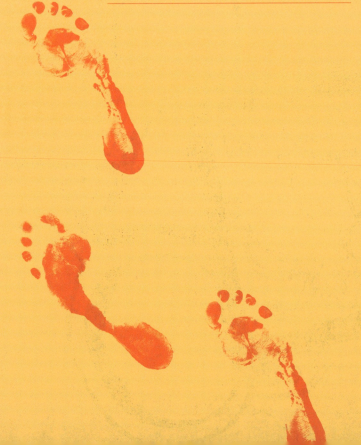

Verfassen Sie Ihr persönliches ABC, mit dem Sie sich der Klasse vorstellen können. Verwenden Sie dazu mindestens 20 Buchstaben des Alphabets. Schauen Sie zurück auf Ihr Leben, aber blicken Sie auch nach vorn. Gehen Sie bei einem Buchstaben auf Ihre Muttersprache ein.

1 | Muttersprache – Vaterland

Jeder Mensch weist Eigenschaften auf, die ihn einzigartig machen und von anderen unterscheiden – er ist ein Individuum. Gleichzeitig leben wir in Gemeinschaften, mit denen wir bestimmte Merkmale teilen. Zu diesen gehören wesentlich die Sprache und die Verbundenheit mit bestimmten Orten, Gegenden und Ländern der Erde.

Aufgabe 1

Kennzeichnen Sie Ihren Geburtsort und – wenn Sie es wissen – den Geburtsort oder den Herkunftsort Ihrer Eltern und Grosseltern.

© 2007, Bundesamt für Landestopografie. Alle Rechte vorbehalten

Ernst Klett Verlag GmbH, Stuttgart

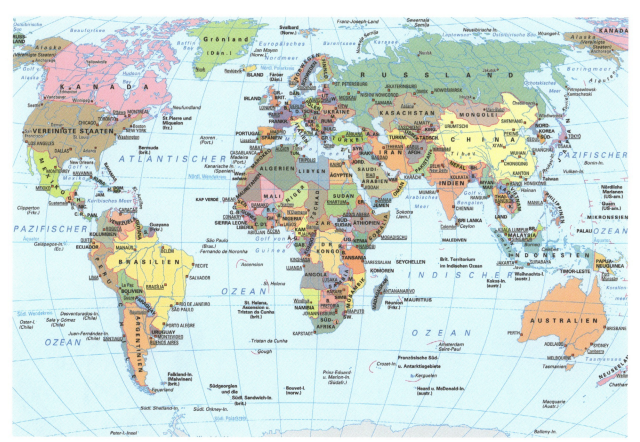

Ernst Klett Verlag GmbH, Stuttgart

Aufgabe 2

Antworten Sie auf die Fragen zu Ihrer Herkunft und inneren Verbundenheit.

Wo liegt Ihr Geburtsort?

Wo fühlen Sie sich verwurzelt?

Welches Land bezeichnen Sie als Ihr Vaterland?

Welche Sprache bezeichnen Sie als Ihre Muttersprache?

Welche Landesfahne würden Sie bei einem internationalen Sportwettkampf aufs Podest mitnehmen?

Aufgabe 3

In welcher Sprache sprechen Sie mit Ihrer Mutter, Ihrem Vater, Ihren Geschwistern, Ihren Grosseltern, Ihren Kolleginnen und Kollegen?

Mutter

Vater

Geschwister

Grosseltern

Kolleginnen und Kollegen

Sprache in der neuen Heimat

Die Zuwanderung von Menschen aus anderen Ländern ist in der Schweiz seit Jahrzehnten ein grosses gesellschaftliches Thema. ↗ **Immigration** ist verbunden mit einem Wechsel aus der Heimat in die Fremde für die erste Generation und mit der Verwandlung dieser Fremde in eine neue Heimat auch für die nachfolgenden Generationen.
In ihrem mehrfach preisgekrönten Buch «Tauben fliegen auf» (2010) erzählt die ungarisch-schweizerische Autorin Melinda Nadj Abonji, die im Alter von vier Jahren aus dem heutigen Serbien zu ihren Eltern in die Schweiz übersiedelte, die Geschichte ihrer ↗ **Migration**. Dabei werden auch die Schwierigkeiten mit der Sprache in der neuen Heimat thematisiert.

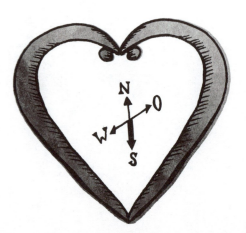

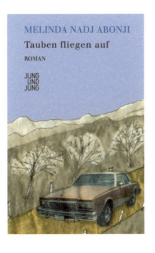

«Mutter, die Vater plötzlich unterbricht, mit einer feinen Stimme sagt, es sei unangenehm, ständig zu schwitzen, wenn man Deutsch spricht, und wahrscheinlich schwitze man so, weil man wisse, dass man falsch spreche, auch wenn man sich noch so Mühe gäbe, und Mutter schaut uns alle der Reihe nach an, mit offenen Augen, als habe sie gerade etwas Schockierendes begriffen – und das Spielbrett liegt vor uns, das Papiergeld, die Figuren, die Würfel, Mutters Worte, die mitten ins Herz treffen und zeigen, was Vaters Überhebungen [Hinweis der Redaktion: Der Vater betont bei Besuchen in der alten Heimat immer wieder, dass in der Schweiz alles besser sei, alles seine richtige Ordnung habe] im Grunde sind, nämlich die Hilflosigkeit gegenüber erlittenem Schmerz, Enttäuschungen, die sich hinter diesen Sprüchen verschanzen (und es gäbe so viel zu sagen über den Kurzschluss, dass ein Mensch, der in der Sprache Fehler macht, als dumm gilt, die Fehler meiner Eltern, die in meinen Ohren eine eigene Schönheit haben; es wäre die Gelegenheit zu sagen, dass Vater und Mutter, wenn sie Ungarisch sprechen, wie verwandelt aussehen), und als könnte Nomi meine Gedanken lesen, sagt sie, wir übersetzen euch simultan, das nächste Mal, wenn ihr zur [Einbürgerungs-]Prüfung müsst, dann musst du nicht mehr schwitzen, Mami, dann schwitzen die Herren, weil ihnen so viele Wörter um die Ohren fliegen.»

Aus: Melinda Nadj Abonji: Tauben fliegen auf, Salzburg und Wien: Jung und Jung, 2010

Aufgabe 4

Von welchen Erfahrungen mit einer fremden Sprache ist im Text die Rede?

Aufgabe 5

Können Sie selber über Erfahrungen in einer neuen Heimat, mit einer neuen Sprache berichten? Haben Sie diesbezüglich etwas gelesen? Kennen Sie Filme zu diesem Thema?

Die grössten Weltsprachen

Die Gesamtzahl der Sprachen weltweit wird auf etwa 6000 geschätzt. Davon gelten die Sprachen, die weit über ihren nationalen Geltungsbereich hinaus verbreitet sind, als Weltsprachen.

	Muttersprache Sprecher in Mio.	Zweitsprache Sprecher in Mio.
Chinesisch	1213	178
davon Mandarin (Hochchinesisch)	(845)	(31)
Spanisch	329	60
Englisch	328	keine Angabe
Hindi / Urdu (Hindustani)	242	224
Arabisch	221	246
Bengalisch	181	140
Portugiesisch	178	15
Russisch	144	110
Japanisch	122	1
Deutsch	90	28
Französisch	68	50

Aus: Wikipedia / The Ethnologue. Die Zahlen beruhen auf Schätzungen.

Aufgabe 6

Formulieren Sie aufgrund der Informationen, die Sie aus der Tabelle herauslesen können, drei Aussagen zum Thema «Deutsch im Vergleich mit anderen Sprachen».

Aufgabe 7

Welche Weltsprache(n) verstehen, sprechen und schreiben Sie?

verstehen:

sprechen:

schreiben:

2 | Der deutsche Sprachraum

Deutsch ist heute offizielle Sprache in Deutschland, in Österreich, in der Schweiz, im Fürstentum Liechtenstein, im Südtirol, in Luxemburg und in Ostbelgien. Dieser Umstand hat dazu geführt, dass es keine einheitliche Hochsprache gibt, sondern verschiedene regionale Spielarten mit zahlreichen Unterschieden, vor allem im Bereich des Wortschatzes.

Nach: Wikipedia. **Die deutsche Sprache in Europa. Rot: Amtssprache, orange: ↗ Verkehrssprache, Nationalsprache oder regionale Amtssprache.**

Helvetismen

Hochsprachliche Eigenheiten, die besonders in der Schweiz, nicht aber im ganzen deutschsprachigen Raum vorkommen, bezeichnet man als ↗ **Helvetismen**. «Vortritt» heisst nur im Schweizer Strassenverkehr so; andernorts spricht man von «Vorfahrt» oder «Vorrang». Weitere Beispiele: Steuerverwaltung = Finanzbehörde; Nüsslisalat = Feldsalat; Hühnerhaut bekommen = Gänsehaut kriegen. In der Schweiz ist die Unsicherheit gross, ob Helvetismen auch wirklich richtiges Hochdeutsch sind.

Aufgabe 8

Lösen Sie das Kreuzworträtsel. Wie leicht fällt Ihnen das Übertragen von Helvetismen in Ausdrücke, die im ganzen deutschsprachigen Raum verwendet werden? Hinweis: Umlaute (ä, ö, ü) werden als ein Buchstabe verwendet.

Waagrecht		Senkrecht	
3	harzig	1	Schulreise
6	Trottoir	2	Estrich
7	Türfalle	3	Znüni
10	Velo	4	Leerschlag
11	Sackgeld	5	antönen
13	Morgenessen	8	Spital
14	parkieren	9	Nuggi
16	Perron	12	Samichlaus
17	Unterbruch	15	Pneu
19	Hahnenwasser	18	laufen
22	Billett	20	grillieren
		21	versorgen

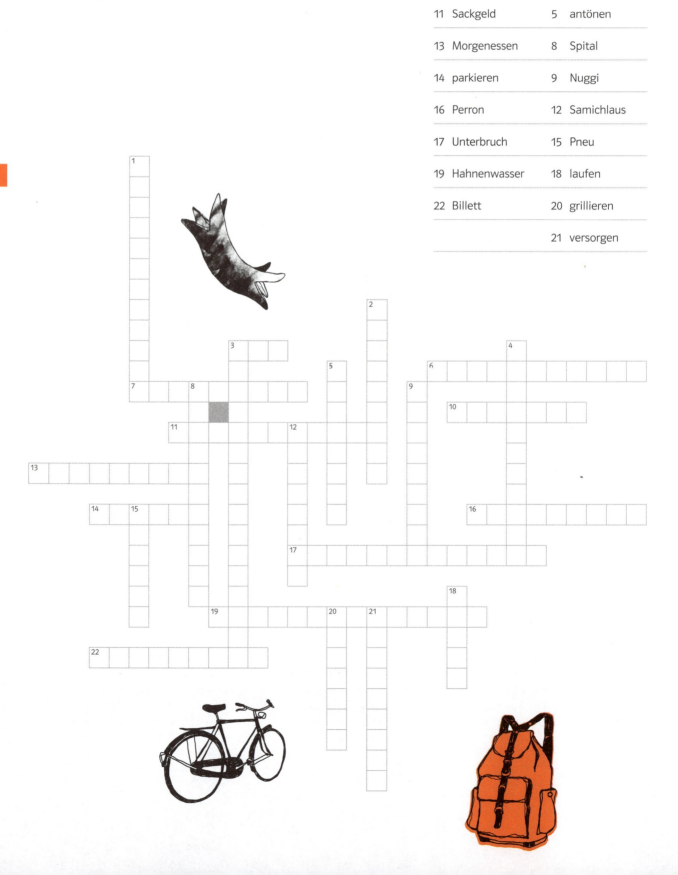

3 | Die Sprachen der Schweiz

In der Schweizerischen Bundesverfassung ist geregelt, dass Deutsch, Französisch und Italienisch die Amtssprachen des Bundes sind. Im Verkehr mit Personen rätoromanischer Sprache ist auch Rätoromanisch Amtssprache des Bundes.

Eine einzelne Sprache, die die Schweizer Identität als Ganzes symbolisiert, existiert nicht. Von den 26 Kantonen der Schweiz (davon sechs Halbkantone) sind 17 Kantone einsprachig Deutsch, vier Kantone sind einsprachig Französisch und einer ist einsprachig Italienisch. Drei Kantone sind offiziell zweisprachig, einer ist dreisprachig.

Die Sprachregionen in der viersprachigen Schweiz

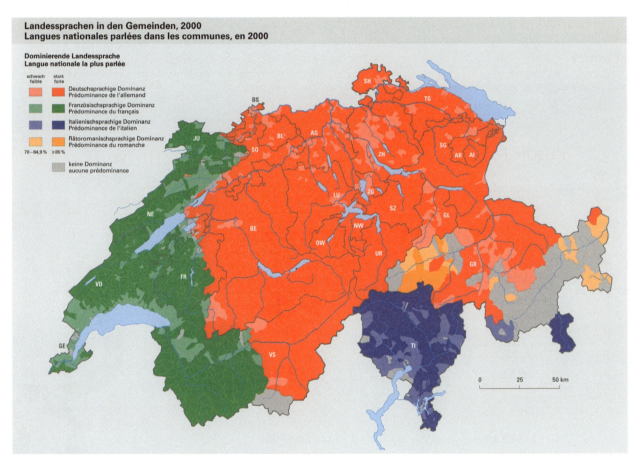

Kartengrundlage: Bundesamt für Statistik BFS (Volkszählung 2000)

Aufgabe 9

Wie gut kennen Sie sich aus? Kreuzen Sie richtig an.

	Einsprachig (Deutsch)	Einsprachig (Französisch)	Einsprachig (Italienisch)	Zweisprachig	Dreisprachig
St. Gallen	☐	☐	☐	☐	☐
Bern	☐	☐	☐	☐	☐
Wallis	☐	☐	☐	☐	☐
Graubünden	☐	☐	☐	☐	☐
Freiburg	☐	☐	☐	☐	☐
Jura	☐	☐	☐	☐	☐
Basel-Stadt	☐	☐	☐	☐	☐
Tessin	☐	☐	☐	☐	☐
Neuenburg	☐	☐	☐	☐	☐

Nach: Nicole Eilinger-Fitze: Oh, dieses Schweizerdeutsch, Welver: Conrad Stein Verlag GmbH, 2007

«Falsche Freunde»

Wo Mehrsprachigkeit herrscht, tummeln sich gerne ↗ «falsche Freunde»:

Le musée des beaux-arts
der Mäusebussard

Le bariton
das Hundegebell

Le souffleur
der Säufer

Le monde
der Mond

La clôture
die Klotür

Le comestible
der Gummistiefel

Hauptsprachen in der Schweiz

Migration und Globalisierung haben dazu geführt, dass in der Schweiz auch weitere Sprachen verbreitet sind. So leben heute mehr Menschen mit einer südslawischen als mit der rätoromanischen Erstsprache in der Schweiz. Vor diesem Hintergrund erstaunt es nicht, dass der «Abfallkalender» einer grösseren Schweizer Gemeinde in Deutsch, Französisch, Italienisch, Englisch, Kroatisch, Serbisch, Albanisch, Tamil, Portugiesisch, Spanisch, Türkisch und Kurdisch verfügbar ist – nicht aber in Rätoromanisch.

	1990	2000
Total (in Tausend)	**6873.7**	**7288.0**
Deutsch	4374.7	4640.4
Französisch	1321.7	1485.1
Italienisch	524.1	471.0
Rätoromanisch	39.6	35.1
Spanisch	116.8	77.5
Serbisch und Kroatisch	109.0	111.4
Übrige slawische Sprachen	18.6	23.3
Portugiesisch	93.8	89.5
Türkische Sprachen	61.3	44.5
Englisch	60.8	73.4
Albanisch	35.9	94.9
Übrige Sprachen	117.4	142.0

Nach: Bundesamt für Statistik BFS

Aufgabe 10

Versuchen Sie abzuschätzen, welche Erstsprachen in der Schweiz seit 2000 zahlenmässig zugelegt bzw. abgenommen haben.

Aufgabe 11

Welche Erst- oder Hauptsprachen kommen in Ihrer Klasse vor? Erstellen Sie eine Liste und zeichnen Sie eine einfache Grafik, in der die Prozentwerte visualisiert sind.

4 | Die Sprachsituation in der Deutschschweiz

In der Deutschschweiz existieren zwei Sprachformen des Deutschen: Hochdeutsch wird vorwiegend in der geschriebenen Sprache, der Dialekt vorwiegend in der mündlichen Sprache verwendet.

Kinder, die in der Deutschschweiz aufwachsen, erwerben als erste deutsche Sprachform den ortsüblichen ↗ **Dialekt**. Weil das Hochdeutsche im Alltag als Vorlesesprache in Kinderbüchern und in den deutschsprachigen Medien stark verankert ist, verstehen es die Kinder schon früh. In der Schule, insbesondere im Deutschunterricht, wird fast ausschliesslich Hochdeutsch geschrieben und gesprochen. Dies hat gute Gründe:

- Deutsch, also Hochdeutsch, ist offizielle Amtssprache in der Deutschschweiz.

- Hochdeutsch ist die Sprache, die in einer weiträumigen Sprachgemeinschaft – dem deutschen Sprachraum – gesprochen und geschrieben wird. Ein sicherer sprachlicher Ausdruck in dieser Sprache bietet viele Vorteile, darunter ökonomische und kommunikative.

- Die Lehrbücher in allen Fächern ausser den Fremdsprachen sind in Hochdeutsch geschrieben. Damit bilden gute Deutschkenntnisse die Basis für den Lernerfolg in praktisch allen Fächern und Prüfungen.

Das Nebeneinander von Dialekt und Hochdeutsch in der deutschen Schweiz wird auch als ↗ **Diglossie** bezeichnet.

Aufgabe 12

Lesen Sie den folgenden Text und beantworten Sie die Fragen.

Hochdeutsch sprechen und hören

Das gesprochene Hochdeutsch hat in der Deutschschweiz einen etwas anderen Stellenwert als im übrigen deutschsprachigen Raum. Das Hochdeutsche hat seinen Platz in der Schule, in der Kirche oder in bestimmten massenmedialen Sendeformaten, und es wird für Reden und Vorträge gewählt. Es handelt sich dabei in aller Regel um eher formale Situationen mit Sprechenden, die Monologe halten.

Ausserdem kommt Hochdeutsch immer dann ins Spiel, wenn nicht garantiert ist, dass der Dialekt verstanden würde, also beispielsweise in der Kommunikation in gesamtschweizerischen Gremien und im nationalen Parlament, dem National- und Ständerat, sowie in den Parlamenten mehrsprachiger Kantone.

Auch in alltäglichen Begegnungen wechseln Deutschschweizerinnen und Deutschschweizer oft dann ins Hochdeutsche, wenn das Gegenüber nicht muttersprachliches Schweizerdeutsch spricht. Die Entscheidung, welche Sprachform in solchen Konstellationen zu wählen sei, ist gar nicht so einfach. Die Forderung, mit Menschen, die erkennbar keinen schweizerischen Dialekt als erste Sprachform gelernt haben, sei aus Gründen der Höflichkeit das verständigungssichernde Hochdeutsch zu wählen, greift zu kurz. Wer in der Deutschschweiz lebt, versteht oftmals Dialekt, ohne ihn selbst zu sprechen, und kennt auch die Deutschschweizer Sprachgewohnheiten.

Die Wahl des Hochdeutschen kann dann als Signal verstanden werden, dass man als Fremde und Nichtzugehörige betrachtet wird.

Da gesprochenes Hochdeutsch im Alltag insgesamt doch selten ist und vor allem bei besonderen Gelegenheiten – und dann häufig abgelesen – ins Spiel kommt, ist die Sprechroutine bei manchen eher gering, und viele fühlen sich anderen Deutschsprachigen gegenüber unsicher.

Über die Helvetismen hinaus zeichnet sich das gesprochene Hochdeutsche in der Regel durch Aussprachebesonderheiten aus, welche die Schweizer Herkunft erkennen lassen. Einerseits ist es die Satzmelodie, die eine Zuordnung erlaubt, andererseits haben Deutschschweizerinnen und Deutschschweizer Aussprachegewohnheiten, die ihre Herkunft verraten: Ein R in Wörtern wie *Vater* oder *Erde* wird als Konsonant ausgesprochen und nicht wie ein *a*-haltiger Vokal *(Vata, Eade)*. Viele machen auch im Hochdeutschen keinen Unterschied in der Aussprache des *ich*- und des *ach*-Lautes oder sprechen den Konsonanten *k* als *kch* aus.

Der Kontakt mit nichtschweizerischen Deutschsprachigen – sei es persönlich oder über die Medien – scheint die Vorstellungen darüber, wie sich gesprochenes Schweizerdeutsch anzuhören habe, allmählich zu verändern. Am Schweizer Radio und Fernsehen werden Sprecherinnen und Sprecher mit einem deutschländisch klingenden Hochdeutschen zunehmend akzeptiert. Zwar ist es nach wie vor eher verpönt, als Schweizerin oder Schweizer allzu deutschländisch zu sprechen, andererseits sind früher übliche dialektgeprägte Aussprachen – etwa *ist* als *ischt* – auch bei nicht ausgebildeten Sprecherinnen und Sprechern kaum mehr zu hören, sondern diese dienen nur noch der Parodie eines ‹schlechten› Schweizerdeutsch.

Aus: Helen Christen, Elvira Glaser und Matthias Friedli (Hrsg.): Kleiner Sprachatlas der deutschen Schweiz, Frauenfeld: Huber, 2010

---

1. Das gesprochene Hochdeutsch wird verwendet …

	Selten	Meistens	Immer
· in der Schule.	☐	☐	☐
· in formellen Reden und Vorträgen.	☐	☐	☐
· wenn nicht garantiert ist, dass alle Dialekt verstehen.	☐	☐	☐
· im Alltag.	☐	☐	☐
· im Schweizer Fernsehen.	☐	☐	☐
· im National- und Ständerat.	☐	☐	☐

2. Mit Menschen, die erkennbar keinen schweizerdeutschen Dialekt sprechen, soll Hochdeutsch gesprochen werden. Diese Forderung …

	Richtig	Falsch
· ist berechtigt, weil eine Verständigung sonst nicht möglich ist.	☐	☐
· kann so nicht eindeutig gestellt werden.	☐	☐
· ist berechtigt, weil sich diese Menschen sonst ausgeschlossen fühlen können.	☐	☐
· ist ein Gebot der Höflichkeit.	☐	☐

3. Viele Schweizerinnen und Schweizer fühlen sich unsicher, wenn sie Hochdeutsch sprechen, weil ihre Aussprache die Schweizer Herkunft erkennen lässt. ☐ ☐

4. Schweizer Hochdeutsch wird am Schweizer Radio und Fernsehen zunehmend akzeptiert. ☐ ☐

5. Das gesprochene Hochdeutsch wird in der Deutschschweiz nur bei formellen Anlässen verwendet. ☐ ☐

Hochdeutsch oder Dialekt? Wie soll man sich verhalten?

Zu diesen Fragen äussert sich eine Sprachwissenschaftlerin im folgenden Interview.

Wann ist Dialekt angebracht und wann Hochdeutsch?
Situationen, die früher als formell wahrgenommen wurden und damit ein sehr korrektes und förmliches Verhalten verlangten, werden heute mehr als informell, also als eher zwanglos und locker, betrachtet. Deshalb wird heute generell mehr Mundart verwendet als früher. So ist es heutzutage beispielsweise selbstverständlich, dass eine Deutschschweizer Bundesrätin in einem Interview am Deutschschweizer Fernsehen Dialekt spricht. Das hätte man früher mit grosser Wahrscheinlichkeit anders gehalten – sofern sich die Medienschaffenden damals überhaupt das Recht herausgenommen hätten, eine Magistratsperson zu interviewen. Wir beobachten also möglicherweise keine Mundartwelle, sondern vielmehr eine Tendenz zu weniger Formalitäten. Bei SMS und E-Mails geht es um den persönlichen Austausch zwischen zwei Personen. Welche Sprachform hier in welcher Situation angemessen ist, muss den Beteiligten überlassen werden. Es ist auf jeden Fall nicht Sache der Sprachwissenschaft, sprachliche Verhaltensregeln aufzustellen.

Im Alltag begegnet man häufig Menschen, die nicht Dialekt können. Wie verhalten Sie sich sprachlich?
Bei Touristen ist es für mich eine Frage des Anstands, ins Hochdeutsche zu wechseln. Bei Immigranten benutze ich nach einer «Inkubationszeit»[1] Mundart. Ich gehe davon aus, dass die meisten sogar froh darüber sind, weil ich sie damit nicht länger wie Fremde behandle. Mundart signalisiert auch Zugehörigkeit.

[1] Zeit von der Infektion bis zum Ausbruch der Krankheit, hier im übertragenen Sinn für «sprachliche Ansteckungszeit»

Nach: Philippe Zweifel: «Bei Immigranten benutze ich nach einer ‹Inkubationszeit› Mundart», in: Der Bund online, 21. Oktober 2010

5 | Dialekte in der Schweiz

I bin es fass ohni bode & ne fernwehfahrer
gah bis a rand vor wäut & när no ei schritt meh
ohni kompass, ohni stoppuhr
s git no so viu, won I no nie ha gseh ...

glych wie wyt wäg dass me geit,
glych wohi dr wind eim treit
es landet jede immer wieder vor syre eigete tür

Patent Ochsner, Globetrotter, 2008

Der Dialekt ist vor allem eine gesprochene Sprachform. Deshalb stellt das Lesen von geschriebenem Dialekt recht hohe Anforderungen an die Leserinnen und Leser. Die ungewohnten Schriftbilder können irritieren und den Lesefluss verlangsamen. Dies umso mehr, als wir selten längere geschriebene Ausschnitte aus unterschiedlichen Dialekten der Schweiz zu sehen bekommen.

Viele Deutschschweizer kennen die verschiedenen Dialekte der Schweiz und können sie mit der räumlichen Herkunft der Sprecherinnen und Sprecher in Verbindung bringen. Am bekanntesten sind die Dialekte aus Gegenden mit vielen Einwohnern, etwa Zürichdeutsch, Berndeutsch oder Baseldeutsch. In der Regel werden die Dialekte einem Kanton zugeordnet. Weil es aber auch innerhalb der Kantone und über die Kantonsgrenzen hinaus regional geprägte Dialektformen gibt, können auch kleinräumigere Bezeichnungen verwendet werden (zum Beispiel Senslerdeutsch, Entlebucherdeutsch).

Aufgabe 13

Wie verwenden Sie Ihren Dialekt als geschriebene Sprachform? Für Kartengrüsse? Persönliche Briefe? SMS? Chat-Kommunikation?

Aufgabe 14

Nennen Sie Situationen, in denen Sie den Dialekt nicht verwenden.

Dialektunterschiede und -eigenheiten

Bei der sprachwissenschaftlichen Untersuchung der Dialekte zeigen sich markante sprachgeografische Unterschiede.

Je südlicher in der Schweiz ein Ort liegt, desto mehr dialektale Eigentümlichkeiten weist der ortsübliche Dialekt auf (Nord-Süd-Gegensätze).

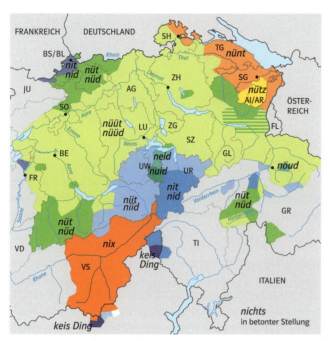

Helen Christen, Elvira Glaser und Matthias Friedli (Hrsg.): Kleiner Sprachatlas der deutschen Schweiz, Frauenfeld: Huber, 2010 / Kartengrundlage mit freundlicher Genehmigung des A. Francke Verlags Tübingen und Basel / Neuillustration Brigitte Gubler, Zürich

Eine alte Kulturgrenze – auch als Brünig-Napf-Reuss-Linie bekannt – zeigt sich nicht nur in unterschiedlichen Bezeichnungen (Ost-West-Gegensätze), sondern auch in vielerlei Lebensbereichen (Gebrauch unterschiedlicher Jasskarten, es gibt eine Fastnacht oder nicht, im Westen hält man Fleckvieh, im Osten Braunvieh).

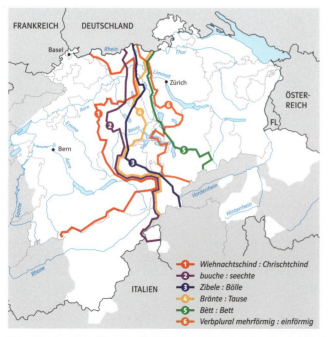

Helen Christen, Elvira Glaser und Matthias Friedli (Hrsg.): Kleiner Sprachatlas der deutschen Schweiz, Frauenfeld: Huber, 2010 / Kartengrundlage mit freundlicher Genehmigung des Sauerländer Verlags Aarau / Neuillustration Brigitte Gubler, Zürich

Wollen Sie wissen, welche lokale Herkunft Ihr Dialekt erkennen lässt? Befragen Sie das
«Chochichäschtli»-Orakel: http://dialects.from.ch

Gegenüber dem Hochdeutschen weisen die schweizerdeutschen Dialekte zahlreiche Eigenheiten
auf. Einige Beispiele:

· Reduktion der grammatischen Zeiten

	Hochdeutsch	Dialekt
Präteritum	ich machte	i ha gmacht
Perfekt	ich habe gemacht	i ha gmacht
Plusquamperfekt	ich hatte gemacht	i ha gmacht

· Häufiger Gebrauch der Verkleinerungsform mit der Endung -li
   Hüüsli, Büebli

· Verkleinerungsformen beim Verb
   schlafe → schlääfele
   schloofe → schlööfele
   schaffe → schäffele

· Bildungen mit -ete drücken wiederkehrende oder länger andauernde Tätigkeiten aus
   Züglete, Metzgete

Aufgabe 15

Verfassen Sie eine eigene Sprachbiografie. Orientieren Sie sich dabei an den folgenden Fragen.

· Welches waren die ersten Wörter, die Sie gesprochen haben?
· Welche Sprache(n) lernten Sie zuerst sprechen?
· Welche Sprache(n) sprechen Ihre Eltern und Grosseltern?
· Welche Sprache(n) lernten Sie in der Schule?
· Was ist Ihre Muttersprache?
· Kennen Sie Personen, die einen speziellen schweizerdeutschen Dialekt sprechen? Wenn ja, welchen?
· Haben Sie Beobachtungen bezüglich Schweizerdeutsch und so genannten ↗ **Ethnolekten** gemacht?
· Wie verwenden Sie den Dialekt als geschriebene Sprache?
· Waren Sie schon in anderen deutschsprachigen Ländern?
· Welche Erfahrungen haben Sie mit Ihrem Deutsch gemacht, in der Schweiz, im Ausland?
· Welche Erfahrungen haben Sie gemacht bezüglich der Verständigung in der Romandie und/oder im Tessin?
· Mit welcher Fremdsprache kamen Sie zuerst in Kontakt?
· Wie lernen Sie Fremdsprachen am leichtesten?
· Was motiviert Sie zum Erwerb von Fremdsprachen?

Test 01 | Sprache und Identität

1. Nennen Sie drei der fünf meistgesprochenen Sprachen der Welt.

2. Erklären Sie den Begriff «Helvetismus» und nennen Sie zwei Beispiele.

3. Welche drei Sprachen werden in der Schweiz neben den offiziellen Landessprachen am häufigsten gesprochen?

4. Nennen Sie drei Eigenheiten, die schweizerdeutsche Dialekte gegenüber der hochdeutschen Sprache aufweisen.

5. Wie steht der «Normalschweizer» zur hochdeutschen Sprache und zu den Deutsch sprechenden Deutschen? Fassen Sie den Standpunkt des Buchautors Bruno Ziauddin in maximal drei Sätzen zusammen und beantworten Sie dann die Frage aus Ihrer Sicht.

> Den Normalschweizer plagt schon so etwas wie ein Sprachkomplex. Er hat Deutschen gegenüber ein latentes Minderwertigkeitsgefühl, das ihn hartnäckig verfolgt. Spricht er Hochdeutsch, fühlt er sich, nicht zuletzt mangels Übung, rasch einmal plump, langsam, ungelenk und ein bisschen dumm. Umgekehrt erlebt er Deutsche als schneller, schlagfertiger, eleganter, präziser im Ausdruck. Und seine Mundart, die verteidigt der Schweizer zwar wie ein Leopardenweibchen ihre Jungen, aber eben, es ist keine Hochsprache, keine Schriftsprache, keine Kultursprache, und Spott aus dem Ausland gibts auch zur Genüge. Ein unverkrampftes Selbstbewusstsein lässt sich unter diesen Umständen nur schwer entwickeln. Und so kommt es, dass er sich von einem Deutschen schnell einmal überfahren, an die Wand geredet, unter den Tisch gelabert, in die Ecke gequatscht fühlt. Und für nicht ganz voll genommen.
>
> Aus: Bruno Ziauddin: Grüezi Gummihälse. Warum uns die Deutschen manchmal auf die Nerven gehen, © 2008 by Rowohlt Verlag GmbH, Reinbek bei Hamburg

Seite 23 / Modul 02

Rechtschreibung und Textredaktion

«Der Chef schaute mir noch auf die Finger, da musste jede Formulierung stimmen und jedes Komma sitzen. Heute macht einfach alles der Computer.»

Gymnasiast (18) machte 15 Fehler in Viertklässler-Diktat!

«Ich finde heute keine Sekretariatsmitarbeiterinnen mehr, die fehlerfreie, sauber formulierte Briefe schreiben können. Alles muss ich zweimal kontrollieren.»

Schreibt man in Zukunft so: GUETN8 :-* BB?

«Die schreiben heute nur noch SMS. Wir schrieben noch richtige Briefe! Es war Ehrensache, dass die Darstellung sauber und die Sprache korrekt, ja elegant war.»

Bald nur noch Jugo-Deutsch?

«Was lernen die überhaupt noch in der Schule?»

Familie, Moral, Sprache:
Das Fernsehen macht alles kaputt!

«Wer liest heute noch ein gutes Buch? Die Jungen lesen doch im besten Fall Gratiszeitungen – und die sind erst noch voller Fehler.»

Welche Themen werden in diesen fiktiven Zitaten und Zeitungsschlagzeilen angesprochen? Welche Meinung haben Sie dazu?

1 | Der Weg zu einem korrekten Text

Geschäftskorrespondenz, E-Mails und SMS: Im privaten und im beruflichen Leben werden ganz unterschiedliche Arten von Texten verfasst. Form und Inhalt eines Textes richten sich nach dem Adressaten, an den der Text gerichtet ist, und nach der Absicht, die mit dem Text verfolgt wird.

Beim Verfassen von SMS ist oft Kreativität gefragt: Dialekt mischt sich mit Fremdsprachen, Sonderzeichen, Zahlen und Smileys. Wenn SMS aus dem Bereich der privaten Kommunikation stammen, ist das kein Problem. Für das Verfassen von Texten in Ausbildung und Beruf gelten dagegen die Regeln der **Grammatik**, der **Rechtschreibung** und der **Zeichensetzung**. Zudem sollte der sprachliche Ausdruck, also der Stil, klar und ↗ adressatenbezogen sein.

- **Grammatik:** Regelwerk der Sprache, Formenlehre der Wörter und der Sätze
- **Orthografie:** Rechtschreibung, allgemein übliche Schreibung der Wörter in einer Sprache
- **Interpunktion:** Zeichensetzung in Sätzen (z.B. Kommas) und in Wörtern (z.B. Apostroph)

Bei diesen drei formalen Kriterien gelten meist klare Regeln – dementsprechend kann eine Schreibweise entweder richtig oder falsch sein. Hinzu kommt ein viertes Element: die Stilistik.

- **Stilistik:** Befasst sich mit dem Stil, also der Art und Weise, wie ein Sachverhalt sprachlich dargestellt wird.

Im Bereich des Stils gelten weniger die Kriterien «richtig» oder «falsch» als vielmehr «gut» bzw. «passend formuliert» oder «schlecht» bzw. «unpassend formuliert».

Grammatik	**Orthografie**	**Interpunktion**	**Stilistik**
Grammatik der Wortarten: · Verb · Nomen · Pronomen · Adjektiv · Partikel	Laut-Buchstaben-Zuordnung	Im Satz: z.B. Komma, Punkt und andere Zeichen am Satzende	Gestaltung des sprachlichen Ausdrucks bezüglich · Wortwahl · Eigenschaften des Satzbaus
Grammatik des Satzes (Satzlehre)	Zusammen- und Getrenntschreibung	Im Wort: Bindestrich und Apostroph	
	Gross- und Kleinschreibung		

Die Redaktion eines Textes umfasst also vier verschiedene Bereiche. Wie kommt man nun zu einem guten, fehlerfreien Text? Zu einem Text ohne Grammatik-, Rechtschreib- und Satzzeichenfehler, der noch dazu in einem adressatengerechten, leicht verständlichen Stil geschrieben ist? Der Weg dahin führt über das folgende Vorgehen:

1. Genug Zeit für Korrekturen einplanen
Faustregel: Mindestens 10 Prozent der für einen Text aufgewendeten Zeit sollen für die Korrektur und die Überarbeitung eingesetzt werden. Der Aufwand kann auch wesentlich grösser sein, etwa bei einer Facharbeit.

2. Elektronische Rechtschreibhilfen einsetzen
Mit Hilfe des Rechtschreibprogramms kann ein sehr grosser Prozentsatz der Fehler eliminiert werden: die meisten Tipp- und Rechtschreibfehler, einige häufige Grammatikfehler und sogar Fehler in der Wortwahl. Voraussetzung ist natürlich, dass der Text elektronisch verfasst wird.

3. Eigene Sprachkenntnisse anwenden
Der Text ist nach der Niederschrift sorgfältig durchzulesen. Dabei müssen alle eigenen Kenntnisse der Rechtschreibung, der Grammatik, der Zeichensetzung und der Stilistik angewendet werden. Ideal ist ein mehrmaliges Durchlesen, wobei immer nur auf ein Merkmal, zum Beispiel Kommasetzung, geachtet wird.

4. In Zweifelsfällen im Wörterbuch nachschlagen
Als orthografisch richtig gilt eine Schreibweise, wenn sie mit den Angaben im Rechtschreibduden übereinstimmt.

5. Wenn erlaubt: Text von einer anderen Person korrigieren lassen
Eine Zweitmeinung zu einem Text ist wertvoll – nicht nur in Bezug auf die Rechtschreibung, sondern vor allem als Rückmeldung zur Verständlichkeit und Klarheit eines Textes.

Die folgenden Kapitel bieten Ihnen Unterstützung zu den Schritten 2, 3 und 4. Sie lernen, die elektronischen Rechtschreibhilfen und den Duden fachgerecht einzusetzen, und Sie haben Gelegenheit, Ihre Sprachkenntnisse in den Bereichen Orthografie und Zeichensetzung aufzufrischen.

© Sotheby's/akg-images. **Eigenhändiges Manuskript aus dem Jahr 1912, in dem Albert Einstein (1879–1955) zum ersten Mal die Relativitätstheorie erläuterte (Ausschnitt aus Seite 39).**

Aufgabe 1

Die folgenden Sätze enthalten je einen Fehler oder eine unpassende Formulierung. Ordnen Sie diese jeweils einer der Kategorien zu und verbessern Sie.

G = Grammatik   I = Interpunktion
O = Orthografie   S = Stilistik

1. Sonja wiederhohlte [*wiederholte*] die Worte leise, fast ohne die Lippen zu bewegen.

2. Reto sah in der Menschenmenge sein Vater, der am Umzug teilnahm.

3. Er gewann den Match Teils mit Glück, Teils mit Können.

4. Er beendete das Bewerbungsschreiben mit den Worten: «Ich freue mich saumässig, wenn Sie mich zu einem Vorstellungsgespräch einladen.»

5. Sie hätte sich fast am kochendheissen Wasser verbrannt.

6. Der Redner eingeschüchtert durch Rufe aus dem Publikum brach seinen Vortrag ab.

7. Die Geologin markierte auf der Karte die verschiedenen Zu und Abflüsse des Gebirgssees.

8. Seine Eltern hatten für ihn die bestmöglichste Ausbildung finanziert – ohne Erfolg!

9. Katja hatte all ihr Geld verloren, und konnte nicht einmal ein Taxi bezahlen.

10. Der Chef fragte uns, wer alles von der Kündigung gewusst hat.

Aufgabe 2

Die folgenden Sätze enthalten mehrere Fehler oder unpassende Formulierungen. Ordnen Sie jeweils einer der Kategorien zu und verbessern Sie.

G = Grammatik   I = Interpunktion
O = Orthografie   S = Stilistik

1. Silber und Gold stellt in Kriesenzeiten eine beliebte Anlagemöglichkeit dar.

2. Wir gehen meistens mit dem Auto in die Ferien und zwar mit einem Camper.

3. Den heutigen Jugendlichen fehlt eine starke Hand, die ihnen sagt, dass sie nicht so viel süsses essen sollen.

4. Sie freute sich, das ihr Werk, das sie in Monate langer Arbeit verfasste, von der Kritik gelobt wurde.

5. In der Zeit, wo er sich beruflich selbstständig machte, sahen ihn seine Frau und Kinder nur am Wochenende.

2 | Rechtschreibhilfen

Grundlage der deutschen Rechtschreibung ist der Rechtschreibduden. Eine aktuelle Ausgabe gehört deshalb in jedes Büro, an jeden Arbeitsplatz.

Auch die elektronischen Rechtschreibhilfen basieren auf einem Duden. Während der Duden vor allem bei Zweifelsfällen konsultiert wird, steht das Rechtschreibprogramm dem Verfasser von Texten während der Texteingabe zur Seite und macht ihn laufend auf unkorrekte Schreibweisen aufmerksam.

Elektronische Rechtschreibhilfen

Im folgenden Satz sind zwei Wörter als falsch gekennzeichnet:

Das rechtschreibprogramm und die Anwendung der eigenen Rechtschreibkenntnisse hilft, Fehler zu erkennen und zu verbessern.

- rechtschreibprogramm: Die rote Unterstreichung weist auf den Rechtschreibfehler hin. Korrekt: Rechtschreibprogramm
- hilft: Die grüne Unterstreichung weist auf den Grammatikfehler hin. Korrekt: helfen

So arbeitet man mit dem Rechtschreibprogramm

Pesche war nach dem schlimmen Unfall ziehmlich mitgenommen.

1. Als falsch gekennzeichnet werden die Begriffe «Pesche» und «ziehmlich». Das Wort «Pesche» ist korrekt, aber als Mundartbegriff im elektronischen Wörterbuch nicht erfasst.

2. Rechtsklick auf «Pesche» und folgende Wörterbuch-Optionen wählen:
   - Ignorieren	wenn das Wort nur ausnahmsweise verwendet wird
   - Alle ignorieren	wenn das Wort mehrmals im Text vorkommt
   - Hinzufügen	wenn das Wort auch in Zukunft verwendet und nie mehr als falsch markiert werden soll.

3. Rechtsklick auf «ziehmlich», Vorschlag «ziemlich» annehmen.

Weitere Möglichkeiten, welche die elektronischen Hilfsmittel bieten

- Thesaurus
  Beim Thesaurus handelt es sich um ein Synonymwörterbuch. Mit der Verwendung von
  ↗ **Synonymen** können Wortwiederholungen vermieden werden.

Das Wort «Sauce» gilt in der Schweiz und in Österreich als korrekt, während in Deutschland die Schreibung «Sosse» korrekt ist.

Das Wort «korrekt» kommt im gleichen Satz zweimal vor. Ein Rechtsklick auf das Wort und ein anschliessender Klick auf den Thesaurus ergibt die folgenden Vorschläge:

korrekt ≈ richtig, artig, einwandfrei, perfekt, exakt, genau, mustergültig, treffend, vollkommen, vorbildlich, vorzüglich, zutreffend, detailliert, erschöpfend

- Lesbarkeitsstatistik
  Kann man die Lesbarkeit eines Textes messen? Ja! Für die Lesbarkeit eines Textes sind die Anzahl Wörter pro Satz und die Anzahl Silben pro Wort wichtig. Je kürzer die Sätze und die Wörter, desto einfacher ist ein Text zu lesen. Geben Sie einen Text auf www.leichtlesbar.ch ein. Anhand der Satzlänge und der Länge der Wörter liefert das Tool eine Aussage, wie gut verständlich der Text ist.

Der vorangehende Abschnitt hat demnach eine Lesbarkeit von 75 auf einer Skala von 0 (sehr schwer verständlich) bis 100 (extrem leicht verständlich). Das heisst, er ist sehr leicht zu lesen.

Rechtschreibduden

Als orthografisch richtig gilt eine Schreibweise, wenn sie mit den Angaben im Rechtschreibduden übereinstimmt. In vielen Fällen lässt der Duden Spielraum für regionalsprachliche Unterschiede (zum Beispiel Mundarten) und umgangssprachliche Formen. Ein geschriebenes Wort gilt dann als falsch, wenn seine Schreibweise der Duden-Rechtschreibung widerspricht.

Das Kernstück des Rechtschreibdudens ist das alphabetische Wörterverzeichnis. Besonders nützlich sind die Einträge zu Nomen und Verben.

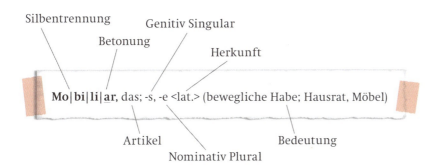

Die Herkunft des Wortes wird nur bei ↗ **Fremdwörtern** und einigen jüngeren ↗ **Lehnwörtern** angegeben. Kurze Hinweise zur Bedeutung eines Wortes stehen in der Regel bei schwierigen Fremdwörtern, Fachausdrücken, umgangssprachlichen sowie veralteten Ausdrücken.

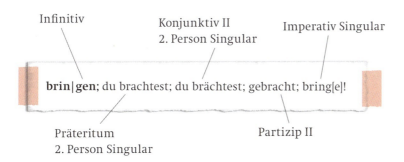

Diese Formen werden im Allgemeinen für stark oder gemischt konjugierte Verben angegeben. Bei den schwachen Verben (Präteritum auf -te, Partizip II auf -t) finden sich keine Konjugationsformen, zum Beispiel arbeiten, hören, lieben, …

Der Duden enthält aber noch weitere nützliche Informationen, zum Beispiel eine umfassende Zusammenstellung der Regeln zu Rechtschreibung und Zeichensetzung. Mit Hilfe der folgenden Aufgaben lernen Sie den Duden besser kennen.

Aufgabe 3

Tragen Sie ein, auf welchen Seiten Sie die genannten Kapitel
in Ihrem Duden finden.

Abkürzungsverzeichnis	S.	Wichtige grammatische Fachausdrücke	S.
Regelungen und Hinweise zur Zeichensetzung und zur Rechtschreibung	S.	Wörterverzeichnis, alphabetisch geordnet	S.

Aufgabe 4

Was bedeuten die folgenden Abkürzungen?

dt.	ev.
Rhet.	ugs.
vgl.	Jh.

Aufgabe 5

Unter welcher Kennziffer (K) finden Sie die folgenden Informationen?

Kennziffer

1. Anführungszeichen können vor und hinter Wörtern stehen, die hervorgehoben werden sollen.

2. Auch nach einem Doppelpunkt und bei angeführten Sätzen wird das erste Wort eines Ganzsatzes grossgeschrieben.

3. Das Komma steht zwischen Haupt- und Nebensatz; eingeschobene Nebensätze werden von Kommas eingeschlossen.

4. Die von geografischen Namen abgeleiteten Wörter auf «-er» schreibt man immer gross.

Aufgabe 6

Beantworten Sie anhand des alphabetischen Wörterverzeichnisses die folgenden Fragen.

1. Ist «brevettieren» die richtige Schreibweise? Ist das Wort in Deutschland gebräuchlich?

2. Wie lautet die zweite Person Singular (du) des Verbs «gelten» im Präsens?

3. Welche Bedeutungen hat das Wort «Liga»? Aus welcher Sprache stammt es ursprünglich? Wie lautet seine Mehrzahl?

3 | Rechtschreibung

In diesem Kapitel erfahren Sie, welche Grundsätze für die Schreibung deutscher Wörter gelten. Zudem ist es für Sie hilfreich zu wissen, wie Wörter überhaupt gebildet werden. Übungen zur Gross- und Kleinschreibung unterstützen Sie dabei, auch in diesem Bereich Fehler zu vermeiden.

Grundregeln der Rechtschreibung

Schreibe, wie du sprichst!

Das **Lautprinzip** (Laut-Buchstaben-Zuordnung) bedeutet, dass bei der Schreibung eines Worts die Buchstaben die einzelnen Laute wiedergeben (ein Laut = ein Buchstabe). Im Unterschied etwa zur englischen Sprache ist dieses Prinzip im Deutschen deutlich erkennbar:

Deutsch	Kübel, kühl, Künstler, über	gleicher Laut <ü> – gleiche Schreibweise
Englisch	term, turn, learn, word	gleicher Laut <ö> – unterschiedliche Schreibweise

Allerdings wird das Lautprinzip nicht selten durchbrochen. Dazu zwei Beispiele:

- Derselbe Laut (etwa ein langes [i:]) wird verschieden geschrieben.
  ein Lied <ie> | das Augenlid <i> | ihn <ih> | Vieh <ieh>

- Ein und derselbe Buchstabe steht für verschiedene Laute.
  Ein <s> vor einem <t> steht einmal für ein [s] und einmal für ein [sch]: Last <s> | Strafe <sch>
  Der Buchstabe <V> kann eher als F oder eher als W ausgesprochen werden: Vater <f> | Vase <w>

Es ist offensichtlich, dass in der deutschen Rechtschreibung noch eine Reihe weiterer Prinzipien zur Anwendung kommt. Dazu zwei Beispiele:

Schreibe Gleiches möglichst gleich!

Das **Stammprinzip** besagt, dass Wörter, die den gleichen Wortstamm bzw. die gleiche Herkunft haben, gleich geschrieben werden.

Nummer → nummerieren | Tipp → tippen | Laut → läuten
eine flammende Rede → die flammendste Rede

Schreibe Ungleiches ungleich!

Gleich lautende Wörter, die eine unterschiedliche Bedeutung haben, werden durch eine unterschiedliche Schreibweise gekennzeichnet. Dieses Prinzip heisst ↗ **Homonymie-Prinzip.**

Waise – Weise | Leib – Laib | Lied – Lid | Mine – Miene | wider – wieder | mahlen – malen | das – dass | Wende – Wände | Seite – Saite

Das Rechtschreibsystem der deutschen Sprache stellt also eine Mischung aus verschiedenen Prinzipien dar.

Aufgabe 7

Streichen Sie die falsche Schreibweise durch.

1. Sein Pass war unwiederbringlich | unwiderbringlich verloren.
2. Das Vorstellungsgespräch ist mir zuwieder | zuwider.
3. Er erwiederte | erwiderte: «Ich mag mich nicht wiederholen | widerholen.»
4. Dass | Das du diesen Unfall nicht gemeldet hast, enttäuscht | entäuscht mich sehr.
5. Er lieferte ihr das Stichwort, auf dass | das sie gewartet hatte.
6. Ich sage dir dass | das ohne böse Absicht, so dass | das du mir nicht böse zu sein brauchst.
7. Katrin verzog keine Miene | Mine, als sie sah, dass er die Wände | Wende mit der falschen Farbe bemahlt | bemalt hatte.
8. Die Waise | Weise war seelisch | selisch in einem verheerenden | verherenden Zustand.
9. Ich danke dir für diesen Tipp | Tip, ich werde ihn auf meinem Asien-Tripp | Trip gut gebrauchen können.
10. Eigentlich | Eigendlich hatte ich für diesen kleinen Gefallen kein Entgeld | Entgelt erwartet.
11. Er sass im Fond | Fonds des Fahrzeugs, als die Alarmglocke läutete | leutete.
12. Du hältst | hälst ein bischen | bisschen Bescheidenheit für guten Stiel | Stil.

Die Wortbildung

Es ist furchtbar, morgens früh aufzustehen. Stimmt! Aber weshalb schreibt man «morgens» und nicht «morgends»? Und ist man nach dem Aufstehen totmüde oder todmüde?

Das Wort «morgens» entsteht als **Ableitung** des Nomens «Morgen» mit der Genitivendung -s. Aus dem Nomen wird dabei eine Partikel, genauer ein Adverb, das kleingeschrieben wird, genau gleich wie beispielsweise Anfang – anfangs; Sonntag – sonntags usw.

Todmüde wird durch eine **Wortzusammensetzung** gebildet: Aus dem Vergleich «müde wie der Tod» entsteht das Adjektiv «todmüde». Wenn man aber lacht, bis man fast tot umfällt, dann könnte man sich totlachen.

Kenntnisse der Wortbildung helfen uns, Wörter korrekt zu schreiben. Dabei unterscheidet man die zwei oben erwähnten Prinzipien: die Ableitung und die Wortzusammensetzung.

Wortbildung durch Ableitung

Durch Hinzufügen von ↗ **Vorsilben**, ↗ **Nachsilben** und Endungen entstehen neue Wörter, die mit dem Ursprungswort einen gemeinsamen Stamm aufweisen: beispielsweise ab**schreib**en, Be**schreib**ung usw.

Vorsilbe	Stamm	Nachsilbe	Endung
ab-	schreib	–	-en
Be-	schreib	-ung	–

Vorsilben (Präfixe) und Nachsilben (Suffixe) werden zur Wortbildung benötigt, kommen aber nicht selbstständig vor.
- **Vorsilben:** ab-, an-, dis-, er-, in-, miss-, un-, ur-, ver-, zer- usw.
- **Nachsilben:** -al, -ar, -bar, -chen, -heit, -ig, -isch, -keit, -ler, -lich, -tum usw.

Endungen erfüllen eine grammatische Aufgabe, sie sagen zum Beispiel aus, in welcher Konjugationsform ein Verb steht oder in welchem Fall ein Nomen:
trinken, ich trinke, du trinkst | das Bild, des Bild[e]s, die Bilder

Eine andere Form von Ableitungen entsteht durch Änderungen im Wortinnern, also durch die Bildung von ↗ **Ablauten** oder ↗ **Umlauten**.
Fluss – fliessen (Ablaut)   schreiben – Schrift (Ablaut)
Stab – Stäbchen (Umlaut)   Schnur – schnüren (Umlaut)

Wörter, die den gleichen Stamm aufweisen, bilden zusammen eine Wortfamilie.

Wortbildung durch Wortzusammensetzung

Bestimmungswort	+	Grundwort	=	Wortzusammensetzung
die Pflege	+	bedürftig	=	pflegebedürftig
Nomen	+	Adjektiv	=	Adjektiv

Das Grundwort legt die Zugehörigkeit zur Wortart fest und bei Nomen das Geschlecht.
das Blei + der Stift = der Bleistift

Aufgabe 8
Ergänzen Sie die Übersicht mit Wörtern aus der gleichen Wortfamilie.

Verb	Nomen (Sache und/oder Person)	Adjektiv
glauben	der Glaube, der Gläubige	gläubig, unglaublich, glaubhaft
fallen		
	der Fluss	
		trinkbar
	der Arzt / die Ärztin	
	die Wirkung	
greifen		

Aufgabe 9

Bilden Sie alle möglichen Kombinationen.

Vorsilben	Stamm	Nachsilben	Endung
ab-, an-, auf-, be-, ein-, un-, ver-	schreib	-bar, -lich, -ung	-en

Nomen: Beschreibung,

Verb:

Adjektiv:

Aufgabe 10

Ergänzen Sie mit den passenden Vorsilben.

schlagen

1. Der herabfallende Ast hat den alten Mann _____ schlagen.
2. Diesen Wunsch muss ich dir leider _____ schlagen.
3. Der Favorit landete völlig _____ schlagen auf dem vorletzten Platz.
4. Zum Kuchenbacken musst du die Eier _____ schlagen.
5. Darf ich auch etwas _____ schlagen?
6. Wenn du ein Wort nicht kennst, dann musst du es im Lexikon _____ schlagen.
7. Wir dürfen jetzt die Türe zur Versöhnung nicht _____ schlagen.
8. Der Urlaub könnte teuer werden; lass uns mal die Kosten _____ schlagen.
9. Er hat genug Porzellan _____ schlagen.
10. Der Bankangestellte hat Geld _____ schlagen.

nehmen

1. Sobald er gesund ist, werden auch seine Kräfte wieder _____ nehmen.
2. Die Polizei muss den Verdächtigen _____ nehmen.
3. Man soll sich nicht zu viel auf einmal _____ nehmen.
4. Wie kannst du das nur so gelassen _____ nehmen?
5. Das Medikament muss man dreimal täglich _____ nehmen.
6. Dass er nicht helfen will, konnte man seinen Worten deutlich _____ nehmen.
7. Der Vorschlag ist so vernünftig, den müssen wir einfach _____ nehmen.
8. Wie wird er wohl die schlechte Nachricht _____ nehmen?
9. Er ist gut erzogen und weiss sich zu _____ nehmen.
10. Carla kann andere leicht für sich _____ nehmen.

Aufgabe 11

Ergänzen Sie mit den passenden Vor- oder Nachsilben.

Als er den Bildschirm _____ blickte, ahnte er, dass sich seine schlimmsten Befürcht_____ _____wahrheitet hatten. Das Schreck_____ war geschehen: Sein Computer war von einem Virus _____fallen und alle Programme waren komplett _____stört worden. Auf die Frage seiner Frau, was denn _____gefallen sei, antwortete er sehr einsilb_____. _____glücklich stand er vor dem Gerät. Eine grosse Müdig_____ _____fasste ihn. Sein _____mut _____flog aber _____plötzlich, als seine Frau ihn _____munterte: «End_____! Morgen kaufen wir uns einen neuen PC!»

Aufgabe 12

Verbinden Sie Bestimmungswörter und Grundwörter zu Wortzusammensetzungen, so dass kein Wort übrig bleibt.

Bestimmungswort	Grundwort	Wortzusammensetzung
1. trennen	a) krank	1f die Trennwand
2. das Geschäft	b) widrig	
3. tot	c) holen	
4. der Dienst	d) schweigen	
5. wider	e) der Name	
6. der Tod	f) die Wand	
7. wieder	g) das Gefühl	
8. das Mädchen	h) die Reise	
9. das Gesetz	i) der Spruch	
10. die Pflicht	j) die Leistung	

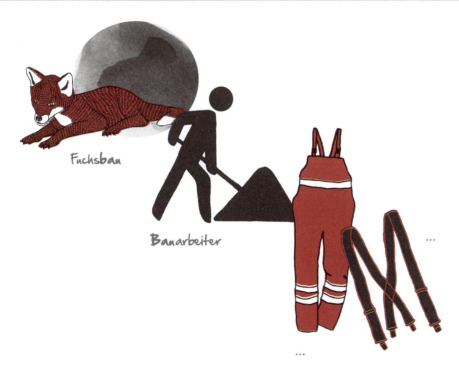

Fuchsbau

Bauarbeiter

...

...   ...

Gross- und Kleinschreibung

Genauere Hinweise dazu finden Sie in Grammatikbüchern und im Duden.
In einem Text werden die meisten Wörter kleingeschrieben. Die Grossschreibung von Wörtern erfolgt immer aus bestimmten Gründen:
- Grossschreibung, um den Aufbau von Texten zu verdeutlichen: das erste Wort eines Satzes, eines Titels oder der direkten Rede
- Grossschreibung aus grammatischen Gründen: bei Nomen und Nominalisierungen
- Grossschreibung aus inhaltlichen Gründen: bei Namen und bei der Höflichkeitsgrossschreibung

Aufgabe 13
Streichen Sie die falschen Schreibungen durch.

1. Der Zeitungstitel lautete: «Sind | sind wir bald bankrott?»
2. Ihm war klar: Im | im Haus spukte es!
3. Nun ging es ums Ganze | ganze: Er | er oder ich.
4. Das Klappern | klappern des Auspuffs hatte ihn nicht gestört, aber das Blinken | blinken der Warnleuchte beunruhigte ihn schon eher.
5. Mit radikalem Hungern | hungern verliert man zwar rasch Kilos, aber zum dauerhaften Abnehmen | abnehmen taugt diese Methode nichts.
6. Das Letzte | letzte, was ich von ihm hörte, war eine auf Hochdeutsch | hochdeutsch gesprochene Nachricht in meiner Combox.
7. Er hat es nicht Nötig | nötig, allen zu Gefallen | gefallen.
8. In Frankreich ist das Du | du nur unter Jugendlichen oder unter nächsten Verwandten üblich. Es gibt sogar Verheiratete | verheiratete Paare, die sich siezen.
9. Der frischgebackene Vater strahlte, als die Hebamme rief: «Es | es ist eine Sie | sie!»
10. Katja hat sich das Für | für und Wider | wider einer Heirat genau überlegt, aber im Nachhinein | nachhinein ist man immer gescheiter.
11. Im Film «King's Speech» kämpft eine Königliche | königliche Hoheit am Vorabend des Zweiten | zweiten Weltkriegs gegen das Stottern | stottern.
12. Der Führer gibt nicht nur Tipps zu den besten Schweizer | schweizer Restaurants, sondern auch Hinweise, wo man Mittags | mittags preiswert essen kann.
13. Die Belagerten | belagerten hissten die Weisse | weisse Fahne.
14. Die einfachste Lösung ist häufig auch die Beste | beste. Eine direkte Aussprache aller Beteiligten | beteiligten Mitarbeiter finde ich am Wirksamsten | wirksamsten.
15. Die Frau des Handwerkers hat ihn vor der drohenden Pleite | pleite gewarnt, sie ist sicher nicht Schuld | schuld an Allem | allem.
16. Die grossen Kinder lärmten fröhlich, aber die Kleinen | kleinen waren schon ein Bisschen | bisschen müde.

4 | Zeichensetzung

Kommas stehen in der deutschen Sprache nicht einfach dort, wo man beim Lesen eines Satzes Luft holt. Sie werden aus grammatischen Gründen gesetzt, um die Aussage und die Struktur von Sätzen zu verdeutlichen.

Ohne Kommas wären viele Sätze schwer verständlich oder inhaltlich unklar.
«Komm wir essen Heinz.»
«Heiraten die beiden?» – «Er will sie nicht.»

Kommas sind also wichtig. Kommas richtig zu setzen, hat nichts mit Glück oder Zufall zu tun. Einige einfache Grundregeln reichen für eine mehrheitlich korrekte Zeichensetzung aus. Man unterscheidet zwei Fälle:

1. Das Komma zwischen Teilsätzen
Zwischen Teilsätzen steht ein Komma.
Einschränkung: Das Komma fällt in der Regel weg, wenn die Teilsätze mit «und» bzw. «oder» verbunden sind.

2. Das Komma innerhalb des Satzes
Innerhalb von Sätzen steht grundsätzlich kein Komma.
Einschränkungen:
· Das Komma steht zwischen den Gliedern einer Aufzählung.
· Das Komma trennt Anreden und Ausrufe ab.
· Das Komma steht vor Konjunktionen, die einen Gegensatz ausdrücken.
· Das Komma steht vor einem Nachtrag.

Lösen Sie nun die folgenden Übungen zur Zeichensetzung. Konsultieren Sie bei Bedarf ein Grammatikbuch.

Aufgabe 14
Begründen Sie, warum an den markierten Stellen ein Komma bzw. kein Komma steht.

1. Paul ist ein grosszügiger **Mensch, der** nach Feierabend gerne allen etwas **spendiert und** den Kollegen seinen VW-Bus ausleiht.
2. Einige von Pauls **Freunden, diesen** Verdacht habe ich, **machen** sich manchmal über ihn lustig.
3. Paul hat aber selten das **Gefühl, ausgenutzt** zu werden.
4. Pauls Freundin würde das schwer verdiente **Geld lieber** in die gemeinsame Zukunft investieren.
5. Paul besitzt einen **VW-Bus, ein Cabriolet und** ein Motorrad.
6. Im **Sommer, mein** lieber **Paul, möchte** ich den VW-Bus gerne ausleihen.
7. **Wow, das** Cabriolet ist ein richtiger Oldtimer!
8. Paul wohnt in der **Stadt, aber** trotzdem mitten im Grünen.
9. Paul möchte seine Freundin **heiraten, und zwar** bald.
10. **Martina, Pauls Freundin, passt** ausgezeichnet zu ihm.

Aufgabe 15

Setzen Sie alle nötigen Kommas.

1. Martina und Paul sind sehr aktiv: Ferien im VW-Bus Ausflüge im Cabriolet oder mit dem Motorrad Einladungen zu indischem Essen für Freunde … 2. Ich frage mich wie die beiden das schaffen denn sie sind voll berufstätig. 3. Paul arbeitet als Polier in einer Baufirma Martina ist Angestellte bei der Stadtverwaltung. 4. Wenn die beiden die übrigens seit drei Jahren zusammen sind etwas unternehmen dann gibts nachher bestimmt viel zu erzählen. 5. Natürlich ist für die zwei Verliebten der Himmel auch nicht jeden Tag wolkenlos. 6. Ein Problem ist beispielsweise Pauls Vater der nur selten eingeladen wird weil er immer dumme Witze macht. 7. Martina findet es nicht lustig als «Bürogummi» bezeichnet zu werden. 8. Zudem lästert der Vater der sich aber dann trotzdem den Bauch bis oben füllt ständig über Martinas Vorliebe für orientalische Kochkunst. 9. Das Schlimmste und zwar mit Abstand ist dass er dauernd behauptet Martina verschleudere Pauls Geld. 10. Dabei ist es Martina die Paul zu mehr Sparsamkeit drängt und die versucht ab und zu etwas Geld auf die hohe Kante zu legen. 11. «Paul ich hoffe du wirst nicht so wie dein Vater» sagt sie manchmal. 12. Das wiederum hört Paul nicht gern. «Oje du klingst schon wie deine Mutter» erwidert er dann. 13. Aber zum Streit kam es deswegen bisher noch nie im Gegenteil. 14. Die beiden werden sicher mal Kinder haben – ob nächstes Jahr ob übernächstes Jahr das steht noch in den Sternen. 15. Zuerst werden sie aber noch ihren grossen Traum wahrmachen und nach Indien reisen natürlich im VW-Bus. 16. Ich weiss schon was ich fragen werde: «Paul kann ich mir das Motorrad ausleihen solange ihr weg seid?»

Test 02 | Rechtschreibung und Textredaktion

Wenden Sie nun Ihre Kenntnisse zu Orthografie, Interpunktion und Grammatik an. Konsultieren Sie im Zweifelsfall den Duden.

1. Kreuzen Sie die korrekte Lösung an.

a) ☐ Eleonore war im Synchronschwimmen Erste.
   ☐ Eleonore war im synchronschwimmen erste.
   ☐ Eleonore war im Synchronschwimmen erste.

b) ☐ Das Ereignis hat ihn ziehmlich mitgenommen.
   ☐ Das Ereigniss hat ihn ziehmlich mitgenommen.
   ☐ Das Ereignis hat ihn ziemlich mitgenommen.

c) ☐ Es giebt immer mehr Sachbeschädigungen, und das stört einem.
   ☐ Es gibt immer mehr Sachbeschädigungen, und das stört einen.
   ☐ Es gibt immer mehr Sachbeschädigungen, und das stört einem.

d) ☐ Er hatte sie nicht vermisst, aber als sie zurückkam und vor ihm stand, merkte er, wie sehr sie ihm gefehlt hatte.
   ☐ Er hatte sie nicht vermisst, aber als sie zurückkam und vor ihm stand merkte er, wie sehr sie ihm gefehlt hatte.
   ☐ Er hatte sie nicht vermisst, aber als sie zurückkam, und vor ihm stand, merkte er, wie sehr sie ihm gefehlt hatte.

e) ☐ Sie ist am Kochen, das kann sie am Besten von allen, die ich kenne.
   ☐ Sie ist am kochen, das kann sie am besten von allen die ich kenne.
   ☐ Sie ist am Kochen; das kann sie am besten von allen, die ich kenne.

f) ☐ Carla hatte sich seinem Drängen stehts wiedersetzt, aber am Ende gab sie ihm doch das Jawort.
   ☐ Carla hatte sich seinem Drängen stets widersetzt, aber am Ende gab sie ihm doch das Jawort.
   ☐ Carla hatte sich seinem Drängen stets wiedersetzt, aber am Ende gab sie ihm doch das Jawort.

g) ☐ In diesem Londoner Club war in den 90er Jahren mehr los als in allen Ländern Europas zusammen.
   ☐ In diesem londoner Club war in den Neunzigerjahren mehr los, als in allen Ländern Europas zusammen.
   ☐ In diesem Londoner Club war in den Neunzigerjahren mehr los als in allen Ländern Europas zusammen.

h) ☐ Ich wähle diese Partei ohne allzugrosse Begeisterung, weil mein Vater hat mir dazu geraten.
   ☐ Ich wähle diese Partei ohne allzu grosse Begeisterung, weil mein Vater mir dazu geraten hat.
   ☐ Ich wähle diese Partei, ohne allzugrosse Begeisterung, weil mein Vater mir dazu geraten hat.

i) ☐ Es ist ein Erlebnis, das warme, leicht salzige Wasser auf der Haut zu spüren.
   ☐ Es ist ein Erlebnis das warme, leicht salzige Wasser auf der Haut zu spühren.
   ☐ Es ist ein Erlebnis das warme, leicht salzige Wasser auf der Haut zu spüren.

j) ☐ Der Verband setzt auf Freiwilligenarbeit und seine Mitarbeiter erhalten kein Entgelt.
   ☐ Der Verband setzt auf Freiwilligenarbeit, und seine Mitarbeiter erhalten kein Entgeld.
   ☐ Der Verband setzt auf Freiwilligen Arbeit und seine Mitarbeiter erhalten kein Entgelt.

2. **Korrigieren Sie alle Fehler im Text.**

            eigentlich

1. Martin hatte eigendlich am Freitag vor Mitternacht zuhause sein wollen.   2. Beim essen hatte er Abends noch sein Vater gesehen; der wollte mit ihm am Samstag den lang versprochenen niegelnagelneuen Labtop kaufen gehen.   3. Nun würde wohl nicht's aus alledem werden.   4. Und zwar kam das so: Reto, Martins bester Freund hatte angeblich den Wagen seines Onkels ausgeliehen, ein totschicker Amerikanerschlitten mit zürcher Nummernschild.   5. Im Fonds sass zwei Mädchen aus Retos Verwandschaft.   6. Als Reto vorschlug, den Wagen ein bischen zu testen und in Richtung deutscher Autobahn zu fahren, wiederstrebte das Martin zwar aber er erwiederte nur: «Nun mach schon», und verzog keine Mine.   7. Er war sich bewusst, das dass kein gutes Ende nehmen könnte.   8. Das Fahren bei Temparaturen von null Grad und weniger war sowieso heickel – der kleinste Fehler konnte die Maschiene ins schleudern bringen.   9. Und in der abentlichen Finsterniss war die Sicht schlecht.   10. Übrigens endete die Spritzfahrt gar nicht mit ein Unfall (wie sie, liebe Leserinnen und Leser, jetzt annehmen) sondern in einer Politzeikontrolle.   11. Da Reto nicht nur fiel zu schnell fuhr, sondern den Wagen auch noch stiebitzt hatte, landeten die vier auf der Wache.   12. Martin kam erst morgens früh nach Hause.   13. Und aus dem neuen Computer wurde einige Monate lang nichts, solange dauerte es bis Martins Vater den Vorfall aus dem Gedächnis gestrichen hatte.

Seite 41 / Modul 03

Präsentieren

Sie haben bereits mehrere Vorträge gehalten oder Präsentationen gestaltet: in Schule und Ausbildung, in einem Verein, … Was sind Ihrer Erfahrung nach die drei wichtigsten Merkmale einer gelungenen Präsentation?

Das finde ich wichtig für eine überzeugende Präsentation:

1. _____
2. _____
3. _____

Über die ↗ **Rhetorik**, also über die Kunst des wirkungsvollen Redens, haben sich zu allen Zeiten wichtige Persönlichkeiten Gedanken gemacht. Lesen Sie die folgenden Zitate und drücken Sie in eigenen Worten aus, was gemeint ist.

Tritt frisch auf! Tu 's Maul auf! Hör bald auf!
Martin Luther, 1483–1546, deutscher Reformator

Man brauche gewöhnliche Worte und sage ungewöhnliche Dinge.
Arthur Schopenhauer, 1788–1860, deutscher Philosoph

Eine gute Rede hat einen guten Anfang und ein gutes Ende und beide sollten möglichst dicht beieinander liegen.
Mark Twain, 1835–1910, US-amerikanischer Erzähler und Satiriker

Es genügt nicht, dass man zur Sache spricht. Man muss zu den Menschen sprechen.
Stanislaw Jerzy Lec, 1909–1966, polnischer Schriftsteller

Die Sprache braucht nicht immer Worte.
François Mitterrand, 1916–1996, französischer Staatspräsident

Eine abgelesene Rede garantiert, dass Ihnen das Publikum nicht zuhört.
Henry Kissinger, *1923, amerikanischer Politiker

1 | Redner – Rede – Publikum

Eine Rede halten, eine Präsentation gestalten: In der Schul- und Arbeitswelt gehört dies zum Alltag. Am besten ist es deshalb, das Präsentieren gründlich zu erlernen und möglichst oft zu üben. Drei Elemente entscheiden über die Wirkung einer Rede. Keines dieser Elemente darf zu stark oder zu wenig berücksichtigt werden.

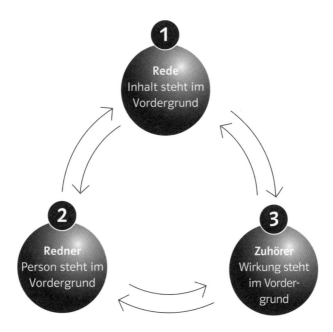

Redner – Redeinhalt – Publikum
Beachten Sie die folgenden Tipps:
- **Redner**
  Treten Sie möglichst echt und glaubwürdig auf. Seien Sie authentisch, also Sie selbst. Achten Sie auf ein gepflegtes Auftreten sowie auf saubere Kleidung und Schuhe.
- **Redeinhalt**
  Wählen Sie die Inhalte der Rede sorgfältig aus. Welches Ziel wollen Sie mit Ihrer Rede erreichen? Welche Inhalte sind im Hinblick auf Ihr Ziel und auf Ihr Publikum wesentlich?
- **Publikum**
  Überlegen Sie sich genau, an wen sich Ihre Rede richtet. Welches Vorwissen bringt das Publikum mit, und welche Grundhaltung hat es gegenüber dem Thema?

Aufgabe 1

Welche Gefahren bestehen? Diskutieren Sie zu zweit oder in der Gruppe.

- Zu starke Betonung der eigenen Person
- Zu schwache Betonung der eigenen Person
- Zu starke Betonung des Inhalts
- Zu schwache Betonung des Inhalts
- Zu starke Ausrichtung auf das Publikum
- Zu schwache Ausrichtung auf das Publikum

2 | Fünf Merkmale einer überzeugenden Präsentation

Gute Ratschläge zum erfolgreichen Präsentieren gibt es viele. Aber welche sind besonders wichtig? Wenn Sie sich an die folgenden fünf Grundregeln halten, wird Ihre Präsentation gelingen, und Sie werden Ihr Publikum überzeugen.

Regel 1: Einen attraktiven Einstieg wählen.
Regel 2: Den Schluss wirkungsvoll gestalten.
Regel 3: Den Inhalt klar gliedern.
Regel 4: Den Blick auf die Zuhörerinnen und Zuhörer richten.
Regel 5: Frei und leicht verständlich sprechen.

Im Kontext von Unterricht und Arbeitswelt spricht man oft von einer Präsentation, nicht von einer Rede oder einem Vortrag. Eine Präsentation ist eine Rede, die informativ ist und für deren Gestaltung Medien, wie zum Beispiel Beamer oder Flipchart, eingesetzt werden.

Der attraktive Einstieg

Sie haben nur einmal Gelegenheit, einen guten ersten Eindruck zu machen. Gestalten Sie deshalb den Einstieg sorgfältig!

- **rhetorische Frage** (eine Frage, auf die keine Antwort erwartet wird)
  Wer von euch hat schon mit dem Gedanken gespielt, seinem Chef gehörig die Meinung zu sagen – und hat es dann trotzdem bleiben lassen?

- **direkt zur Sache** (das Thema der Rede wird direkt angesprochen)
  9,5 Milliarden – das schreibt man so: 9'500'000'000 –, so viele Bewohnerinnen und Bewohner wird die Erde im Jahr 2050 beherbergen.

- **Provokation** (eine Bemerkung, die das Publikum aus der Reserve lockt)
  Ihr ladet täglich eure Handys auf, lasst eure Computer stundenlang laufen und duscht jeden Morgen eine Ewigkeit mit heissem Wasser ... und ihr wollt Atomkraftwerke abschalten!

- **Anekdote** (kurze, humorvolle Geschichte, die oft eine Persönlichkeit charakterisiert)
  60 Stunden und 25 Minuten: So lange dauerte die Rede des Australiers Jim Pearce, der damit einen Eintrag im Guinness-Buch der Rekorde anstrebte. Ob aber sein Publikum wirklich so lange zugehört hat?

Der wirkungsvolle Schluss

Was Sie am Schluss sagen, bleibt den Zuhörerinnen und Zuhörern im Gedächtnis. Was möchten Sie ihnen also mitgeben? Was möchten Sie bewirken?

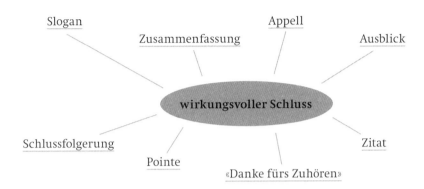

- **Slogan** (Werbeschlagwort)
  Pelztragen ist Mord!

- **Appell** (Aufruf)
  Es geht um jedes Kilowatt. Helft mit, Strom zu sparen!
  Und wenn trotzdem einmal Fleisch auf den Teller kommt, dann nur aus tiergerechter Haltung!

- **Zusammenfassung**
  Wichtig sind also die folgenden Punkte: Erstens ...

Aufgabe 2

Im Folgenden lesen Sie je vier Beispiele von Anfängen und Schlussworten von Reden. Wie attraktiv finden Sie die Anfänge? Wie überzeugend die Schlussworte? Begründen Sie Ihr Urteil.

Anlass der Rede: Begrüssungsapéro für den neuen Leiter der Abteilung, in der Sie arbeiten. Der neue Abteilungsleiter richtet das Wort an seine Mitarbeitenden.

	👎	✊	👍
Anfang 1: (Redner zeigt Schweizer Taschenmesser) Seit meiner Jugendzeit trage ich dieses Taschenmesser mit mir herum. Es ist vielseitig verwendbar. Es geht nie kaputt. Es ist ein Schweizer Qualitätsprodukt. Kurz: Es ist Kult. (Pause) Unsere Firma stellt bekanntlich keine Taschenmesser her. Wir verkaufen Dienstleistungen. Aber was die Qualität angeht, ist das Taschenmesser unser Vorbild.	☐	☐	☐
Anfang 2: Ich werde nun eine kurze Rede halten, in der ich darlege, welche Ziele ich für meine Abteilung gesetzt habe und wie wir diese erreichen möchten.	☐	☐	☐
Anfang 3: Ich hatte noch wenig Zeit, mir darüber Gedanken zu machen, was für Ziele ich in meiner Abteilung erreichen möchte, und eine Rede vorzubereiten. Trotzdem möchte ich das Wort an Sie richten.	☐	☐	☐
Anfang 4: Wie würden Sie einem Eskimo einen Kühlschrank verkaufen? Haben Sie eine Idee? (Pause) Auch wir stehen vor Aufgaben, die uns herausfordern, aber wir können sie gemeinsam bewältigen.	☐	☐	☐

Schluss 1: Nun nähere ich mich dem Ende meiner Rede. Ich werde wenn möglich in den nächsten Tagen mit jedem von Ihnen ein persönliches Gespräch führen, um Sie besser kennen zu lernen. Danke fürs Zuhören.

Schluss 2: Ich entschuldige mich dafür, dass meine Rede etwas improvisiert war. Ich hoffe, Sie haben trotzdem einigermassen verstanden, was ich sagen wollte. Das wars. Ich bin fertig.

Schluss 3: Ein Weg bildet sich dadurch, dass er begangen wird, sagte ein chinesischer Weiser. Wir werden diesen Weg gemeinsam gehen, Sie können auf meine Unterstützung zählen und ich weiss, dass ich auf Ihren Einsatz zählen kann. Herzlichen Dank!

Schluss 4: Die Zukunft bringt für uns grosse Veränderungen. Ob diese positiv oder negativ sind, hängt vor allem von uns selber ab. Seien Sie offen für Neues und betrachten Sie diese Herausforderungen als Chance!

Die sinnvolle Gliederung

Mit einer sinnvollen Gliederung werden die Zuhörerinnen und Zuhörer schrittweise durch die Präsentation geführt. Dadurch wird der Inhalt leichter verständlich.

Einleitung →	Hauptteil →	Schluss
Begrüssung attraktiver Einstieg	Leitgedanke 1 Leitgedanke 2 Leitgedanke 3 …	wirkungsvoller Schluss

Beispiel zum Thema «Luftverschmutzung»
Leitgedanke 1: Was sind die Ursachen der Luftverschmutzung?
Leitgedanke 2: Welche Folgen hat die Luftverschmutzung?
Leitgedanke 3: Was kann die Gesellschaft, was kann der Einzelne gegen Luftverschmutzung tun?

Beispiel zum Thema «Direct Marketing»
Leitgedanke 1: Was versteht man unter Direct Marketing?
Leitgedanke 2: Was sind die Vorteile von Direct Marketing?
Leitgedanke 3: Wo liegen die Grenzen des Direct Marketing?
Leitgedanke 4: Wie plane ich eine Direct-Marketing-Kampagne?

Den Hauptteil können Sie zur Vorbereitung gut mit einer Mindmap darstellen.

Aufgabe 3

Erstellen Sie zu einem frei gewählten Thema ein Vortragskonzept. Legen Sie darin fest:

· Wie fange ich an? (erste drei Sätze ausformulieren)
· Wie höre ich auf? (letzte drei Sätze ausformulieren)
· Welche sind meine fünf Leitgedanken im Hauptteil?
  (Leitgedanken skizzieren)

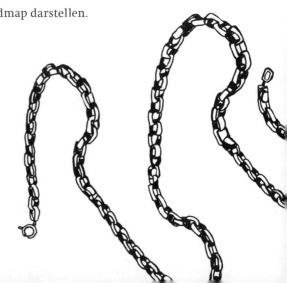

Der Blickkontakt

Neben der Sprache läuft die Kommunikation auch über nonverbale Kanäle. Diese sind je nach Situation sogar wichtiger als die Sprache. Zur nonverbalen Kommunikation gehören die äussere Erscheinung, die Körperhaltung, die ↗ **Gestik**, die ↗ **Mimik** und vor allem der Blickkontakt.

Lucian Hunziker, Basel

Warum ist der Blickkontakt wichtig?
- Ohne Blickkontakt entfällt ein wichtiger Kommunikationskanal.
- Wer sein Publikum nicht anschaut, wirkt distanziert oder unhöflich.
- Ohne Blickkontakt fühlen sich die Zuhörerinnen und Zuhörer nicht angesprochen.

Wie stelle ich zu Beginn der Präsentation den Blickkontakt her? **G3S-Regel** anwenden!
- **Gehen** (an den Ort gehen, wo die Präsentation gehalten werden soll)
- **Stehen** (dann mit leicht gegrätschten Beinen stehen bleiben, nicht umhergehen)
- **Schauen** (den Blick während vier bis fünf Sekunden ins Publikum richten)
- **Sprechen** (mit der Rede beginnen)

Wie halte ich den Blickkontakt?
- Holen Sie während der Präsentation die Zuhörerinnen und Zuhörer mit Ihrem Blick ab. Das heisst: Schauen Sie möglichst jede Person zwischen einer Sekunde und drei Sekunden an, bis sie den Blick erwidert.
- Wir tendieren dazu, immer in Richtung einer besonders wichtigen Person zu blicken (zum Beispiel zur Vorgesetzten, zum Lehrer, …). Das sollten Sie vermeiden.

Aufgabe 4
Betrachten Sie die Haltung der oben abgebildeten Rednerinnen und Redner. Beurteilen Sie deren Wirkung und begründen Sie.

Aufgabe 5
Üben Sie den Blickkontakt in Alltagssituationen, wie zum Beispiel persönlichen Gesprächen und Kundengesprächen, oder bei geschäftlichen Präsentationen.

Das freie, leicht verständliche Sprechen

Geschriebene Sprache besteht meist aus längeren, ausformulierten Aussagen, die inhaltlich dicht, also informationslastig, sind. Verwendet man die Schreibsprache in einer Präsentation, wirkt das unpersönlich und inhaltlich schwer verständlich.

In der gesprochenen Sprache dagegen verwenden wir kürzere, manchmal unvollständige Sätze (Ellipsen). Mimik, Gestik und Stimmführung unterstützen das Gesagte. Pausen strukturieren den Inhalt. Dadurch wirkt das Vorgetragene persönlich, lebendig und inhaltlich leicht verständlich.

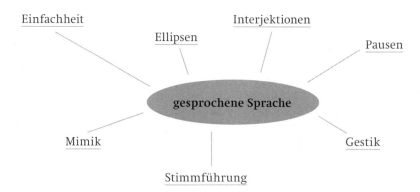

Damit Ihr Vortrag nicht abgelesen oder auswendig vorgetragen wirkt, bereiten Sie sich am besten so vor:
- Notieren Sie den Inhalt in Stichworten.
- Beschreiben Sie dafür Kärtchen im Format A6, die Sie nummerieren.
- Verwenden Sie für jeden neuen Gedanken ein neues Kärtchen.
- Pro Kärtchen maximal acht Stichworte; Symbole und einfache Zeichnungen sind möglich.

Ablesen dürfen Sie Zitate, Textstellen aus Büchern usw. Zudem empfiehlt es sich, die ersten und die letzten beiden Sätze des Vortrags schriftlich auszuformulieren. Das gibt Ihnen Sicherheit.

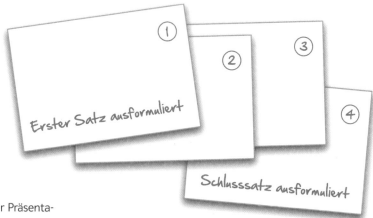

Aufgabe 6
Welche dieser Formulierungen würden Sie in einer Präsentation eher verwenden? Weshalb?

Formulierung 1
«Die in diesem Beispiel gezeigte Problematik verdeutlicht, dass wir, wenn es um das konkrete Handeln geht, oft zögern aus Angst, das Falsche zu tun.»

So wirkt Formulierung 1:

Formulierung 2
«Was hat uns dieses Beispiel gezeigt? Dass es nicht einfach ist, auf Worte Taten folgen zu lassen.»

So wirkt Formulierung 2:

3 | Visualisierung und rhetorische Mittel

Möglichst viele Sinne ansprechen, nicht nur das Ohr, sondern auch das Auge. Das Publikum mit treffenden Formulierungen überraschen. Die Präsentation abwechslungsreicher gestalten: Diese Wirkung wird erreicht durch den Einsatz von Visualisierungen und von rhetorischen Mitteln.

Visualisierung

Visualisieren heisst so viel wie sichtbar machen, bildhaft darstellen. Eine gut durchdachte ↗ **Visualisierung** bringt mehrere Vorteile:
- Die vortragende Person überlegt sich bei der Vorbereitung, was besonders wichtig ist und deshalb visualisiert werden soll.
- Wer Visualisierungen einsetzt, kann freier sprechen; Folien, Bilder usw. leiten durch den Vortrag und können so Kärtchen überflüssig machen.
- Das Publikum nimmt visualisierte Informationen leichter auf; es versteht und behält die dargebotenen Inhalte besser.
- Visualisierungen machen eine Präsentation abwechslungsreicher.

Für die Visualisierung stehen Ihnen verschiedene Medien zur Verfügung.

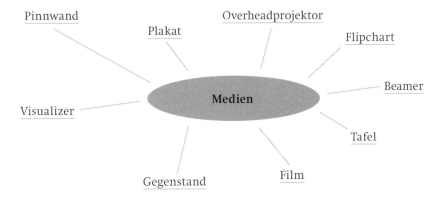

Mit diesen Medien lassen sich die folgenden Gestaltungselemente einsetzen: Text, grafische Elemente sowie Diagramme und Bilder.

Hinweise für die Verwendung des Gestaltungselements «Text»
- Lesbar und fehlerfrei schreiben!
  Handschrift: in Druckschrift schreiben, Gross- und Kleinbuchstaben verwenden
  PC-Schrift: einfache Schrifttypen und ausreichende Schriftgrössen wählen
  (Lauftext mindestens Schriftgrad 18 Punkt, Überschriften mindestens Schriftgrad 24 Punkt)
- Nicht zu viel Text verwenden (maximal zehn Zeilen pro Folie!)
- Auf eine übersichtliche Anordnung achten

Hinweise für die Verwendung des Gestaltungselements «Grafik»

- Einfache, sich wiederholende grafische Elemente verwenden.
- Grafische Elemente nicht zum Selbstzweck, sondern zum Erreichen des Kommunikationszieles einsetzen.
- Sorgfältig und fantasievoll gestaltete Grafiken wirken oft besser als Standardprodukte.

Hinweise für die Verwendung des Gestaltungselements «Diagramme und Bilder»

- Verwenden Sie Diagramme oder Bilder nur, wenn sie genau das zeigen, was Sie aussagen wollen. Erstellen Sie eigene Diagramme, wenn Sie keine geeigneten finden.
- Entscheiden Sie sich für den passenden Diagrammtyp. Welcher Diagrammtyp sich für welchen Inhalt eignet, erfahren Sie auf den Seiten 155 bis 157.
- Verwenden Sie in Vorträgen nur qualitativ hochwertige und ansprechend gestaltete Diagramme oder Bilder.
- Bilder sprechen manchmal für sich und brauchen keinen Kommentar. Anders ist es bei Diagrammen. Sie müssen erklärt werden. Planen Sie genügend Zeit dafür ein.
- Bilder oder Diagramme müssen projiziert werden (Beamer, Overheadprojektor). Lassen Sie keine Bilder im Publikum zirkulieren. Das lenkt ab.

Aufgabe 7

Tragen Sie in der Gruppe Ihre Erfahrungen mit dem Einsatz von Medien zusammen. Beantworten Sie die folgenden Fragen:

- Wofür eignet sich ein bestimmtes Medium besonders gut?
- Welche Tipps für den Umgang mit dem Medium können Sie geben?

Aufgabe 8

Beurteilen Sie die auf der Folie eingesetzten Gestaltungselemente im Hinblick auf ihre Eignung.

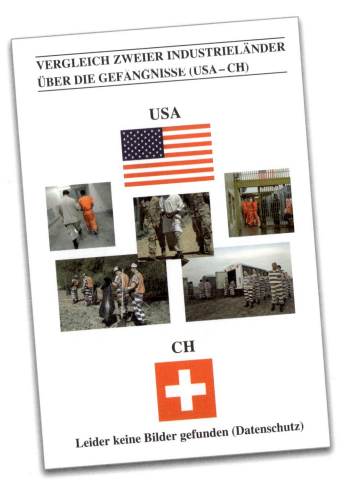

© Tim Gainey / Alamy (Landesflagge USA) | Jim West / AGE / f1online (Arbeitsalltag) | © Scott Huston / Alamy (Transport) | Getty Images / Getty Images News / Kevrok Djansezian (im Gefängnis) | Getty Images / Getty Images News / John Moore (Abführung) | MCT via Getty Images / McClatchy – Tribune / Fort Worth Star – Telegram (Abführung, im Gefängnis) | © imagebroker / Alamy (Landesflagge CH)

Aufgabe 9

Lesen Sie den folgenden Text. Skizzieren Sie von Hand zwei Folien, eine pro Textabschnitt, auf denen wichtige Sachverhalte in geeigneter Weise visualisiert werden.

> 1 Das Wasser wird knapp. Das Wasser gab der Erde ihren Namen: Blauer Planet. 70 Prozent der Erdoberfläche sind von Wasser bedeckt, der Grossteil durch die Meere. Nur 2,6 Prozent sind Süsswasser. Davon wiederum sind nur 0,016 Prozent direkt für die menschliche Nutzung verfügbar. Der Rest ist in Gletschern und in den Polarkappen zu Eis gefroren oder tief in der Erde
> 5 als fossiles Grundwasser «versteckt».
> Wasser ist ein «widersprüchliches» Gut: In manchen Regionen ist es (zu) knapp, in anderen fliesst es (zu) reichlich. So ist die Schweiz das Wasserschloss Europas, während viele Länder Afrikas unter chronischem Wassermangel leiden. Verbraucht jede Person in den Industriestaaten täglich mehr als 150 Liter Wasser, stehen in den Ländern südlich der Sahara durchschnittlich kaum
> 10 20 Liter zur Verfügung. Wasser, das Symbol für Solidarität und Erhaltung des Lebens, wird zunehmend zu einer Ware und spaltet Menschen und Regionen.
>
> HELVETAS Swiss Intercooperation

Rhetorische Mittel

Rhetorische Mittel sind Teil der sprachlichen Gestaltung einer Präsentation. Sie unterstützen den Zweck, der mit der Rede verfolgt wird, erhöhen also die Wirkung. Hier lernen Sie eine Auswahl dieser rhetorischen Mittel kennen. Es handelt sich um häufige, auch im Alltag verwendete Beispiele.

- **Ellipse** (Auslassen von Satzteilen)
  Die Ferien – schön, aber immer zu kurz! (Statt: Die Ferien sind schön, aber leider immer zu kurz.)
  Nicht mit mir! (Statt: Das können Sie nicht mit mir machen!)
  Im Scherz? – Nein, im Ernst! (Statt: Meinen Sie das im Scherz? – Nein, ich meine das im Ernst.)

- **rhetorische Frage** (Frage, auf die man keine Antwort erwartet)
  Wer glaubt eigentlich an das alles?
  Wollen wir zurück in die Steinzeit?

- **Vergleich**
  Dieses Gerät verbraucht weniger Strom als eine Sparlampe.
  Er meint, er sei schlau wie ein Fuchs.

- **Metapher** (bildhafter Vergleich)
  Der Albtraum endete, als das Flugzeug sicher in Kloten landete.
  Die Sängerin führte ein Leben am Rande des Abgrunds.

- **Ironie** (wörtliche und wirkliche Bedeutung stimmen nicht überein)
  Umsatzrückgang, Entlassungen, Skandale – das hat die Geschäftsleitung wirklich toll gemacht!
  Das Essen war köstlich! Mir dreht sich noch heute der Magen um.

Aufgabe 10

Formulieren Sie die folgenden Sätze mit Hilfe des angegebenen rhetorischen Stilmittels frei um, so dass die Aussage pointierter, anschaulicher und wirkungsvoller wird.

1. Das Wasser des Badeteichs stank. (Vergleich)

2. Die Sonne scheint, das Meer ist blau, der Sandstrand ist weiss, so stellen sich viele die idealen Ferien vor. (Ellipse)

3. Wegen der Hitze waren viele Äcker ausgetrocknet. (Metapher)

4. Ich glaube es einfach nicht – du kommst in Jeans und T-Shirt zur Abschlussfeier! (Ironie)

5. Niemand von euch weiss, was Lysergsäurediethylamid ist. (rhetorische Frage)

Aufgabe 11

Erklären Sie die folgenden Metaphern in eigenen Worten.

1. Als er in seinem Heimatdorf nach seiner Jugendliebe suchte, traf er auf eine Mauer des Schweigens.

2. Statt mit der Segeljacht überquerten sie den See in einer Nussschale.

3. Mit ihrer Dynamik pflügte sie den überalterten Verwaltungsrat regelrecht um.

4. Nach dem Tod des Vaters war der älteste Bruder das Haupt der Familie.

5. Die Familie seiner Freundin empfing ihn mit offenen Armen.

6. Auf keinen Fall dürfen wir dieses Projekt auf die lange Bank schieben!

7. Manager, die ihren Posten räumen müssen, erhalten meist einen goldenen Fallschirm.

8. Ich wusste: Jetzt gehts um die Wurst!

Test 03 | Präsentieren

1. Sie haben insgesamt sieben Punkte kennen gelernt, die für eine wirkungsvolle Präsentation wichtig sind. Fassen Sie nun zu jedem der sieben Punkte Ihre wichtigsten Erkenntnisse stichwortartig zusammen.

Wichtige Punkte	Inhalte zum Merken
1. attraktiver Einstieg	
2. überzeugender Schluss	
3. klare Gliederung	
4. Blickkontakt	
5. freies, verständliches Sprechen	
6. wirkungsvolle Visualisierungen	
7. rhetorische Mittel	

Seite 55 / Modul 04

Kommunikation

Die Geschichte mit dem Hammer

Foto (Paul Watzlawick): © Peter Peitsch, Hamburg

Ein Mann will ein Bild aufhängen. Den Nagel hat er, nicht aber den Hammer. Der Nachbar hat einen. Also beschliesst unser Mann, hinüberzugehen und ihn auszuborgen.

Doch da kommt ihm ein Zweifel: «Was, wenn der Nachbar mir den Hammer nicht leihen will? Gestern schon grüsste er mich nur so flüchtig. Vielleicht war er in Eile. Vielleicht hat er die Eile nur vorgeschützt, und er hat was gegen mich. Und was? Ich habe ihm nichts getan; der bildet sich da etwas ein. Wenn jemand von mir ein Werkzeug borgen wollte, ich gäbe es ihm sofort. Und warum er nicht? Wie kann man einem Mitmenschen einen so einfachen Gefallen abschlagen? Leute wie dieser Kerl vergiften einem das Leben. Und dann bildet er sich noch ein, ich sei auf ihn angewiesen. Bloss weil er einen Hammer hat. Jetzt reichts mir wirklich!»

Und so stürmt er hinüber, läutet, der Nachbar öffnet, doch bevor er «Guten Tag» sagen kann, schreit ihn unser Mann an: «Behalten Sie Ihren Hammer!»

Aus: Paul Watzlawick: Anleitung zum Unglücklichsein, München: Piper, 1983

Was läuft hier falsch?
Ist Verständigung immer möglich?
Werden Sie immer richtig verstanden?

1 | Der Begriff Kommunikation

Kommunikation gilt heute als eine der Schlüsselkompetenzen für beruflichen und persönlichen Erfolg. Zur Kommunikation gehört aber weit mehr als die gesprochene Sprache. Denn glaubwürdig und überzeugend kommuniziert nur, wer sich auch der Bedeutung der Körpersprache bewusst ist und sich der Kommunikationssituation entsprechend verhält.

Die Begriffe «Kommunikation» und «kommunizieren» gehen auf das lateinische «communicare» (etwas Gemeinsames machen/teilen, mitteilen) zurück. Eine wichtige Unterscheidung betrifft die Art der Kommunikation:

- **Verbale** Kommunikation: Austausch von Informationen durch Worte.
  Merkmal: Verbale Kommunikation kann **aufgeschrieben** und **gelesen** werden.
- **Nonverbale** Kommunikation: Austausch von Informationen durch nichtsprachliche Zeichen, z.B. Mimik, Gestik, Abstand zum Gesprächspartner, aber auch Symbole, Kleidung, Frisur.
  Merkmal: Nonverbale Kommunikation kann **gesehen** werden.
- **Paraverbale** Kommunikation: Art und Weise des Sprechens, z.B. Stimmlage, Tonfall, Lautstärke, Sprechpausen, Schweigen, Geräusche.
  Merkmal: Paraverbale Kommunikation kann **gehört** werden.

Zu jeder Kommunikation gehört ein Sender, der eine Mitteilung machen will. Er verschlüsselt (= codiert) seine Mitteilung in bestimmte Zeichen (= Code). Der Empfänger entschlüsselt (= decodiert) die Mitteilung. Damit ist Verständigung zustande gekommen.

Neben der gesprochenen Sprache kommen als **Code** auch Schrift, Bilder, ↗ **Symbole**, ↗ **Piktogramme**, Gesten, Gebärden, Handzeichen, Markierungen, Signale und Laute in Frage.

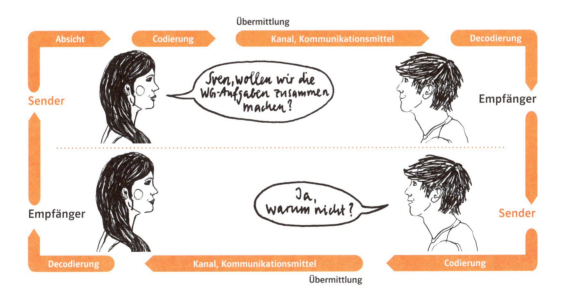

In diesem Beispiel ist die **Sprache** der **Code**. Die Wörter sind nach den Satzbauregeln zu einer Frage verbunden. Sven erkennt aufgrund der Anordnung der Wörter, dass ihm Laura eine Frage stellt. Auch versteht er, was «WG» bedeutet. Ausserdem wird ihm die Senderin Laura auch über Mimik, Blickkontakt und den entsprechenden Tonfall zu verstehen geben, dass sie an gemeinsamer Arbeit interessiert ist. Da Sven und Laura die gleiche Sprache sprechen, also die gleichen Zeichen verwenden, kann Sven die Mitteilung entschlüsseln – die Verständigung sollte gelingen.

Die Information wird im obigen Beispiel über zwei **Kanäle** übermittelt: über das Auge (optisch) und über das Ohr (akustisch). Kanal meint das Sinnesorgan, über das die Information übertragen bzw. aufgenommen wird.

Sven und Laura sind auf Sicht- und Hörweite am gleichen Ort persönlich anwesend. Die Kommunikation erfolgt somit **direkt** und ohne zusätzliche **Kommunikationsmittel**.

Angenommen, Laura und Sven haben die Schule bereits verlassen und Laura stellt Sven die gleiche Frage per SMS. Dann erfolgt die Kommunikation **indirekt** und das **Kommunikationsmittel** ist das **Mobiltelefon**. Als **Code** verwendet Laura in diesem Fall die Schrift und möglicherweise zusätzlich Symbole oder ↗ **Emoticons**.

Da Laura und Sven Informationen austauschen, handelt es sich um **zweiseitige Kommunikation**.

Als **einseitige Kommunikation** bezeichnet man dagegen die Übertragung von Information, ohne dass die angesprochene Person antworten kann. Beispiel:

Die Sprecherin einer Airline	spricht eine Mitteilung	auf Thailändisch,	die via Lautsprecheranlage	in die Abflughalle übertragen wird, wo sie gehört	und von einigen auch entschlüsselt (= übersetzt) wird,	nämlich von Thailändisch verstehenden Fluggästen.
Senderin	Codierung	Code	Kommunikationsmittel	Kanal	Decodierung	Empfänger

Schliesslich wird auch **interpersonale** von **massenmedialer** Kommunikation unterschieden. Letztere ist auf grosse Massen ausgerichtet und erfolgt über die ↗ **Massenmedien**.

In diesem Modul steht die so genannte «Face-to-face-Kommunikation» im Mittelpunkt. Wir beschäftigen uns also mit dem Begriff «Kommunikation» in der Bedeutung von «zwischenmenschlichem Austausch», auch ↗ **soziale Kommunikation** genannt. Dabei geht es ausschliesslich um den mündlichen Sprachgebrauch.

Aufgabe 1

Welche Formen der Kommunikation treffen auf die folgenden Beispiele zu? Kreuzen Sie entsprechend an. Diskutieren Sie anschliessend zu zweit oder in der Gruppe: Welches sind die benötigten Codes und – wo möglich – Kommunikationsmittel?

Kommunikationsform	direkt	indirekt	einseitig	zweiseitig	interpersonal	massenmedial
TV-News	☐	☒	☒	☐	☐	☒
Lichtsignal (Leuchtturm)	☐	☐	☐	☐	☐	☐
Mitarbeitergespräch	☐	☐	☐	☐	☐	☐
E-Mail-Abwesenheitsnotiz	☐	☐	☐	☐	☐	☐
Mündliche Prüfung	☐	☐	☐	☐	☐	☐
Kuss	☐	☐	☐	☐	☐	☐
Verkehrsregelung (durch Polizei)	☐	☐	☐	☐	☐	☐
Schiedsrichterpfiff (Fussball)	☐	☐	☐	☐	☐	☐
Werbespot am Radio	☐	☐	☐	☐	☐	☐

2 | Kommunikation beginnt zu zweit

Kommunikation findet stets auf zwei Ebenen statt – der Sach- und der Beziehungsebene. Anders ausgedrückt: Kommunikation ist immer Information und Emotion. Was gesagt wird, ist wichtig, das Wie allerdings meist entscheidend.

«Top Emotional Selling. Die 7 Geheimnisse der Spitzenverkäufer» von Ingo Vogel, © 2009 GABAL Verlag GmbH, Offenbach

«In einer sozialen Situation kann man nicht nicht kommunizieren.»

Obige Erkenntnis stammt von Paul Watzlawick, einem weltberühmten Kommunikationsforscher. Sie besagt Folgendes: In Gegenwart von anderen Personen ist jede Verhaltensweise kommunikativ; jedes Verhalten teilt dem andern etwas mit. Sobald sich zwei Menschen wahrnehmen, beginnt die Kommunikation. Beispiele:

Jemand reagiert mit Schweigen auf Ihre Frage. Die Person kann Ihnen damit Unterschiedliches mitteilen wollen:

- Sie hält es nicht für nötig, auf Ihre Frage zu antworten, weil sie Sie verachtet.
- Sie weiss die Antwort nicht.
- Sie ist unsicher und will sich nicht blamieren.
- Sie ist zu schüchtern, um zu antworten.

Sie betreten am Arbeitsplatz einen Lift, in dem sich eine Ihnen fremde Person befindet. Wenn Sie diese Person weder grüssen noch sich ihr zuwenden, sondern die Anzeige der Stockwerke studieren und dann grusslos aussteigen, so haben Sie ihr durch Ihr Verhalten etwas mitgeteilt.

Jede Kommunikation hat einen Inhalts- und einen Beziehungsaspekt

Ebenfalls auf Paul Watzlawick geht die grundlegende Unterscheidung von Inhaltsebene und Beziehungsebene zurück.

Der **Inhaltsaspekt** bezieht sich auf die Bedeutung der gesagten oder geschriebenen Worte selbst. Mit Mitteilungen wie «Die Kaffeebüchse ist leer» oder «In diesem Zimmer steht ein gemütliches Ecksofa» informieren wir einen Gesprächspartner auf der Inhaltsebene über konkrete Sachverhalte.

Der **Beziehungsaspekt** sagt darüber etwas aus, wie der Sender eine Mitteilung vom Empfänger verstanden haben möchte. Der Empfänger selbst fühlt sich vom Sender in bestimmter Weise behandelt. Die Beziehung zwischen Sender und Empfänger ist oft in der Formulierung und in den nichtsprachlichen Begleitsignalen erkennbar. Körperhaltung, Mimik, Gestik, Tonfall, Betonung, Lautstärke usw. geben über den Inhalt einer Information hinaus wichtige **Zusatzinformationen**. Sie signalisieren, wie jemand die Äusserung verstanden wissen will.

Wenn sich zwei Menschen unterhalten, verläuft das Gespräch also immer gleichzeitig auf zwei Ebenen: der Inhaltsebene und der Beziehungsebene.

← →
Inhaltsebene
Gedanken, Worte, Informationen, Daten und Fakten

← →
Beziehungsebene
Gefühle, Tonfall, Lautstärke, Mimik und Gestik

← →
Räumliche Nähe bzw. Distanz
Körpersprache

fotolia / Kaarsten

fotolia / fotodesign-jegg.de

Nonverbale Kommunikation

Sprache ist das wichtigste Mittel der zwischenmenschlichen Kommunikation. Allerdings existiert verbale Kommunikation (ausser in der geschriebenen Sprache) nicht unabhängig von **nonverbaler Kommunikation**. Diese spielt deshalb in der zwischenmenschlichen Verständigung eine wichtige Rolle. Zur nonverbalen Kommunikation gehören:

- Gestik (Arme, Hände)
- Mimik (Gesichtsausdruck)
- Sprechweise
- Räumliche Nähe zum Gegenüber
- Berührungen (Art und Dauer; z. B. Handschlag)
- Körperhaltung
- Blickkontakt

Eine besondere Rolle spielt dabei der Gesichtsausdruck:

«Die Miene spricht aus, was auch immer du verheimlichst.»
Seneca (Philosoph in der Antike)

Die **sechs Grundemotionen** Freude, Wut, Angst, Trauer, Überraschung und Ekel lassen sich auf den Gesichtern ablesen. Offenbar spielen dabei kulturelle Einflüsse keine Rolle, so dass sich die Gesichtsausdrücke auf der ganzen Welt gleichen.

Aufgabe 2

Mit welchen Aussagen wird über einen eindeutigen Sachverhalt informiert? Kreuzen Sie entsprechend an.

		Eindeutiger Sachverhalt
1.	«Tomaten enthalten viel Oxalsäure.»	☐
2.	«Der Zug fährt um 07.00 Uhr.»	☐
3.	«Du hast mich absichtlich falsch verstanden.»	☐
4.	«Du kannst nicht mit Geld umgehen.»	☐
5.	«Diese Kundin hat beim Verlassen des Geschäfts verärgert die Türe zugeschlagen.»	☐
6.	«Ich mag keine Artischocken.»	☐
7.	«Der Klassendurchschnitt beträgt 5,2.»	☐

Aufgabe 3

Können Sie den Gesichtsausdrücken die entsprechenden Emotionen zuordnen?

© 2012 www.dasGehirn.info / Martin Bargiel

Aufgabe 4

Was ist das Gegenteil von Kommunikation? Versuchen Sie diese Frage in einer Partnerarbeit zu beantworten.

3 | Mit vier Ohren hören

Der deutsche Psychologe Friedemann Schulz von Thun hat in den 1980er Jahren ein Kommunikationsmodell entwickelt, mit dem missglückte Kommunikation untersucht werden kann. Neben dem Sach- und dem Beziehungsaspekt sieht er noch zwei weitere Aspekte.

Für das Verstehen von kommunikativen Prozessen ist die Unterscheidung von Sachebene und Beziehungsebene wichtig. Für die Beschreibung und die Erklärung von Kommunikation reicht sie aber alleine nicht aus.

Nach Schulz von Thun enthält jede noch so einfache Äusserung immer **vier Typen von Botschaften**. Diese vier Komponenten einer Mitteilung sind zwar nicht alle wörtlich ausgesprochen; sie können aber herausgehört werden.

- **Sach-Botschaft**: Worüber ich informiere
- **Beziehungs-Botschaft**: Was ich von dir halte; wie wir zueinander stehen
- **Selbstkundgabe-Botschaft**: Was ich über mich sage
- **Appell-Botschaft**: Wozu ich dich veranlassen möchte

Jemand schreit im Treppenhaus eines Bürogebäudes: «Feuer!»

Bildlich gesprochen heisst das: Wer etwas sagt (sich äussert), spricht mit «vier ‹Schnäbeln›» – egal, ob die Person das will oder nicht. Umgekehrt hört jeder Mensch mit «vier Ohren» und gewichtet bewusst oder unbewusst und je nach Situation einen der Aspekte stärker. Welches Ohr am meisten hingehört hat, zeigt sich oft an der Reaktion bzw. an der Antwort.

«Alice, das Bier ist alle!»

Die vier Botschaften könnten sein:
- Sachinhalt: Es ist kein Bier mehr im Haus.
- Beziehung: Du bist zuständig.
- Selbstkundgabe: Ich bin durstig, schwer enttäuscht, erbost!
- Appell: Hol welches. Denk beim nächsten Einkauf daran.

Die Antwort oder Reaktion von Alice fällt nun unterschiedlich aus, je nachdem, welches Ohr sie vorrangig auf Empfang schaltet. Auch ist sie frei in der Entscheidung, mit welchem der vier «Schnäbel» sie vorrangig antworten will.

Nach: Friedemann Schulz von Thun: Miteinander reden. Fragen und Antworten, © 2007 by Rowohlt Verlag GmbH, Reinbek bei Hamburg

Jede soziale Situation hat ihre eigene Geschichte. Das besprochene Kommunikationsquadrat (das «Vier-Ohren-Modell») kann die komplexe Wirklichkeit einer sozialen Situation nicht vollständig abbilden. Es kann aber durch Vereinfachung die wesentlichen Aspekte der Wirklichkeit hervorheben und verständlich machen.

Aufgabe 5

Eine Lehrperson fragt eine Schülerin: «Haben Sie diese Arbeit ohne fremde Hilfe geschrieben?» Mit welchem «Schnabel» antwortet die Schülerin? Kreuzen Sie entsprechend an.

		Sachinhalt	Beziehung	Selbstkundgabe	Appell
1.	«Ja, ich habe die Arbeit selber geschrieben.»	☐	☐	☐	☐
2.	«Sicher. Soll ich es Ihnen beweisen?»	☐	☐	☐	☐
3.	«Selbstverständlich. Das Thema interessiert mich schon lange.»	☐	☐	☐	☐
4.	«Sie trauen mir wieder einmal nicht viel zu.»	☐	☐	☐	☐

Aufgabe 6

Erfinden Sie eine Situation aus der Schule oder aus dem privaten Bereich und formulieren Sie dazu eine Äusserung einer beteiligten Person. Nennen Sie dann zu jedem Aspekt je eine mögliche Botschaft.

Situation und Äusserung:

Sachinhalt:

Beziehung:

Selbstkundgabe:

Appell:

Aufgabe 7

Diskutieren Sie in Gruppen die folgenden Fragen.

1. Wie reagiert ein Mensch, dessen Sach-Ohr besonders ausgeprägt ist?
2. Wie reagiert ein Mensch, dessen Beziehungs-Ohr besonders ausgeprägt ist?
3. Wie reagiert ein Mensch, dessen Selbstkundgabe-Ohr besonders ausgeprägt ist?
4. Wie reagiert ein Mensch, dessen Appell-Ohr besonders ausgeprägt ist?

Aufgabe 8

Versuchen Sie, die Resultate aus Aufgabe 7 anhand von konkreten Situationen zu veranschaulichen, zum Beispiel als Rollenspiel.

4 | Missglückte Kommunikation

Jemand antwortet auf die Frage nach seinem Befinden: «Ausgezeichnet!» Gesichtsausdruck und Körpersprache lassen aber das Gegenteil vermuten. Hier besteht eine Diskrepanz zwischen nonverbal gesendeter Botschaft und verbaler Nachricht. In diesem Fall spricht man von inkongruenter Kommunikation.

Menschen kommunizieren jederzeit, und das vom ersten Augenblick ihres Lebens an. In den ersten Lebensjahren dient die Kommunikation der Befriedigung existenzieller Bedürfnisse. Mit dem Erwerb der Sprache steht ein differenziertes Instrument für die zwischenmenschliche Verständigung zur Verfügung. **Kommunikationsziele** können unter anderem sein:

- Kontakt aufnehmen
- Beziehung aufrechterhalten
- Wissen vergrössern
- einen Konflikt bewältigen

Wenn die Beteiligten ihr Ziel erreichen, ist die Kommunikation erfolgreich verlaufen. Tritt das Gegenteil ein, so spricht man von missglückter Kommunikation. Missglückte Kommunikation kann verschiedene Ursachen haben.

Fehler in der Codierung oder der Decodierung

- Nonverbale Signale werden missverstanden.
  Kopfschütteln bedeutet in Griechenland «ja».

- Sender und Empfänger sprechen nicht die gleiche Sprache. Zwar ist eine minimale Verständigung mittels nonverbaler Kommunikation trotzdem möglich, aber für komplexere Nachrichten sind in der Regel verbale Mittel erforderlich.

- Der Sender benutzt eine sprachlich falsche Wendung.
  «Er hat mir wieder einen Löwen aufgebunden.»

- Der Sender verwendet eine grammatisch falsche Struktur, die den Sinn der Äusserung unklar macht.
  «Ich freue mich für diesen Brief.»

Störungen auf der Beziehungsebene

Neben Fehlern in der Codierung oder der Decodierung führen gewisse Verhaltensweisen zu Störungen auf der Beziehungsebene, was Missverständnisse, Ärger, Enttäuschungen, Gesprächsabbrüche und Konflikte zur Folge haben kann.

Zu diesen «kommunikativen Todsünden» gehören:

- **Abwertende Aussagen,** die fehlenden Respekt oder fehlende Wertschätzung ausdrücken. Sie werden vom Empfänger oft als herabsetzend empfunden.
  «Aus dir wird nie etwas!»

- So genannte **Du-Botschaften,** mit denen andere Personen oder deren Verhalten direkt beurteilt werden. Du-Botschaften sind oft negativ, aggressiv, drohend und verurteilend.
  «Du bist heute aber wieder schlechter Laune!»
  «Du hast schon wieder schlecht gespielt.»

- Verwendung von Aussagen, die eine Diskussion oder einen Prozess verunmöglichen (**Killerphrasen**).
  «Das kannst du glatt vergessen, das ist unmöglich!»
  «Das bringt nichts.»

- **Ablenkungsmanöver,** die das eigene Verhalten aus dem Verhalten des anderen rechtfertigen.
  Chef zum Mitarbeiter: «Sie arbeiten zu wenig eigenständig. Deshalb muss ich Ihnen stets sagen, was Sie tun sollten.» Antwort des Mitarbeiters: «Weil Sie mir immer sagen, was ich tun soll, habe ich keinen Freiraum für eigene Entscheidungen.»

- **Fehlende ↗ Empathie**
  Andrea: «Mein Mann hat mich verlassen.» Antwort von Mirjam: «Keine Angst, morgen sieht alles schon wieder anders aus.»

- **Unangebrachte Ironie.** Was angeblich als freundliches Scherzen gemeint war, kann zu verletzten Gefühlen führen.
  Lehrperson zur Schülerin: «Das haben Sie ja wieder fein gemacht – Ihre Arbeit ist voller Fehler.»

- **Widersprüchliche Aufforderungen,** die nicht erfüllbar sind.
  «Befolge doch nicht immer alle Anweisungen!»
  «Sei doch etwas spontaner.»
  «Du kannst so lange raus, wie du willst, aber komm bitte nicht zu spät nach Hause!»

Aufgabe 9

Formulieren Sie selbst drei Killerphrasen.

_____
_____
_____
_____
_____
_____

Aufgabe 10

Skizzieren Sie ein Beispiel missglückter Kommunikation. Erklären Sie dabei kurz die kommunikative Situation und die Rolle der Beteiligten.
Geben Sie Ihr Beispiel dann Ihrer Kollegin oder Ihrem Kollegen weiter und lassen Sie es zu einem Beispiel für geglückte Kommunikation umarbeiten.

5 | Erfolgreiche Kommunikation

Zu den wichtigsten Voraussetzungen für erfolgreiche Kommunikation gehört das Wahrnehmen der eigenen Gefühle und Bedürfnisse. Ebenso wichtig: genaues Zuhören und Eingehen auf die Gesprächspartner.

Angesichts der vielen Ursachen für missglückte Kommunikation stellt sich die Frage, welche **Empfehlungen** für erfolgreiche Kommunikation gegeben werden können.

Gute Kommunikation ist nur auf der Grundlage von Respekt vor anderen möglich

Respekt äussert sich in Anstand, in gutem Benehmen und in guten Umgangsformen. Zentral ist in vielen Situationen die Kontaktaufnahme, zum Beispiel das korrekte Grüssen und Verabschieden.

Gute Kommunikation heisst auch gut zuhören können

Sprechen und Zuhören verbinden uns mit anderen. Es sind zwei Seiten der gleichen Medaille. Oft liegt der Fokus auf dem Sprechen, dem Sich-Mitteilen. Wer andere verstehen will, muss aber ein ebenso **guter Zuhörer** wie Sprecher sein. Durch **aktives Zuhören** zeigen wir unser Interesse am Gegenüber.

Zum aktiven Zuhören gehören:
- wenn möglich eine entspannte, dem Partner zugewandte Körperhaltung
- freundlicher Gesichtsausdruck, wache Augen, angemessener Blickkontakt
- bestätigendes Kopfnicken

Zu den hemmenden Verhaltensweisen gehören:
- abgewandte Sitzposition
- kein Interesse zeigen (zum Fenster hinausschauen, Smartphone benützen, auf die Uhr schauen)
- den Kopf schütteln, abwertende Geräusche erzeugen
- den anderen unterbrechen
- ständig sofort widersprechen
- ohne Erklärung das Thema wechseln

Gute Kommunikation soll der Situation angepasst sein

Gute Kommunikation verlangt, dass die beteiligten Personen authentisch sind, sich nicht verstecken und keine Maske tragen. Damit die Kommunikation stimmig ist, müssen sich die Beteiligten der Situation entsprechend verhalten. Beispiel:

Ein Lernender wird von einer Berufsbildnerin auf einen Fehler aufmerksam gemacht. Da sie ihn schon einmal auf den gleichen Fehler aufmerksam gemacht hat, wirkt sie leicht gereizt. Der Lernende reagiert mit den Worten: «Drehen Sie doch nicht gleich durch!» Zwar reagiert der Lernende spontan und direkt, seine Reaktion passt aber nicht zur Situation.

Wer erfolgreich kommuniziert, geht im Konfliktfall eher von Beobachtungen als von Wertungen aus. Es empfiehlt sich in vielen Situationen, eigene Beobachtungen und eigene Bedürfnisse statt Bewertungen und Urteile auszusprechen.

Empfehlungen für eine erfolgreiche Kommunikation

Die in diesem Modul dargestellten Erkenntnisse der Kommunikationstheorie helfen, Störungen in der Kommunikation zu erkennen und ihre Ursachen zu durchschauen. Hier folgt eine Zusammenfassung der wichtigsten Voraussetzungen und Fähigkeiten für eine erfolgreiche Kommunikation.

· Die eigenen Gefühle wahrnehmen und ausdrücken
· Die Gefühle des Gesprächspartners wahrnehmen und akzeptieren
· Mit vier Ohren hören
· Die eigene Zielsetzung immer wieder überprüfen
· Ich-Botschaften verwenden (keine Man-/Wir-Botschaften)
· Sich der Beziehung zum Kommunikationspartner bewusst werden
· Botschaften einwandfrei codieren
· Aktiv zuhören
· Beobachten, ohne zu bewerten
· Bedürfnisse, Wünsche und Erwartungen offen mitteilen

Ein gutes Klima in der Klasse bildet den Nährboden für erfolgreiches Lernen und Lehren:

Sachebene
Auf dieser Ebene geht es um das Thema, das Ziel, den Inhalt.

Nährboden
Wie gehen wir miteinander um?
Wie sprechen wir miteinander?
Wie stehen wir zueinander?
Mit welchen Gefühlen bin ich da?

Respekt
Wertschätzung
Achtung
Kooperative Kommunikation

Zur Unterstützung der **kooperativen Kommunikation** – zum Beispiel im Klassengespräch oder in Gruppenarbeiten – dienen folgende Hilfsregeln:

1. Beheben Sie gegebenenfalls innere und äussere Störungen und Behinderungen, die den Arbeitsprozess erschweren.
2. Beteiligen Sie sich, wenn Sie zum Thema etwas beitragen wollen und können. Übernehmen Sie die Verantwortung für Ihre Aussagen.
3. Drücken Sie sich persönlich aus und vermeiden Sie Verallgemeinerungen.
4. Vermeiden Sie Seitengespräche; sie stören das Gruppengespräch.
5. Lassen Sie jedes Gruppenmitglied ausreden. Wenn mehrere Personen gleichzeitig sprechen, zeigt das zwar starkes Engagement, stellt aber akustisch ein Problem dar.

Nach: Werner Sperber: Methodische Grundlagen der themenzentrierten Interaktion (TZI), WPI, o.J.

Aufgabe 11

Formulieren Sie aufgrund Ihrer Erfahrungen Regeln für das korrekte Grüssen und Verabschieden im beruflichen Alltag und in der Schule.

Aufgabe 12

Gibt es für Ihre Schule oder für Ihre Klasse ein Leitbild, in dem das Kommunikationsverhalten thematisiert wird? Inwieweit verläuft der Unterricht in Ihrer Klasse gemäss den oben stehenden Regeln?

6 | Feedback geben – Feedback aufnehmen

Wie wirken Sie auf andere? Wie ist Ihre Präsentation, Ihr Beitrag, Ihre Arbeit angekommen? Stimmt der Eindruck, den andere von Ihnen und Ihrem Auftreten haben, mit Ihrem Selbstbild überein? Rückmeldungen von anderen helfen Ihnen, sich realistisch einzuschätzen und damit Ihre Persönlichkeit zu entwickeln.

Was ist ein Feedback?

Ein Feedback ist eine Rückmeldung, mit der Sie einer anderen Person Ihre Beobachtungen mitteilen, das Verhalten anderer beschreiben und über die Wirkung sprechen, welche gewisse Verhaltensweisen bei Ihnen ausgelöst haben. Dabei werden kommunikative Fähigkeiten angewendet, von denen in diesem Modul die Rede ist. Dazu gehören ganz besonders:

· Beobachtung und Wertung unterscheiden können
· eigene Gefühle und Bedürfnisse wahrnehmen können
· sich respektvoll und wertschätzend ausdrücken können
· klar und genau formulieren können
· sich situationsgerecht verhalten können

Wozu Feedback?

Mit Ihrer Rückmeldung machen Sie auf Verhaltensweisen aufmerksam, die für die Zuhörerinnen und Zuhörer sichtbar, der betreffenden Person selber aber möglicherweise nicht bewusst sind. Das Feedback erweitert das Selbstbild einer Person durch die Fremdwahrnehmung. Gewohnheiten und Verhalten, die uns selber vielleicht nicht bewusst sind («blinde Flecken»), von anderen aber wahrgenommen werden, können so im positiven Sinn verändert werden.

Wie soll ein Feedback sein?

Ein Feedback ist für den Empfänger nützlich und hilfreich, wenn es bestimmte Merkmale aufweist.
Insbesondere ist es:

· überwiegend beschreibend statt wertend
· konkret, nicht allgemein
· sachlich richtig
· klar und genau formuliert

Lucian Hunziker, Basel

Ein Feedback ist dann hilfreich, wenn ...

... Tatsachen als Tatsachen, Vermutungen als Vermutungen und Gefühle als Gefühle mitgeteilt werden.	· Du hast deine Redezeit um 4 Minuten überschritten. · Ich vermute, du warst sehr aufgeregt.
... Stärken genannt werden und Wertschätzung zum Ausdruck kommt.	Die Zuhörerinnen haben während deiner Rede gelacht; das zeigt, dass du gut angekommen bist. Ich hätte dir gerne noch länger zugehört.
... es sich auf etwas bezieht, das zu ändern der Empfänger fähig ist.	Für mein Empfinden hast du zu viele Zahlen genannt.
... es konkret ist.	Auf deiner Folie hatte es zwei Fehler: Norwegen gehört nicht zur EU und «Aggression» schreibt sich mit zwei g.
... Wertungen und Urteile sachlich begründet werden.	Die Statistik über die Erdöleinnahmen ist wenig aufschlussreich, weil sie schon zehn Jahre alt ist.

Feedback-Beispiele

Beobachtung/Feststellung	· Du bist unverkrampft vor der Klasse gestanden. · Du hast zwei übersichtlich gestaltete Folien kommentiert. · Du hast dein Anliegen am Schluss klar formuliert.
Wirkung	Für mich war das eine sehr interessante Präsentation. Du hast gut vorbereitet und kompetent gewirkt. Allerdings wusste ich nicht sofort, worum es bei deiner Präsentation ging.
Positive Einschätzung	Für weitere Vorträge solltest du Folgendes beibehalten: · sicher auftreten, · klare Folien präsentieren, · den Blickkontakt zum Publikum herstellen und behalten.
Anregung	Du könntest häufiger: · eine Sprechpause einlegen, · Ich-Aussagen einbauen, · «mit den Händen sprechen».
Kritik	Weniger empfehlenswert finde ich: · einen Fachbegriff zu verwenden, ohne ihn zu erklären, · den Blick beim Sprechen auf die Leinwand zu richten, wie es vor allem bei der ersten Folie der Fall war.
Vorschläge	· Wähle einen etwas frecheren Einstieg. · Kommentiere die Folien ausführlicher. · Grenze das Thema stärker ein.

Regeln für das Annehmen von mündlichem Feedback

- Lassen Sie die Person, die Ihnen ein Feedback gibt, ausreden. Unterbrechen Sie die Ausführungen nicht vorzeitig mit Erklärungen, Berichtigungen oder Rechtfertigungen. Verständnisfragen werden erst am Schluss gestellt.

- Betrachten Sie ein Feedback nie als Angriff auf Ihre Person. Es geht immer darum, wie Sie wirken, nicht, wie Sie sind. Verteidigen Sie sich also nicht.

- Feedback ist immer eine Gelegenheit, etwas über sich selber zu erfahren. Indem Ihnen andere Personen sagen, wie Sie auf sie wirken, lernen Sie sich besser kennen. Sie können Ihr Auftreten verändern und immer sicherer werden. Bedanken Sie sich deshalb für jedes konstruktive Feedback.

Test 04 | Kommunikation

1. **Welche der folgenden Stichworte stehen in direktem Zusammenhang mit dem aktiven Zuhören? Kreuzen Sie entsprechend an.**

   ☐ interessiertes Nachfragen
   ☐ authentisch / echt sein
   ☐ Aufmerksamkeit
   ☐ Gleichberechtigung
   ☐ Toleranz
   ☐ dem Gesprächspartner zugewandte Körperhaltung
   ☐ freundlicher Blick
   ☐ Verlässlichkeit

2. **Formulieren Sie zwei Aussagen, die über einen konkreten Sachverhalt informieren, und zwei Aussagen, die zu einer Störung auf der Beziehungsebene führen könnten.**

   Konkreter Sachverhalt:
   _____
   _____
   _____
   _____

   Mögliche Störungen auf der Beziehungsebene:
   _____
   _____
   _____
   _____

3. **Kommunikationsquadrat («Vier-Ohren-Modell»)**

   Eine Lehrperson sagt zu ihrer Schülerin: «Samira, Ihr Notendurchschnitt ist in den letzten fünf Wochen stetig gesunken.»

   Diese Äusserung kann unter anderen die folgenden Botschaften enthalten:
   A   Angesichts der bevorstehenden Prüfung macht sich die Lehrperson Sorgen um Samira.
   B   Samira soll mehr lernen!
   C   Der Notendurchschnitt ist schlechter geworden.
   D   Die Lehrperson kennt den genauen Notendurchschnitt und verfolgt die Leistungsentwicklung.

   Ordnen Sie jedem der oben stehenden Sätze die entsprechende Botschaft zu:

   Sachinhalt: _____
   Beziehung: _____
   Selbstkundgabe: _____
   Appell: _____

Eine Abteilungsleiterin sagt zu ihrer Mitarbeiterin: «Frau Zimmermann, die Unterlagen, die Sie gestern erstellt haben, sind fehlerhaft.»

Die Äusserung der Abteilungsleiterin kann unter anderen die folgenden Botschaften enthalten:
A   Frau Zimmermann soll sich mehr Mühe geben!
B   Die Abteilungsleiterin legt Wert auf einwandfreie Unterlagen.
C   Als Chefin darf sie auf Fehler aufmerksam machen.
D   Die Unterlagen sind nicht fehlerfrei.

Ordnen Sie jedem der oben stehenden Sätze die entsprechende Botschaft zu:

Sachinhalt:

Beziehung:

Selbstkundgabe:

Appell:

4. Nennen und erklären Sie vier Voraussetzungen für erfolgreiche Kommunikation.

5. Streichen Sie die Aussagen durch, die nicht in ein Feedback zu einer Präsentation einer Klassenkollegin gehören.

a) Du hast das Ziel nicht erreicht.

b) Deine Präsentation war noch gut.

c) Du hast fünf Bilder gezeigt, aber nur eines davon erklärt.

d) Das Thema deiner Präsentation war die Arbeitslosigkeit bei Jugendlichen nach der Lehre.

e) Die Tabelle zur Jugendarbeitslosigkeit im internationalen Vergleich konnte ich in der zweithintersten Reihe nicht lesen.

f) Bis du für die Präsentation eingerichtet warst, hat es dreieinhalb Minuten gedauert.

g) Du hast zwei Schlüsselbegriffe erklärt. Den Begriff «Schwellenkonzept» habe ich aber nicht verstanden.

h) Das Interview mit den zwei betroffenen Lehrabgängern war langweilig.

i) Das Thema war für mich interessant, weil ich selber zurzeit auch eine Stelle suche.

j) Die Klasse hat auf deine provokative Aussage mit einem Lachen reagiert.

Seite 73 / Modul 05
Interview

Fuss auf der Fähre, Pass im Breitenrain

15 Fragen an Urs Mannhart

Urs Mannhart, geboren 1975, Schriftsteller, Velokurier, Nachtwächter, 2004 erschien der Roman «Luchs», 2006 der Roman «Die Anomalie des geomagnetischen Feldes südöstlich von Domodossola». Zusammenarbeit mit Musikern, Fotografen, Comiczeichnern, Lithografen. Lebt in Langenthal, Bern und an anderen Orten, zu denen hin, sei es auch ausserplanmässig, ein Zug fährt. Heute Abend um 20 Uhr liest Urs Mannhart in der Regionalbibliothek Langenthal.

Wie würden Sie Ihren momentanen Geisteszustand beschreiben?
Forschend, unaufgeräumt, heiter, bisweilen ungeduldig.

Was möchten Sie sein?
Ein angenehm unbequemer Schriftsteller möchte ich sein, ein zuvorkommender, rotznasenfreier Velokurier, ein weit gereister, allwissender Reporter, ein bestrickender Liebhaber, ein findiger, unerschrockener Koch, ein kauziger Zeitgenosse, ein Entwickler schöner Fahrradrahmen, ein in allen Zungen sprechender Schlafwagenschaffner im Simplon-Orient-Express, ein – wie viele Zeichen habe ich zur Verfügung?

Welchen Luxus leisten Sie sich?
Ein Leben ohne Taschentelefon. Einen alten Computer ohne Internet. Mehrere Fahrräder. Lange Reisen quer durch Europa, ohne einen Flughafen zu betreten.

Ihre Lieblingsgestalt in der Geschichte?
Paul Grüninger zum Beispiel, der den Mut aufbrachte, in der Schweiz wohnhafte Juden vor dem langen Arm des Naziregimes zu verschonen, oder der rücksichtslos agierende Journalist Niklaus Meienberg. Bestimmt auch der polnische Reporter und Essayist Ryszard Kapuscinski.

Ihre Heldinnen und Helden der Wirklichkeit?
Starrköpfe, Verweigerer, Idealisten, Nonkonformisten, Systemkritiker und überhaupt Menschen mit unbändigem Willen. (Ausgenommen vielleicht einige Alpinisten, denn über den Sinn des Bergsteigens ist wenig bekannt.)

Ihre Lieblingstugend?
Gedankliche wie auch sprachliche Sorgfalt, die es schafft, zu differenzieren.

Ihr grösster Fehler?
In Südspanien stehen, den einen Fuss schon auf der Fähre nach Tanger, den Pass aber im Breitenrain.

Lieben Sie jemanden?
Ja.

Und woraus schliessen Sie das?
Am Kusswunsch meiner schmalen Lippen, an den heftigen Umarmungen und an allen übrigen Signaturen der Liebesblödigkeit.

...

Aus: «15 Fragen an Urs Mannhart», in: Der Bund, 11. Januar 2011
Foto (Urs Mannhart): Francesca N. Moeri

Wie würden Sie die Frage «Was möchten Sie sein?» beantworten?

Stellen Sie einer Person aus der Klasse, mit der Sie bisher nur wenig gesprochen haben, drei Fragen. Fragen Sie dabei nach
- Tatsachen
- Meinungen
- Gefühlen

1 | Was ist ein Interview?

Begriff

Die Übersetzung des englischen Worts «Interview» lautet
- Unterredung, Besprechung
- Befragung

Anwendung

Besonders geeignet ist das Interview für die audiovisuellen Medien (Internet, Fernsehen, Video usw.), weil mit dem Bild auch nonverbale Signale (Gesten, Mimik, Blick, Stimmung usw.) eingefangen werden können. Aber auch in Zeitungen und Zeitschriften sowie am Radio erscheinen täglich Interviews. Im Gegensatz zum Live-Interview am Radio oder Fernsehen werden geschriebene Interviews in den meisten Fällen überarbeitet.

Ziel

Mit dem Interview wird nach Tatsachen, Meinungen und Gefühlen gefragt.
Interviews dienen auch der Beschaffung von Informationen im beruflichen und schulischen Umfeld (zum Beispiel für eine Facharbeit). In diesem Fall werden sie nicht wörtlich abgedruckt, ausser bei Zitaten.

Interviewtypen

Wir unterscheiden
- das Interview zur Sache
- das Meinungsinterview
- das Interview zur Person

In der Praxis überschneiden sich die drei Interviewtypen häufig. Die gestellten Fragen, die Atmosphäre und der Stil des Interviews hängen stark von der interviewenden Person, aber auch von der interviewten Person und dem Interviewziel ab.

Interview zur Sache	Meinungsinterview	Interview zur Person
Sucht nach Fakten	Forscht nach Beweggründen, Hintergründen und Zusammenhängen	Versucht, einen Menschen vorzustellen, indem er über seine Lebensart, seine Vorlieben, Schwächen, Stärken usw. befragt wird
Im Vordergrund: **objektive Tatbestände**	Im Vordergrund: **subjektive Wertungen der befragten Person**	Im Vordergrund: **das Persönliche eines Menschen**
Eine Fachperson gibt Auskunft, ein Augenzeuge wird befragt.	Der Standpunkt, die Ansicht einer Politikerin vor einer Abstimmung soll ausgelotet werden.	Ein Popstar wird aufgrund seiner Antworten vorgestellt.

Aufgabe 1

Inwiefern unterscheidet sich ein Alltagsgespräch von einem Interview? Kreuzen Sie entsprechend an.

	Eher Alltagsgespräch	Eher Interview
1. Die Zielsetzung ist klar.	☐	☐
2. Das Vorgehen ist geplant.	☐	☐
3. Das Gespräch wird in lockerem Umgangston geführt.	☐	☐
4. Die Rollen der Teilnehmenden stehen fest.	☐	☐
5. Das Gespräch wird ausgewertet bzw. weiterverbreitet.	☐	☐
6. Neuigkeiten werden ausgetauscht.	☐	☐
7. Als Ergebnis resultiert ein gemeinsames Produkt.	☐	☐
8. Das Thema steht im Voraus fest.	☐	☐
9. Die Beteiligten treffen sich zufällig.	☐	☐
10. Die Teilnehmenden willigen ein, das Gespräch zu führen.	☐	☐
11. Das Gespräch verlangt klare Spielregeln (z. B. Dauer).	☐	☐
12. Das Gespräch wird aufgezeichnet.	☐	☐

toonpool.com / Thomas Luft

2 | Interview-Analyse

Dem Interview liegt eine geplante verbale Kommunikation zwischen mindestens zwei Menschen zugrunde. Es kann in mündlicher Form (zum Beispiel am Telefon) oder in schriftlicher Form (zum Beispiel per E-Mail) geführt werden.

Aufgabe 2

Versuchen Sie, von den folgenden Fragen auf die interviewte Person zu schliessen. Geben Sie zusätzlich den Interviewtyp an und begründen Sie Ihre Entscheidung mündlich.

S = Interview zur Sache
M = Meinungsinterview
P = Interview zur Person

a) **Ernst Pöppel (70), Neurowissenschaftler;**
gilt als führender Hirnforscher Deutschlands.

b) **Gianna Nannini (54), Musikerin;**
erfolgreichste Rocksängerin Italiens; wurde mit 54 zum ersten Mal Mutter.

c) **Stefaan Engels (49), Marathonläufer;**
lief 365 Marathonläufe in 365 aufeinanderfolgenden Tagen.

d) **Matthias Horx (56), Journalist und Buchautor;**
leitet ein Zukunftsinstitut; gilt als einer der bekanntesten Trendforscher.

e) **Luise Pusch (67), Sprachwissenschaftlerin;**
Begründerin der feministischen Linguistik; kämpft gegen Sexismus in der Sprache.

f) **Luca Ruch (22), Bankkaufmann;**
Mister Schweiz 2011.

g) **Stefania Broadbent (o. A.), Professorin für Kommunikation;**
untersucht, wie die Benutzung neuer Kommunikationstechnologien unser Sozialleben verändert.

		Richtet sich an	Interviewtyp
1.	An wie vielen Tagen konnten Sie die 42,195 Kilometer echt geniessen?	c)	M
2.	Ist Mode eine Leidenschaft von Ihnen?		
3.	Das Alter war nie ein Thema für Sie?		
4.	In jüngster Zeit hört man oft von sinnloser Gewalt durch Jugendliche. Ist sie auch eine Folge von schlechten Einflüssen auf die Jugendlichen, etwa durch Gewaltvideos?		
5.	Womit fahren Autos in 50 Jahren?		
6.	Facebook wird zu einem Hauptkommunikationsmittel. Wie erklären Sie das?		
7.	Aufgeben war nie ein Thema?		
8.	Ich hatte noch nie einen LSD-Trip. Liegts vielleicht daran?		
9.	Überlebt der Euro trotz allem?		
10.	Wie würde eine gerechte Sprache aussehen?		
11.	Wie kann Erziehung die Bildung der Persönlichkeit beeinflussen?		
12.	Funktioniert die Mutterschaft per Skype?		
13.	Stellen Sie Unterschiede in den deutschsprachigen Ländern fest?		

Aufgabe 3

Wählen Sie zwei der Fragen aus Aufgabe 2 aus. Nennen Sie zwei Personengruppen, für die das jeweilige Interview von besonderem Interesse sein könnte. Welche Vorkenntnisse braucht die Person, die das Interview führt?

Frage:
___
Personengruppen:
___
Vorkenntnisse:
___
___
___

Frage:
___
Personengruppen:
___
Vorkenntnisse:
___
___
___

Aufgabe 4

Suchen Sie in den aktuellen Print- oder Online-Medien oder in Publikationen aus Ihrem beruflichen Umfeld ein interessantes Interview. Analysieren Sie es mit Hilfe der nachfolgenden Darstellung.

Beantworten Sie dabei Fragen wie: Wer sind die interviewte und die interviewende Person? Was ist das Thema? Welche Vorkenntnisse braucht der Interviewer? Wo ist das Interview zuerst erschienen? Was lässt sich über Ziel und Zweck des Interviews sagen? An wen richtet sich das Interview? Was lässt sich über die Sprache und den Ton des Interviews sagen? Wie stehen die beteiligten Personen zueinander?

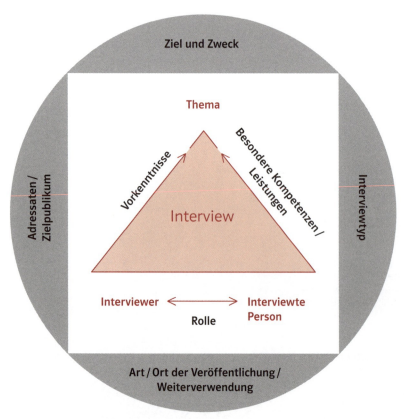

3 | Fragetechnik

Wer ein Interview durchführt, sieht sich häufig mit der Aufgabe konfrontiert, in relativ kurzer Zeit möglichst viele wichtige Informationen zu erhalten.

Da ein Interview aber auch eine zwischenmenschliche Begegnung ist, kommt der Beziehung zwischen interviewender und interviewter Person eine grosse Bedeutung zu. Die richtigen Fragen im Ablauf des Interviews wirken beziehungsfördernd.

In formaler Hinsicht unterscheiden wir zwischen geschlossenen und offenen Fragen.

Geschlossene Fragen	Offene Fragen
Geschlossene Fragen sind Entscheidungsfragen. Die Antwortmöglichkeiten sind vorgegeben und beschränken sich praktisch auf ein «Ja» oder ein «Nein». Geschlossene Fragen beginnen in der Regel mit einem Verb.	Offene Fragen dagegen können nicht einfach mit «Ja» oder «Nein» beantwortet werden. Vielmehr wird die befragte Person mittels offener Fragen zum Sprechen und Erzählen aufgefordert. Damit ergeben sich vielfältige Antwortmöglichkeiten.
Hast du ein schönes Wochenende gehabt?	Was hast du am Wochenende gemacht?

Mehrere geschlossene Fragen hintereinander bringen die interviewte Person in Zugzwang; im Extremfall gleicht das Interview einem Verhör. Das schafft eine Distanz zwischen den Gesprächspartnern. Der Vertrauensaufbau gelingt nicht, die Beziehung kühlt sich ab. Als Folge davon kann das Interview ins Stocken geraten. Der Interviewpartner schweigt, anstatt seine Ideen auszubreiten und seine Sichtweise darzulegen.

Es empfiehlt sich also, mit offenen Fragen und eher allgemeinen Themen in das Interview einzusteigen. Zu eng umgrenzte Fragen im Anfangsstadium des Interviews können den Gesprächsverlauf blockieren.

Für viele Interviewsituationen besonders nützlich sind **offene W-Fragen**, also Fragen, die mit einem Fragewort beginnen, dessen Anfangsbuchstabe «W» lautet.

Was ereignete sich dann?
Wer war sonst noch beteiligt?
Wo ereignete sich das?
Wann geschah es?
Wie kam es dazu?
Welche Folgen zeigten sich?
Warum/Weshalb ist das passiert?
…

Aufgabe 5

Formulieren Sie die folgenden geschlossenen Fragen in offene Fragen um.

1. Sind Sie schon lange für dieses Unternehmen tätig?

2. Können Sie den Unfallhergang genau schildern?

3. Führen Sie gerne Kundengespräche?

4. Gibt es Probleme mit Arbeitskollegen?

Fragekategorien

Über die formale Unterscheidung von geschlossenen und offenen Fragen hinaus lassen sich Interviewfragen grob in vier Kategorien einteilen. Wir unterscheiden
- Fragen zu Tatsachen
- Fragen zu Meinungen
- Fragen, die primär eine Funktion im Ablauf des Interviews haben
- Fragen, die den Vertrauensaufbau stören können, weil sie unhöflich, unfair, unangemessen oder unterstellend sind

Während sich Fragen zu Tatsachen und Fragen zu Meinungen gut vorbereiten lassen, werden Fragen, die primär eine Funktion im Ablauf des Interviews haben, je nach Verlauf des Interviews flexibel eingebaut. Sie stellen einen «Interview-Erste-Hilfe-Koffer» dar, der dann zum Einsatz kommt, wenn das Interview ins Stocken gerät, wenn das Interview stärker gelenkt werden soll oder in anderen besonderen Situationen. Fragen, die den Vertrauensaufbau stören können, weil sie unhöflich, unfair, unangemessen oder unterstellend sind, werden im Journalismus in gewissen Situationen gezielt eingesetzt. Sie eignen sich aber für die Informationsbeschaffung im schulischen oder beruflichen Bereich nur sehr bedingt.

Fragen zu Tatsachen

Bestimmungsfrage	Wo wohnen Sie? – Wann wurden Sie befördert? – Wie lange arbeiten Sie schon bei der Allianz Suisse?	Knapp und präzis formuliert; fragt nach Ort und Zeit. Häufig W-Fragen
Sach- und Faktenfrage	Wie hoch stand gestern der Euro-Kurs?	Es gibt nur richtig oder falsch.

Fragen zu Meinungen

Meinungsfrage	Wie denken Sie über das neue Reglement? – Wie beurteilen Sie seine Leistung in diesem Spiel?	Offenbart die persönlich gefärbten Meinungen, Ansichten und Einstellungen
Erfahrungsfrage	Wie hat sich die Umstellung auf Ihr neues Trainingssystem ausgewirkt?	Zeigt die individuelle Erfahrung auf
Hypothetische Frage	Angenommen, Sie würden den Beruf wechseln, was würden Sie tun?	Basiert auf einer Annahme
Herausforderungsfrage	Was würde Sie denn überhaupt befähigen, Bundesrat zu werden? – Könnte man nicht ebenso gut das Gegenteil behaupten und sagen, dass Sie zu früh informiert wurden?	Lockt aus der Reserve, provoziert

Fragen, die primär eine Funktion im Ablauf des Interviews haben

Einstiegsfrage	Sind Sie einverstanden, wenn wir über das Berufliche zuerst reden?	Erste Frage des Interviews nach der Begrüssung und dem Vorgespräch
Schlussfrage	Darf ich zum Schluss fragen …?	Kündet den Abschluss des Interviews an
Reflektierende Frage	Habe ich Sie richtig verstanden …?	Veranlasst den Partner, das Thema zu vertiefen, zu erweitern, Irrtümer aufzudecken und zu korrigieren
Beiläufige Frage	Was ich noch fragen wollte …	Erweckt den Anschein, als sei sie dem Interviewer nur so beiläufig eingefallen (z. B. dem Kriminalbeamten beim Hinausgehen unter der Tür …)
Rhetorische Frage	Wer möchte heute noch 60 Stunden arbeiten?	Frage, die keine Antwort verlangt oder auf die keine Antwort erwartet wird

Fragen, die den Vertrauensaufbau stören können

Suggestivfrage	Sie meinen doch auch ...? – Sie sind sicher auch der Meinung ...?	Mit Füllwörtern wie «sicher» oder «doch auch» wird das Gegenüber in eine bestimmte Richtung gedrängt, manipuliert oder zu einer bestimmten Antwort genötigt.
Ja/Nein-Falle	Können Sie mit Ihrer mangelnden Intelligenz gut umgehen? – Sind Sie immer noch ein Schlägertyp?	Die interviewte Person steht sowohl mit einem «Ja» als auch mit einem «Nein» schlecht da.
Unterstellende Frage	Ist Ihr Geschäftspartner mitschuldig am Konkurs?	Unterstellt der befragten Person etwas
Unangemessene Frage	Wie viel verdienen Sie? – Wie erklären Sie die gute Leistung des Teams seit Ihrer Entlassung?	Fällt aus dem Rahmen des Interviews, kann brüskieren

Aus: rhetorik.ch; Autor: Marcus Knill, www.knill.com

Inhalt	Allgemeine Fragen/Themen	gezielte und spezielle Fragen
Beziehung Kommunikation		Vertrauensaufbau
Fragestil	offen	eng umgrenzt/präzise

Verlauf des Interviews

Das Interview als kommunikativer Prozess

4 | Ein Interview vorbereiten, durchführen und auswerten

Vorbereitung			
Ziel und Zweck bestimmen	Schafft Klarheit; ist Voraussetzung für ein effizientes Vorgehen und erspart unnötiges Nachfragen nach dem Interview		
Interviewtyp festlegen	Interview zur Sache = problemzentriert	Meinungsinterview = meinungszentriert	Interview zur Person = personenzentriert
Interviewstruktur festlegen	Standardisiert = festgelegter Fragenkatalog, evtl. gleiche Fragen in der gleichen Reihenfolge an mehrere Personen	Strukturiert = vorbereiteter Fragenkatalog, je nach Verlauf des Interviews wird nachgefragt, der Wortlaut der Frage angepasst usw.	Unstrukturiert = mit einer Eingangsfrage wird der Interviewpartner zu einer Stegreiferzählung angeregt, häufig im Zusammenhang mit autobiografiebezogener Fragestellung
Mögliche Interviewpartner auflisten	Dabei Interessenlage und Motivation der Interviewpartner berücksichtigen		
Informationen zu möglichen Interviewpartnern sammeln	Mit Blick auf die Voranfrage und das Interview werden alle verfügbaren Informationen über den Interviewpartner gesammelt und zusammengestellt		
Interviewpartner voranfragen	· E-Mail, Telefon, persönlich · Ziel und Zweck des Interviews nennen · Interesse für das Interview, Motivation wecken		
Bei einer grundsätzlichen Bereitschaft von Seiten des Interviewpartners	Rahmenbedingungen klären: · Zeitpunkt · Dauer/Zeitbedarf/Umfang · Art des Interviews (persönlich, per E-Mail, telefonisch) · Aufzeichnung des Interviews auf Band · Verwendung · Vereinbarung zum Datenschutz		
Fragebogen vorbereiten	· Erkenntnisse aus den Vorgesprächen bzw. der Kontaktaufnahme mit einbeziehen · Nichts fragen, was man schon aus eigener Recherche wissen kann/muss!		

Durchführung

Pünktlich zum vereinbarten Termin erscheinen	Genug Zeit für die Anreise planen
Modalitäten klären	Wenn die Auskunftsperson einverstanden ist, das Interview auf Tonband oder Video aufnehmen
Das Terrain vorbereiten	· Zu Beginn unproblematische Themen anschneiden, evtl. eine so genannte «Eisbrecherfrage» stellen · Versuchen, eine vertrauensvolle und sachbezogene Atmosphäre zu schaffen
Das Interview durchführen	· Unfaire Fragen meiden · Krisen im Live-Interview (z.B. technische Panne, Störung durch Dritte) sind oft unvermeidlich. Sie müssen den Wert des Interviews aber nicht beeinträchtigen. · Auffälliges nonverbales Verhalten festhalten (z.B. «Zögert mit der Antwort», «Lacht») · Die Vereinbarungen (z.B. Zeitrahmen) einhalten · Sich bei der Auskunftsperson bedanken · Fragen, ob die interviewte Person am Ergebnis interessiert ist

Auswertung

Direkt nach dem Interview	Wichtig erscheinende Eindrücke, Gefühle, Gesprächsumstände (auch Schwierigkeiten, Peinlichkeiten usw.) festhalten
Interview evtl. abtippen, die Ergebnisse gemäss Verwendungszweck weiterverwerten	· Datum und Ort der Durchführung festhalten für die Quellenangabe · Informationen des Interviews zum Beispiel in eine Dokumentation einarbeiten

Test 05 | Interview

1. Was ist korrekt? Kreuzen Sie an.

Beim Meinungsinterview wird vor allem gefragt nach

☐ Fakten
☐ dem beruflichen Werdegang eines Menschen
☐ subjektiven Wertungen

Welche der folgenden Fragen gehören zu den offenen W-Fragen?

☐ Warum engagieren Sie sich für den Klimaschutz?
☐ Fühlten Sie sich schuldig, als Sie von diesen Todesfällen hörten?
☐ Wie viele Nutzer hat der Personensuchdienst 123People?

Zur Vorbereitung eines Interviews gehört

☐ das Sammeln von Informationen über mögliche Interviewpartner
☐ das Austauschen von Belanglosigkeiten
☐ das Festlegen des Interviewziels

2. Schildern Sie kurz eine Interviewsituation (beteiligte Personen, Ziel, Thema usw.) und formulieren Sie drei Fragen, die für den Einstieg in das Interview geeignet sind.

Interviewsituation:

_____

_____

Mögliche Einstiegsfragen:

_____

_____

_____

_____

_____

3. Erklären Sie, warum mehrere geschlossene Fragen hintereinander in einem Interview problematisch sein können.

_____

_____

_____

_____

4. Analysieren Sie das folgende kurze Interview. Was lässt sich über die Beziehung zwischen dem Interviewer und der interviewten Person sagen?

«Wollen Sie mich provozieren?»

Bund: Sie waren bis Ende der letzten Saison Schweizer Männer-Cheftrainer. Wie beurteilen Sie die Leistung Ihrer ehemaligen Athleten in der WM-Abfahrt?

Dieter Bartsch: Die Schweizer haben dem Druck standgehalten und bewiesen, dass sie mit den Besten mitzuhalten vermögen. Gott sei Dank ist die lang ersehnte Abfahrtsmedaille endlich Tatsache geworden. Andernfalls hätte man die starke Teamleistung nicht richtig gewürdigt.

Wie erklären Sie sich die Fortschritte der Abfahrer seit Ihrem Abgang?
Wollen Sie mich provozieren? Waren Sie überhaupt schon einmal an einem Skirennen?

Aber sicher. Die Fortschritte der Schweizer Abfahrer sind doch offenkundig.
Sie haben keine Ahnung. Sagt Ihnen der Name Ambrosi Hoffmann etwas? Der wurde letzte Saison Zweiter.

Aber das war in der letzten Abfahrt des Winters. Bruno Kernen beispielsweise blieb die ganze Saison unter den Erwartungen, an den Olympischen Spielen in Salt Lake City gewannen Ihre Fahrer keine einzige Medaille.
Für welche Zeitung schreiben Sie überhaupt?

Für den «Bund».
Gibts den schon lange?

Seit immerhin 153 Jahren.
Sehen Sie: Diese Frage ist genauso dumm wie Ihre.

Na dann, auf Wiedersehen.

Zur Person
Der Österreicher Dieter Bartsch war von 1999 bis 2002 Männer-Cheftrainer bei Swiss Ski.

Aus: Andreas Kopp: «Wollen Sie mich provozieren?», in: Der Bund, 10. Februar 2003

Analyse des Beziehungsaspekts:

Seite 87 / Modul 06
Porträt

© Chuck Nacke / Alamy

akg-images

akg-images / © The Andy Warhol Foundation for the Visual Arts, Inc. / 2012, ProLitteris, Zürich

© Africa Media Online / Alamy

Getty Images / Getty Images Entertainment / Gareth Cattermole

Getty Images / Getty Images Sport / Matthew Stockman

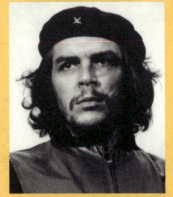
Photo Scala, Florenz / © 2012, ProLitteris, Zürich

© Marcel Studer / Stiftung Lotti Latrous

Kennen Sie die porträtierten Personen? Wie wirken die einzelnen Porträts auf Sie?

1 | Was ist ein Porträt?

Begriff

Das Porträt ist eine bildlich oder schriftlich festgehaltene Momentaufnahme eines Menschen. Mit dem Porträt wird versucht, eine Person in ihren wesentlichen Eigenschaften zu erfassen und darzustellen. Vor allem das schriftliche Porträt beschreibt die Gegenwart eines Menschen, seinen Charakter, sein Denken und Fühlen. Grundlage für ein Porträt ist in der Regel eine persönliche Begegnung und/oder ein Interview.

Hinweis: Weiter gefasst wird der Begriff «Porträt» auch verwendet für das Beschreiben von Tieren, Landschaften, Kulturen, Berufen usw.

Anwendung

Porträts werden besonders dort eingesetzt, wo Menschen dargestellt und beschrieben werden, also in der Zeitung, in literarischen Werken, in Jubiläumsschriften von Firmen, Vereinen usw.

Ziel

Mit dem Porträt wird ein Bild eines Menschen entworfen, wobei es nicht nur um Äusserlichkeiten, sondern vor allem auch um innere Eigenschaften geht. Im Unterschied zur Reportage, die eher mit einem Film über Ereignisse verglichen werden kann, ist das Porträt eine «Fotografie in Worten», eine ruhige Momentaufnahme.

Porträt-Arten

Wir unterscheiden
- das Karriereporträt
  zum Beispiel über eine Person, die ein öffentliches Amt anstrebt
- das Persönlichkeitsporträt
  zum Beispiel über eine Person, die im Rampenlicht der Öffentlichkeit steht
- das Berufsporträt
  zum Beispiel über eine Berufsgattung, die anhand einer Person vorgestellt wird

Das Porträt als Bild

Wird das Porträt eines Menschen malerisch oder fotografisch festgehalten, kann der Künstler oder die Fotografin auch mit der Farbwahl, der Anordnung und selbst mit dem Bildformat etwas über die Charakterzüge und die Wesensmerkmale des porträtierten Gegenübers aussagen.

Aufgabe 1

Die unten abgebildeten Bilder sind das Werk von Esther Stalder, einer jungen Frau, die ihre Geschwister gemalt und anschliessend in Worten beschrieben hat. Erkennen Sie die Personen aufgrund der folgenden Angaben?

«Christine ist achtzehn Jahre alt. Sie ist eine ausgesprochen dynamische Person, die immer gerne im Mittelpunkt steht. Dabei kommen ihr ihre schauspielerischen Fähigkeiten und ihre redselige Art zugute.»

«Dominik ist bald sechzehn Jahre alt. Sein Auftreten ist zurückhaltend. Er bleibt auch in den hektischsten Momenten ruhig. In der Schule ist sein Lieblingsfach Mathematik.»

«Angela ist elf Jahre alt, für ihr Alter aber schon recht erwachsen. Sie hat einen ruhigen, lieben Charakter. Erhält sie Komplimente, hat sie Mühe, diese anzunehmen, und wirkt leicht verlegen.»

«Helga ist die Zwillingsschwester von Dominik. Da sie sehr geduldig ist, kann sie gut mit Kindern umgehen. Mit ihrer unkomplizierten Art gewinnt sie leicht Freunde. Trotzdem hat sie eine sensible, verletzliche Seite. Sie arbeitet sehr exakt und sorgfältig.»

2 | Die Persönlichkeit eines Menschen erfassen

Der Porträtmaler beobachtet sein Modell vor dem ersten Pinselstrich intensiv und prägt sich die wichtigen Gesichtszüge ein. Wer über einen Menschen ein Porträt verfassen will, muss versuchen, diesen Menschen in seiner ganzen Persönlichkeit zu erfassen.

Sicher gehört in ein Porträt die Beschreibung des Aussehens und der Erscheinung. Besonders bei der Personenbeschreibung, also der Beschreibung des Äusseren, spielen aussagekräftige, treffende Adjektive (Eigenschaftswörter) eine wichtige Rolle. Darüber hinaus sollen aber verschiedene Aspekte der Persönlichkeit thematisiert werden, wie zum Beispiel die Herkunft, soziale Beziehungen, die Einstellung zur Arbeit, das Auftreten und Verhalten. Dies kann nur gelingen, wenn vorher mindestens eine persönliche Begegnung und ein ausgedehntes Gespräch (Interview) stattgefunden haben.

Aufgabe 2
Ergänzen Sie die Liste mit je drei weiteren Adjektiven.

Körperbau/Statur/Gestalt	athletisch, schmächtig,
Haare	blond, gelockt,
Frisur	hochgesteckt, trendig,
Gesichtszüge	markant,
Blick	ausdruckslos,
Bewegungen	hastig,
Kleidung	elegant,
Sprechweise	laut,
Aussprache	akzentfrei,
Wirkung	gelassen,
Auftreten	bestimmt,
Art	freundlich,

Aufgabe 3
Beschreiben Sie sich selbst mit treffenden Adjektiven.

Aufgabe 4

Streichen Sie das Wort durch, das am wenigsten gut in die Reihe passt.

1.	nett	freundlich	zutraulich	entgegenkommend	liebenswürdig
2.	anständig	unterwürfig	artig	höflich	gut erzogen
3.	blauäugig	naiv	arglos	vertrauensselig	misstrauisch
4.	schnell	hastig	speditiv	zügig	rasch
5.	arrogant	gemein	eingebildet	hochnäsig	anmassend
6.	ausgeglichen	gelassen	kontrolliert	sorglos	besonnen
7.	zurückhaltend	schüchtern	introvertiert	unauffällig	verschlossen
8.	kontaktfreudig	gesellig	warmherzig	umgänglich	gesprächsfreudig
9.	gestresst	beeinflussbar	manipulierbar	ablenkbar	irritierbar
10.	robust	entschlossen	widerstandsfähig	belastbar	hartnäckig
11.	duldsam	tolerant	nachsichtig	grossherzig	verantwortungsvoll
12.	spontan	risikofreudig	abenteuerlustig	draufgängerisch	experimentierfreudig
13.	feinfühlig	emotional	sensibel	empfindsam	zartbesaitet
14.	beständig	gewissenhaft	verlässlich	diszipliniert	pflichtbewusst
15.	schwarzseherisch	unbefangen	skeptisch	pessimistisch	zweifelnd
16.	lustig	humorvoll	geistreich	witzig	launisch
17.	bescheiden	untertänig	bedürfnislos	genügsam	anspruchslos
18.	sachlich	angepasst	faktentreu	objektiv	unparteiisch
19.	grosszügig	generös	freigiebig	solidarisch	spendabel

Die fünf grundlegenden Persönlichkeitsmerkmale

Aus psychologischer Sicht lassen sich fünf grundlegende Persönlichkeitsmerkmale unterscheiden. Mit Hilfe dieser Einteilung können Unterschiede zwischen Menschen beschrieben werden.

- **Extraversion (= Gewandtheit nach aussen)**
  Einer extravertierten Person fällt es leicht, mit anderen Menschen in Kontakt zu treten und von sich zu erzählen.
- **Verträglichkeit**
  Eine verträgliche Person verhält sich kooperativ und ist hilfsbereit; es fällt leicht, gut mit ihr auszukommen.
- **Gewissenhaftigkeit**
  Eine gewissenhafte Person arbeitet sorgfältig; man kann sich auf sie verlassen.
- **Emotionale Labilität (= Neigung zu wechselhaften Gefühlen)**
  Eine emotional labile Person gerät leicht aus dem inneren Gleichgewicht.
- **Offenheit für Erfahrungen**
  Eine für Erfahrungen offene Person neigt zu häufig wechselnden Aktivitäten.

3 | Merkmale eines Porträts

Im Porträt steht die porträtierte Person im Zentrum; der Verfasser tritt selbst nicht in Erscheinung.

Titel

Attraktive Titel wecken Interesse und regen zum Lesen an. Als Porträttitel besonders geeignet ist ein Zitat, also eine herausragende, vielleicht auch provozierende wörtliche Aussage der porträtierten Person:

«Mit dreissig setze ich mich zur Ruhe.»
«Nur weg von diesem Beruf!»
«Wer clever ist, kann ganz gross rauskommen.»

Wird ein wörtliches Zitat als Titel oder Zwischentitel verwendet, muss es im Text im Originalwortlaut vorkommen.

Weitere Möglichkeiten zur Titelgestaltung:

- Bildhafter Titel
  Von Schwarzfahrern und blauen Flecken
  Vom Bürotisch aufs Matterhorn

- Kontrasttitel
  Powerfrau mit weichem Herz
  Harte Schale, weicher Kern

- Veränderte Sprichwörter und Redewendungen
  Wer zuletzt kommt, wird zuerst gefeuert
  Irren ist männlich

- Aussagekräftige Zusammenfassung
  Ein Leben lang gespart, aber ohne Rente in Pension
  Am Arbeitsplatz diskriminiert, vom Chef gemobbt

- Sich wiederholende Anfangslaute
  Kinder, Küche, Kirche
  Profiliertes Powerplay

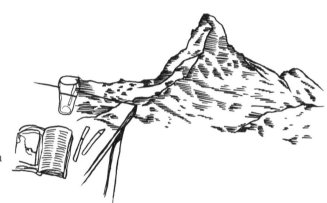

Zwischentitel

Zwischentitel dienen der Unterteilung eines längeren Textes und machen dessen Struktur sichtbar. Sie enthalten eine Aussage, die im nachfolgenden Textabschnitt abgestützt ist. Zwischentitel können zum Beispiel auch einen Themenwechsel markieren.

Während Zwischentitel frei gesetzt werden dürfen, gibt es bei den Abschnitten keine Wahl: Spätestens wenn ein neues Thema angeschnitten wird und damit ein neuer Aspekt zur Sprache kommt, muss dies durch einen neuen Abschnitt kenntlich gemacht werden. Es gilt: pro Unterthema im Minimum ein Abschnitt.

Sowohl nach frei stehenden Titeln als auch nach Zwischentiteln steht kein Punkt, ausser, es handelt sich um ein in Anführungszeichen gesetztes, wörtliches Zitat.

Der Porträt-Anfang

Der Textanfang soll die Leserinnen und Leser sofort fesseln und Spannung erzeugen:

An ihrem 18. Geburtstag zog Giulia Rossi ihren ersten Auftrag an Land.
«Im Moment finde ich es wunderbar.» Bei Roger Moser passt zurzeit fast alles zusammen.
Nie hätte Simone Lerch geglaubt, dass sie mit 25 eine eigene Firma leiten würde.

Wenig geeignet ist ein Textanfang, der das Allgemeine, Unspezifische zum Thema macht, also das, was im Leben der Menschen oft ähnlich ist: Geburt, Kindheit, Schule. Beginnen Sie also auf keinen Fall so:

Anna Bugarski wurde 1976 in Rheinfelden geboren. Ihre Kindheit verbrachte sie in Rheinfelden. Nach der obligatorischen Schulzeit ...

Erzählform

In einem Porträt steht die porträtierte Person im Vordergrund. Deshalb tritt der Verfasser selbst nicht in Erscheinung. Er ist im Hintergrund als stummer Beobachter und Zeuge der Situation präsent. Er thematisiert in der Regel weder die Art seiner Beziehung zur porträtierten Person noch spricht er von sich. Mit andern Worten: Der Verfasser oder die Verfasserin bleibt draussen. Die Ich-Form ist tabu.

Also nicht so:
Ich denke, David Jansson wurde von seiner Lehrerin ungerecht behandelt.

Sondern besser:
Für David Jansson war die Schulzeit keine schöne Zeit. Er fühlte sich von der Lehrerin oftmals ungerecht behandelt.

Also nicht so:
Auf die Frage, was mit Schwarzfahrern passiere, antwortet sie mir: «Die Namen der Leute werden notiert und überprüft.»

Sondern besser:
Und was passiert mit Schwarzfahrern? Ihre Namen würden notiert und überprüft.

Was der Autor sehen und beobachten kann, fliesst aber sehr wohl in das Porträt ein.
Dazu gehören:

· Verhaltensweisen
· Auffälligkeiten
· Örtlichkeiten
· Wohnungseinrichtungen
· Umgebung
...

Diese Beobachtungen tragen über das Gesagte hinaus zur Charakterisierung der porträtierten Person bei.

Plötzlich schweigt er und schaut gedankenverloren zum Fenster hinaus.
Darüber will er offenbar nicht länger sprechen, denn er wechselt unvermittelt das Thema und wirkt leicht gereizt.

Direkte und indirekte Rede

Das Herzstück eines Porträts ist das, was die porträtierte Person sagt. Anders als im Interview, in dem alle Aussagen genau so wiedergegeben werden, wie sie gesagt wurden, also in direkter Rede, wird das Porträt lebendig durch die Durchmischung von direkt und indirekt wiedergegebenen Aussagen.

Direkte Rede und wörtlich Zitiertes

Besonders pointierte Aussagen werden wörtlich zitiert und in direkter Rede wiedergegeben.

«Diese Urkunde ist immer wieder gut für Gesprächsstoff», erklärt Jean-Pierre Eicher.
«Damals», erzählt er, «wurden wir bei der Polizei noch in Anzeigenerstattung wegen ‹schweren Bettelns› geschult.»
Wer zu spät zur Arbeit erschien, fasste einen «Strafsonntag», also Dienst am Sonntag.
Die Entwicklung der «menschenverachtenden, rassistischen Bewegung» bereite ihm Sorgen.

Indirekte Rede

Im Porträt werden direkte Aussagen auch in indirekter Rede wiedergegeben. Die Frage selbst erscheint nicht mehr.

Interview- oder Gesprächsausschnitt:

«Was ist Ihr Arbeitsschwerpunkt?» – «Unsere Fachstelle beschäftigt sich in erster Linie mit dem gewalttätigen Extremismus und Rassismus.» – «Gibt es das auch bei uns?» – «Leider ja. Wir haben kürzlich in Burgdorf rechtsextreme Schläger überführt.»

Verwendung im Porträt:

Seine Fachstelle beschäftige sich in erster Linie mit dem gewalttätigen Extremismus und Rassismus. Mitarbeiter der Fachstelle hätten zum Beispiel kürzlich in Burgdorf rechtsextreme Schläger überführt.

Um die Aussagen anderer wiederzugeben, werden die Formen des Konjunktivs I oder, wenn diese mit den Formen des Indikativs verwechselt werden könnten, des Konjunktivs II verwendet:

· Direkte Rede, Geschehen in der Gegenwart
  Eicher sagt: «Ich ermittle mit grosser Sorgfalt.»

· Indirekte Rede, Geschehen in der Gegenwart
  Eicher sagt, er ermittle mit grosser Sorgfalt.

· Direkte Rede, Geschehen in der Vergangenheit
  Eicher sagt: «Es gab Situationen, in denen ich am Limit war.»

· Indirekte Rede, Geschehen in der Vergangenheit
  Eicher sagt, es habe Situationen gegeben, in denen er am Limit gewesen sei.

Hinweis: Die Ersatzform für unklare Konjunktiv-II-Formen ist die «würde»-Form. Bei den Hilfsverben und bei den Modalverben wird die «würde»-Form nicht angewendet.

Aufgabe 5

Übertragen Sie die folgenden Sätze aus einem Interview mit
der Unternehmerin Gabriela Keller in die indirekte Rede.

1. «Die Mehrheit schlägt sich mit einem Monatslohn von 4000 bis 5000 Franken durch.»

   Gabriela Keller sagt,

2. «Ich war nie verliebt in Computertechnik.»

   Gabriela Keller erzählt,

3. «Chinesisch wurde in den letzten Jahren zu einer immer wichtigeren Sprache.»

   Gabriela Keller meint,

4. «Ich musste erst lernen, mich durchzusetzen.»

   Gabriela Keller betont,

5. «Es fehlen weibliche Führungskräfte.»

   Gabriela Keller bemerkt,

6. «Rückblickend stelle ich fest, dass mir auch Fehler unterlaufen sind.»

   Gabriela Keller räumt ein,

7. «Manche Manager tragen kaum noch soziale Verantwortung.»

   Gabriela Keller kritisiert,

8. «Es gilt, diesem Phänomen Rechnung zu tragen und Gegensteuer zu geben.»

   Gabriela Keller findet,

Aufgabe 6

Drücken Sie den Inhalt der direkten Rede durch ein passendes Verb aus der Auswahl aus. Jedes Wort darf nur einmal verwendet werden.

ablehnen | abraten | abstreiten | anbieten | auffordern | befehlen | bejahen | bestätigen | beteuern | betonen | bezeugen | bitten | dementieren | empfehlen | erläutern | ermahnen | fortfahren | gestehen | Recht geben | sich weigern | unterbrechen | verlangen | verneinen | verweigern | widersprechen | wiederholen | zugeben | zustimmen

1.	«Ich bin einverstanden.»	Er	erklärt	sein Einverständnis.
2.	«Ja.»	Er		es.
3.	«Ich habe es nicht getan.»	Sie	die Tat	.
4.	«Ich habe es getan.»	Er		die Tat.
5.	«Ich sage nichts aus.»	Er		die Aussage.
6.	«Ich bin wirklich unschuldig.»	Sie		ihre Unschuld.
7.	«Ich sage es noch einmal.»	Sie		ihre Aussage.
8.	«Ich habe den Mord gesehen.»	Er		den Mord.
9.	«Halt! Herr Staatsanwalt!»	Er		den Staatsanwalt.
10.	«Ich bin derselben Meinung.»	Sie		.
11.	«Ich bin anderer Meinung.»	Er		.
12.	«Ich habe einen Fehler gemacht.»	Sie	ihren Fehler	.
13.	«Eine ausgewogene Ernährung ist wichtig für die Gesundheit.»	Er		die Bedeutung einer ausgewogenen Ernährung für die Gesundheit.
14.	«Ich weiss es ganz bestimmt nicht.»	Er		sein Unwissen.
15.	«Nein» auf diese Frage.	Sie		die Frage.
16.	«Sie haben Recht.»	Er	ihnen	.
17.	«Kommen Sie mit.»	Sie	ihn	mitzukommen.
18.	«Kommen Sie bitte mit.»	Sie		sie mitzukommen.
19.	«Sie haben mitzukommen!»	Sie		ihr mitzukommen.
20.	«Geben Sie Ihren Ausweis.»	Er		seinen Ausweis.
21.	«Die Meldung ist falsch.»	Sie		die Meldung.
22.	«Ich gehe ganz bestimmt nicht mit.»	Er		mitzugehen.
23.	«Die Pizzeria ist wirklich hervorragend.»	Sie		die Pizzeria.
24.	«Nehmen Sie diesen Job nicht an!»	Sie	ihm vom Job	.
25.	«Sei fleissig!»	Er		ihn zum Fleiss.
26.	«Ich möchte Ihnen helfen.»	Sie	ihr ihre Hilfe	.
27.	«Ich will eure Hilfe nicht.»	Er	ihre Hilfe	.
28.	«Die Sache ist soundso.»	Er		die Sache.
29.	«Ich spreche weiter.»	Sie		.

Anführungszeichen und halbe Anführungszeichen

Anführungszeichen kennzeichnen nicht nur die direkte Rede, sondern auch Sprichwörter, zitierte Überschriften, Titel von Büchern, Musikstücken, Filmen und Ähnlichem sowie (ironische) Hervorhebungen:

Er glaubt an das Sprichwort «Lügen haben kurze Beine».
Ich lese zurzeit den Roman «Tauben fliegen auf».
Die Abgangsentschädigung des Managers beträgt «nur» eine Million.

Eine Anführung innerhalb der direkten Rede – ein Zitat im Zitat – wird durch halbe Anführungszeichen gekennzeichnet:

Jad Abouzari geht fast jeden Tag joggen. «Wenn man den ganzen Tag ‹nur› im Büro sitzt, ist das ein guter Ausgleich.»
Ohne zu zögern, antwortet Patrick Neumann: «Nein, heute bin ich eigentlich ‹Mädchen für alles›.»

Treffen schliessende Anführungszeichen und der Punkt am Satzende zusammen, gilt es folgende Fälle zu unterscheiden:

Sie sagt: «Nie werde ich den Tag vergessen, an dem der erste Zeppelin über der Stadt schwebte.»

→ Der Punkt am Satzende steht **vor** dem schliessenden Anführungszeichen, weil er zum wörtlich Zitierten gehört.
   Im Gegensatz dazu:
   Sie erinnerte sich gerne an seine Abschiedsworte «Wir sehen uns wieder».

→ Der Punkt am Satzende steht **nach** dem schliessenden Anführungszeichen, weil er zum ganzen Satz gehört und nicht nur zum wörtlich Zitierten.

Die Wahl der Zeitform

Das Porträt ist eine Momentaufnahme mit einem starken Bezug zur aktuellen Situation des porträtierten Gegenübers. Deshalb wird es vorwiegend im Präsens geschrieben. Da aber auch die Vergangenheit und Zukunftsperspektiven zur Sprache kommen, werden alle grammatischen Zeitformen verwendet. Wichtig ist, dass die Zeitverhältnisse klar und die Zeitformen korrekt sind.

Die Angaben zur Person

Um den eigentlichen Text von Ballast zu befreien, werden die Angaben zur Person oft in einem separaten Kasten wiedergegeben. So können sich die Leserinnen und Leser sofort einen Überblick verschaffen. Dieser Steckbrief enthält in der Regel Vorname, Name, Alter, Wohnort, Beruf, Schulen, Ausbildung und aktuelle Tätigkeit der porträtierten Person. Ein Bild kann diese Angaben ergänzen. In der Regel steht im Kasten ausformulierter Text; die Sätze sind kurz.

4 | Ein Berufsporträt verfassen

Im Berufsporträt steht die berufliche Tätigkeit des porträtierten Menschen im Vordergrund. Die gesammelten Informationen, Aussagen und Beobachtungen beleuchten die berufliche Situation und das berufliche Umfeld.

Lebendig wird das Porträt, wenn das Spezifische, das Auffällige der beruflichen Tätigkeit erwähnt wird. Zwar interessieren auch Werdegang, Berufswechsel, Karriereschritte, abrupte Übergänge und einschneidende Veränderungen im Berufsleben; Priorität hat aber die aktuelle Berufssituation. Darüber hinaus sollen das Privatleben, die Freizeitgestaltung und die Zukunftspläne thematisiert werden. So entsteht ein lebendiges, facettenreiches Bild eines berufstätigen Menschen.

Attraktiv ist ein Berufsporträt, das unter anderem die folgenden Fragen beantwortet:

· Was sind die besonderen Anforderungen der heutigen Berufswelt, mit denen die porträtierte Person konfrontiert wird?
 Die Post befinde sich derzeit leider in einer schwierigen Situation. Sie müsse sparen. Da sie aber nicht mehr Umsatz erzielen könne, müssten Poststellen geschlossen und Angestellte entlassen werden.

· Welche (technischen) Veränderungen in der Berufswelt nimmt die porträtierte Person wahr?
 «Wenn ich an meine kaufmännische Lehre bei der Grütli-Krankenkasse zurückdenke, dann sehe ich grosse Unterschiede. Heute werden Lehrlinge viel ernster genommen. Die Jugendlichen sind viel selbstständiger und müssen auch schon mehr Verantwortung übernehmen.»

· Wie sehen die Zukunftsaussichten in der betreffenden Branche/für den betreffenden Wirtschaftszweig aus?
 Das Ziel der Hafner AG sei es, mit der technischen Entwicklung Schritt halten zu können. Die schweizerische Maschinenindustrie habe auf jeden Fall Zukunft, auch wenn die Lohnkosten hoch seien.

· Wie fühlt sich die Person bei der Ausübung ihrer beruflichen Tätigkeit?
 «Was mich manchmal an meinem Beruf stört», sagt er, «ist, dass ich vielen Menschen in schwierigen Situationen begegne, denen ich nicht helfen kann.»

· Spielten besondere Umstände, Schicksalsschläge eine Rolle?
 Ganz unerwartet erlitt der Geschäftsführer einen Herzinfarkt und fiel über lange Zeit aus. Plötzlich musste Ernst Frei die Firma leiten. «Diese Zeit war für mich eine gewaltige Herausforderung.»

Aufgabe 7

Lesen Sie das Berufsporträt von Fabienne Walther (17, in Ausbildung) auf der nächsten Seite.

Bauer mit vielen Talenten Fabienne Walther

Im wunderschönen Dörfchen Allmendingen gibt es insgesamt 14 landwirtschaftliche Betriebe. Einer davon gehört Peter Lüthi. Der Hof liegt zentral im Dorf und ist sehr gepflegt. Katzen schleichen um den Hof herum und Schwalben haben es sich unter dem Dach gemütlich gemacht. Etwa so muss man sich den schönen Bauernhof von Peter Lüthi vorstellen. Er hat, wie es bis 2008 üblich war, zwei Lehrjahre absolviert. Seit 2009 muss ein Lehrling drei Lehrjahre absolvieren, um diplomierter Landwirt zu werden. Um Lehrlinge ausbilden zu können, muss man die Meisterprüfung ablegen. Zudem muss man den Betrieb wegen Unfallgefahr anerkennen lassen. Und jedes Jahr stehen Wiederholungskurse auf dem Programm. Peter Lüthi hat die Meisterprüfung 1985 mit Bravour bestanden und darf somit Lehrlinge ausbilden.

Gleicher Aufwand, weniger Ertrag

«Grundsätzlich hat sich einiges geändert», erklärt Peter Lüthi. Früher habe man den grössten Teil durch den Verkauf von Produkten erwirtschaftet. Heute werden die Produkte nicht mehr gleich gut bezahlt. «Früher bekam man für einen Liter Milch einen Franken, heute sind es nur noch etwa 50 Rappen.» Der grösste Teil des Einkommens erfolge über die Direktzahlungen vom Staat. Wie hoch diese sind, wird anhand der Hofgrösse und des Tierbestands bestimmt. Lüthi besitzt im Moment 62 Tiere. Davon sind 27 Kühe, 27 Rinder und 8 Kälber. Er führt den Hof zusammen mit seiner Frau Hanna und dem Lehrling.

Bauer aus Leidenschaft

«Ich wollte Landwirt werden», sagt Peter Lüthi überzeugend und fügt grinsend hinzu, «die Alternative wäre Bäcker gewesen.» Man merkt sofort, dass er weiss, wovon er spricht, und gerne über seinen Beruf redet. Er ist sehr schlagfertig, humorvoll und gerne für einen Spruch zu haben.

Vielseitig und streng

Auf die Frage, was ihm denn besonders gut an seinem Beruf gefällt, antwortet Peter Lüthi wie aus der Pistole geschossen und mit einem Grinsen über das ganze Gesicht: «Die Mittagspause!» Schliesslich fügt er aber noch hinzu, dass er den Umgang mit Tieren liebt und ihn die täglich neuen Herausforderungen reizen. Der Herbst sei die strengste Jahreszeit, weil dann jeweils sämtliche Erntearbeiten anstünden und auch schon wieder für das nächste Jahr gesät werden müsse. Schon früh war für den Bauernsohn klar, dass er den elterlichen Hof übernehmen würde. Er sagt, sein Beruf gefalle ihm sehr gut, bis auf die lästigen Vorschriften vom Staat, die zudem ständig wieder ändern. Auch die Büroarbeit sei nicht so sein Ding. Peter Lüthi würde aber auf jeden Fall wieder Landwirt lernen. Die Wirtschaftskrise spüre er als Bauer schon länger. «Das Einkommen geht seit etwa 10 Jahren permanent leicht zurück.» Sein Ziel ist es, den Betrieb noch einige Jahre selbst weiterzuführen und ihn dann mit gutem Gewissen weiterzugeben. Er betont, es müsse nicht unbedingt jemand aus der Familie den Betrieb übernehmen. «Freuen würde es mich aber natürlich schon.» Nach seiner Pensionierung möchte er ein halbes Jahr auf Reisen gehen. «Australien ist mein Traumreiseziel», sagt er begeistert.

Schnell unterwegs

Bleibt denn bei so viel Arbeit überhaupt noch Zeit für Hobbys? «Ja klar», meint Peter Lüthi kurz und bündig. Er ist Präsident der Feldschützen Allmendingen und dort mit Herzblut dabei. Im Sommer fährt er gerne Motorrad und macht mit Kollegen einen Ausflug. Im Winter flitzt er gerne mit den Skiern die Piste hinunter. «Manchmal ein bisschen zu schnell», findet er selbst und erinnert sich an einen Unfall, bei dem er sich das Bein brach. «Ich hatte halt das Gefühl, ich könne den 18-jährigen Jungs noch um die Ohren fahren. Das war wohl doch nichts», fügt er schmunzelnd hinzu.

Peter Lüthi
Peter Lüthi wurde am 9. April 1959 als jüngstes von vier Geschwistern geboren. Er besuchte in Allmendingen die Schule und machte anschliessend eine Lehre als Landwirt. 1985 bestand er die Meisterprüfung und ist seither berechtigt, Lehrlinge auszubilden. Peter Lüthi ist seit 1987 verheiratet und hat eine Tochter und einen Sohn. Er war mehrere Jahre Feuerwehrkommandant und ist heute Präsident der Feldschützen Allmendingen.

Getty Images/The Image Bank/Chris Sattlberger

Aufgabe 8

Verfassen Sie eine kurze Beurteilung des Berufsporträts «Bauer mit vielen Talenten».

Titel:

Zwischentitel:

Abschnitte:

Erzählform:

Porträt-Anfang:

Direkt und indirekt wiedergegebene Aussagen:

Zeitformen:

Satzbau:

Kasten:

Meine Beurteilung:

Test 06 | Porträt

1. Was ist korrekt? Kreuzen Sie an.

a) Der Verfasser eines Porträts schreibt

☐ in der Ich-Form
☐ über selbst Erlebtes
☐ über einen Menschen

b) Im Vordergrund eines Berufsporträts steht

☐ der Werdegang einer Person
☐ das Privatleben
☐ die aktuelle berufliche Situation

c) In einem Porträt kommen folgende grammatischen Zeitformen vor:

☐ nur Präsens und Präteritum
☐ alle Zeitformen, hauptsächlich aber das Präsens
☐ Plusquamperfekt und Präteritum

d) Konjunktiv-I-Formen werden abgeleitet

☐ vom Präteritum
☐ vom Infinitiv
☐ vom Präsens

e) In der indirekten Rede werden Konjunktiv-II-Formen verwendet,

☐ um die zeitliche Reihenfolge anzugeben
☐ um einen irrealen Wunsch auszudrücken
☐ als Ersatzformen für nicht eindeutige Konjunktiv-I-Formen

f) In welchem Satz stimmen die Konjunktiv-Formen?

☐ Die Auffassungen der Geschäftsleitung entsprächen nicht unbedingt seiner Vorstellung und er finde sicher bald eine neue Anstellung.
☐ Die Auffassungen der Geschäftsleitung entsprechen nicht unbedingt seiner Vorstellung und er fände sicher bald eine neue Anstellung.
☐ Die Auffassungen der Geschäftsleitung entsprechen nicht unbedingt seiner Vorstellung und er finde sicher bald eine neue Anstellung.

2. Verbessern Sie die Textstellen aus verschiedenen Berufsporträts und kreuzen Sie auch die entsprechenden Fehlerkategorien an.

a) Schliesslich fing er im Jahre 2009 beim Bundesamt für Polizei als Sachbearbeiter an. Auf diese Stelle ist er durch ein Inserat in der Zeitung aufmerksam geworden.

☐ Rechtschreibung ☐ Grammatik
☐ Zeichensetzung ☐ Sprachlicher Ausdruck

b) Meine Familie ist mir total wichtig. Wir haben immer viel Spass zusammen erklärt Beatrice Affolter.

- [ ] Rechtschreibung
- [ ] Zeichensetzung
- [ ] Grammatik
- [ ] Sprachlicher Ausdruck

c) Schon immer hat ihn das herumbasteln an Maschinen fasziniert.

- [ ] Rechtschreibung
- [ ] Zeichensetzung
- [ ] Grammatik
- [ ] Sprachlicher Ausdruck

d) Nachdem sie im nächsten August ihren Uni-Abschluss hat, wird sie weiterstudieren und den Master machen.

- [ ] Rechtschreibung
- [ ] Zeichensetzung
- [ ] Grammatik
- [ ] Sprachlicher Ausdruck

e) Rettungssanitäter ist ein Beruf der nicht nur körperlich sondern auch geistig anstrengend ist der unregelmässige Arbeitszeiten hat und richtiges Reagieren auf Knopfdruck verlangt.

- [ ] Rechtschreibung
- [ ] Zeichensetzung
- [ ] Grammatik
- [ ] Sprachlicher Ausdruck

f) An dem Tag als das Unglück geschah hatte René Oberli Pikett Dienst. Das bedeutet er hat frei muss aber immer bereit sein so schnell als möglich in der Einsatzzentrale zu erscheinen.

- [ ] Rechtschreibung
- [ ] Zeichensetzung
- [ ] Grammatik
- [ ] Sprachlicher Ausdruck

3. Indirekte Rede. Verbessern Sie die fehlerhaften Verbformen.

a) Ich fragte ihn, was ich tun muss, um ihn einmal an seiner Stelle ersetzen zu können.

b) Sie habe vorgehabt, einen neuen Beruf zu erlernen, aber leider wären ihre Eltern damit nicht einverstanden gewesen.

c) Aber es komme sicher auch vor, dass ihr genau das fehle, was sie braucht.

d) Es gäbe auch viele Arbeiten, die nicht gut für den Körper seien.

e) Die heutige Politik entspreche nicht unbedingt seinen Vorstellungen und er fände es gut, wenn sich das Volk nicht alles gefallen lässt.

f) Die Kinder machen oft viel Schmutz, deshalb müsste zweimal täglich geputzt werden.

g) Es sei sehr interessant, zu sehen, wie sich die Lernenden langsam entwickeln und immer selbstständiger werden.

Seite 105 / Modul 07

Lesen und zusammenfassen

1. Sie sind im Wartezimmer beim Arzt. Was lesen Sie?

a) Ich lese eine Zeitschrift oder eine Zeitung.

b) Ich surfe im Internet oder lese Texte in elektronischer Form.

c) Ich lese ein Buch, das ich mitgebracht habe.

d) Ich lese nichts, ich mache etwas anderes.

2. Wie schätzen Sie Ihr Leseverhalten ein?

a) Ich überfliege Texte mehr, als dass ich sie lese. Mein Lesetempo ist hoch.

b) Ich lese nur den Anfang und wichtige Teile eines Textes; Unwichtiges überspringe ich.

c) Ich lese Texte vom Anfang bis zum Ende durch.

d) Ich lese Texte sorgfältig – wichtige Textstellen auch mehrmals. Manchmal bringe ich Markierungen an.

3. Wie gehen Sie mit Verständnisschwierigkeiten um?

a) Wenn ich beim Lesen etwas nicht verstehe, ignoriere ich es einfach – Hauptsache, ich verstehe den Text ungefähr.

b) Wenn ich etwas nicht verstehe, versuche ich, den Sinn aus dem Zusammenhang zu erschliessen.

c) Bei Verständnisschwierigkeiten bin ich hartnäckig, schlage im Wörterbuch nach oder frage eine Fachperson.

d) Wenn ich etwas nicht verstehe, gebe ich auf und lege den Text weg.

4. Wie verarbeiten Sie Gelesenes?

a) Lesen ist nur Zeitvertreib, ich vergesse meist rasch, was ich gelesen habe.

b) Ich diskutiere manchmal mit Kolleginnen und Kollegen über Dinge, die ich gelesen habe.

c) Ich merke mir wichtige Aussagen aus Texten oder mache mir sogar Notizen, damit ich die Informationen später rasch aktivieren kann.

d) Ich denke oft über Gelesenes nach und überlege mir, welche Lehre ich daraus für mich ziehen kann.

Welche Aussagen treffen am ehesten auf Sie zu? Vergleichen Sie die Resultate und führen Sie mit anderen ein Gespräch über Ihr Leseverhalten.

1 | Vier Arten des Lesens

Einen Text nur überfliegen, ihn von Anfang bis Ende durchlesen oder ihn intensiv bearbeiten? Welche Lesetechnik sich am besten eignet, ist abhängig vom Ziel, das mit dem Lesen verfolgt wird.

Im Alltag kommen vier Arten des Lesens häufig vor: diagonales Lesen, punktuelles Lesen, fortlaufendes Lesen und intensives Lesen.

	Lesetechnik	Vorgehen	Ziel
A	Diagonales Lesen	· den ganzen Text überfliegen	Sie wollen sich einen Überblick über den Inhalt des Texts verschaffen.
B	Punktuelles Lesen	· den Text nur stellenweise lesen · sich mit Hilfe des Inhaltsverzeichnisses und der Überschriften orientieren · sich auf Schlüsselwörter konzentrieren	Sie suchen bestimmte Inhalte und möchten gezielt Informationen aus dem Text «picken».
C	Fortlaufendes Lesen	· den Text von Anfang bis Ende durchlesen · alles mit gleicher Aufmerksamkeit und im gleichen Tempo lesen	Sie verfolgen kein spezielles Ziel, Sie interessieren sich einfach für den Inhalt oder Sie möchten sich unterhalten und entspannen.
D	Intensives Lesen	· den Text gründlich durcharbeiten · wichtige Teile mehrmals lesen · Markierungen und Randnotizen erstellen	Sie wollen den Textinhalt vollständig begreifen und lernen. Oder: Sie wollen sich eine Meinung zu den Inhalten des Texts bilden.

Aufgabe 1

Welche Lesetechnik ist in den folgenden Situationen zweckmässig? Kombinationen verschiedener Lesetechniken sind möglich.

a) Sie lesen ein Skript, das Ihre Kollegin vom Unterricht in einem bestimmten Fach verfasst hat, und bereiten sich so auf eine Notenarbeit vor.

b) Sie schlagen Ihre Tageszeitung auf und wollen wissen, was die Zeitung über das Volleyballturnier berichtet, an dem Sie teilgenommen haben.

c) Sie haben sich für eine Bahnreise ein spannendes Buch gekauft, das Sie schon lange lesen wollten.

d) Eine für Sie wichtige Sitzung steht bevor – Sie haben einige Dokumente als Sitzungsunterlagen erhalten und wollen an der Sitzung kompetent auftreten.

e) Sie bereiten sich auf eine Notenarbeit im Fach Deutsch über die «Schachnovelle» des Schriftstellers Stefan Zweig vor. Es ist schon einige Monate her, dass Sie das Werk gelesen haben, deshalb lesen Sie am Vorabend des Tests das Buch nochmals durch.

f) Aus einem Werk über die Geschichte Englands im 19. und 20. Jahrhundert suchen Sie Informationen für einen Vortrag über die Gründung der Republik Irland, die zuvor ein Teil des britischen Königreichs war.

2 | Eine bewährte Lesemethode: SQ3R

Die SQ3R-Methode stellt eine Kombination von verschiedenen Lesetechniken dar. Sie gilt als äusserst wirksam, wenn es darum geht, einen Text vollständig zu erschliessen.

Die SQ3R-Methode eignet sich für die Lektüre im Umfeld von Ausbildung und Beruf, wenn genaue Textkenntnisse gefragt sind. Sie beinhaltet fünf Schritte und erfordert deshalb einen gewissen Zeitaufwand. Dafür führt sie aber auch nachweislich zu einem vertieften Verständnis des Texts und zu einem hohen Lerneffekt.

Die SQ3R-Methode im Überblick

Das Vorgehen wurde vom amerikanischen Pädagogen Francis P. Robinson entwickelt.

1. **S**urvey	Überblick	einen ersten Überblick gewinnen
2. **Q**uestion	Fragen	texterschliessende Fragen formulieren, W-Fragen stellen
3. **R**ead	Lesen	den Text konzentriert durchlesen
4. **R**ecite	Rekapitulieren	den Inhalt in eigenen Worten wiedergeben
5. **R**eview	Rückblick	die Textarbeit gedanklich noch einmal durchgehen; überprüfen, ob das Leseziel erreicht ist

Lesen in 5 Schritten

Schritt 1: Verschaffen Sie sich einen **Überblick** über den Text.

Überfliegen Sie zum Beispiel:
· Titel und Untertitel
· Inhaltsverzeichnis und Kapitelüberschriften
· die Einleitung, die oft einen Überblick über die Problemstellung enthält
· in Zeitungsberichten Titel, ↗ **Lead** und Text
· Illustrationen und Grafiken

Schritt 2: Wecken Sie Ihre Neugierde, indem Sie **Fragen** an den Text formulieren.

Dank der Fragen gehen Sie aufmerksam und zielgerichtet an die Lektüre des Texts heran. Am besten eignen sich W-Fragen (wer? was? wann? wo? weshalb? wie?):
· Welche Erwartungen habe ich an den Text?
· Warum ist der Text wichtig für mich?
· Was sagt der Titel über den Textinhalt aus?
· Wie wird das Thema/das Problem dargestellt?
· Welche Funktion haben Fotos, Abbildungen und Grafiken für das Verständnis des Texts?

Schritt 3: Lesen Sie den Text gezielt und konzentriert. Erstellen Sie Markierungen und/oder Randnotizen.

- Lesen Sie nicht alles auf einmal, sondern Abschnitt für Abschnitt.
- Versuchen Sie, die Überlegungen des Autors nachzuvollziehen.
- Achten Sie auf Formulierungen, die den Gedankengang des Autors sichtbar machen, wie zum Beispiel: «Eine weitere wichtige Beobachtung ist, dass ...», «An erster Stelle steht ...», «einerseits ..., andererseits ...», «Zusammenfassend lässt sich sagen, dass ...»
- Schlagen Sie Begriffe (zum Beispiel Fremdwörter) nach, die wichtig sind für das Verständnis der Lektüre.
- Verwenden Sie Markierungen sparsam und mit System. Beispiel:
    - ▰ = besonders wichtig
    - ▰ = Schlussfolgerung
    - ▰ = Beispiel
- Entwickeln Sie ein eigenes System für Ihre Randnotizen, zum Beispiel mit Symbolen:

Symbol	Bedeutung	Symbol	Bedeutung
	besonders wichtig		einverstanden
🔑	Schlüsselbegriff		Fazit, Zusammenfassung
?	unklar → nachfragen oder nachschlagen		fragwürdige, bedenkliche Aussage, nicht einverstanden

Schritt 4: Rekapitulieren Sie den Text. Halten Sie dabei die wichtigsten Aussagen stichwortartig fest oder erstellen Sie eine Mindmap.

Schritt 5: Überprüfen Sie, ob die eingangs gestellten Fragen beantwortet wurden und ob Sie alle wichtigen Informationen erhalten und Ihr Leseziel erreicht haben.

Aufgabe 2

Lesen Sie den folgenden Text mit der SQ3R-Methode. Da er die Grundlage für einige weitere Übungen bildet, ist eine sorgfältige Lektüre wichtig.

Formel für ein besseres Leben

Die Menschen müssen erst noch lernen, was sie glücklich macht, sagen Verhaltensforscher. Dann ändert sich auch die Gesellschaft.

1 Angenommen, wir hätten einen Hedonimeter, einen Rekorder des Glücks, wie ihn sich der Ökonom Francis Edgeworth schon vor 130 Jahren erträumte. Ein Gerät, das in einem fort den aktuellen Grad unserer Zufriedenheit aufzeichnet. Wir könnten sehen, was all unsere Entscheidungen und Käufe in uns auslösen. Aber was würden
5 wir über uns lernen?
Heute versuchen Glücksforscher, Edgeworths Traum zu erfüllen. Sie geben Menschen in ihrem Alltag Minicomputer an die Hand, die mehrmals täglich piepsen und eine doppelte Eintragung verlangen: ob man sich gerade glücklich oder unglücklich fühlt und was man eben gemacht hat. Oder sie bitten diese Menschen, ihren Tagesablauf
10 in einem speziellen Tagebuch zu bewerten.
909 Frauen nahmen zum Beispiel an einer Studie in Texas teil. Besonders positiv auf ihr Befinden wirkte sich Sex aus, gefolgt vom gemeinsamen Ausgehen nach der Arbeit, dem Abendessen, der Entspannung, dem Lunch, Sport und Beten. Die guten Dinge des Lebens eben. Als höchst unangenehm erwies sich das Pendeln zur Arbeit. Vielen
15 gefiel auch das Arbeiten selbst nicht, wohl aber die soziale Beziehung zu Kollegen. Und so glücklich sie über ihre Kinder waren, so belastete sie deren Betreuung oft, ebenso wie Hausarbeit oder Einkaufen.
Das Besondere an all dem: Die momentane Zufriedenheit hängt anscheinend viel stärker von Aktivitäten als von Dingen ab. Ob man morgens in einem teuren Merce-
20 des im Stau steht oder in einem billigen Fiat, ist gar nicht so wichtig. An den Auto-Typ gewöhnt man sich, an das Erlebnis, egal ob negativ oder positiv, nicht. Oder wie es der Psychologie-Guru Daniel Kahneman aus Princeton sagt: «Glück erlebt man in Momenten, in denen man seine Aufmerksamkeit auf etwas Angenehmes richtet. Ich kann mir zwar ein tolles neues Auto kaufen, aber ich kann mich nicht über lange
25 Zeit darauf konzentrieren.»
Psychokram, schimpfen manche Wirtschaftsexperten, während andere glauben, mit den Erkenntnissen zum Glück liessen sich ganze Gesellschaften verändern.
Die ersten Ökonomen hielten vor rund 250 Jahren «das grösste Glück der grössten Zahl» als wirtschaftliches Ziel hoch. [...] Mehr Einkommen ist seither per se besser
30 als weniger, und das, was die Menschen kaufen, wird einfach gleichgesetzt mit dem, was ihnen am meisten nutzt. Ob die Menschen glücklich sind, liess sich schlicht an ihrem Einkommen und an ihrem Konsum messen.
In sich war das ein perfektes Konzept – bis jetzt, da eine explosionsartig wachsende Zahl von Wirtschafts- und Psychologieforschern aufbegehrt. Ihre These: Sollte Öko-
35 nomie tatsächlich die Kunst sein, das Beste aus dem Leben zu machen, dann sind die Menschen erstaunlich schlecht darin. Oft zielen sie mit ihren Entscheidungen an der eigenen Zufriedenheit vorbei. Studien zufolge überschätzen die meisten von uns hoffnungslos das Glück, das uns ein Lottogewinn oder ein neues Haus oder auch ein Umzug ans Mittelmeer eintrüge. Das Neue nutze sich eben ab, anders als viele kleine
40 Konsumfreuden und sozialen Erlebnisse, erklärt Daniel Kahneman.
Aber Menschen nach ihrer Zufriedenheit zu fragen, ist das überhaupt verlässlich? Ja, sagen Verhaltens- und Gehirnforscher mehrheitlich. Das grosse Problem der Glücksforschung ergibt sich erst auf der nächsten Stufe. Dort, wo gefragt wird, welche Gesellschaft uns glücklich macht.

Schon seit Jahrzehnten werden die Menschen der Erde repräsentativ gefragt, wie zufrieden sie sind. Doch die Ergebnisse geben [...] Anlass zum Ideologiestreit: Wo der Einzelne nicht das Beste für sich selbst erreiche, müsse der Staat einspringen, fordern linke Denker wie der Brite Richard Layard und sehen schon neue Steuern und Paragrafen entstehen.

Bloss keine Glücksdiktatur, kontern liberale Fachleute wie der Schweizer Bruno Frey. So geht es hin und her, denn während die Linken aus den Zahlen herauslesen, dass Ungleichheit ein Glückskiller sei, kommen die Liberalen zum Schluss, dass wirtschaftliche Freiheit und Individualität die höchste Zufriedenheit auf der Welt garantierten. Beide Seiten finden ihre Belege im globalen Datenwust, und das aus einem guten Grund. Die Mechanismen des Glücks sind kulturabhängig. Amerikaner halten mehr Ungleichheit aus als Europäer, aber wenn man ihre Entscheidungsfreiheit begrenzen will, reagieren sie empfindlicher als Deutsche oder Franzosen. Während ein Schwede sich in einer korrupten Gesellschaft unwohl fühlt, leidet ein Grieche weniger darunter. Und dem deutschen Glück schadet Inflation bekanntermassen mehr als dem französischen. Daher sind die allgemeingültigen Resultate dünn. Reiche Völker sind im Schnitt glücklicher als arme, ein Staat, der nichts verschwendet und dessen Regeln nachvollziehbar sind, hebt die Zufriedenheit ebenso. So viel Freiheit muss sein, dass der Bürger das Gefühl hat, er habe sein Leben selbst in der Hand – und die Politik das Schicksal des Lands. Wo ausserdem die Wirtschaft wächst und wenig Menschen arbeitslos sind, stellt sich Zufriedenheit eher ein als in stagnierenden Gesellschaften.

Ehrlich gesagt, eine Revolution lässt sich damit nicht gerade anzetteln.

Schön für die Inselgruppe Vanuatu im Südpazifik, dass sie bei globalen Glücksvergleichen so gut abschneidet. Das Einkommen ist gering, aber in der lange von der Globalisierung verschonten Region entstand eine Kultur gegenseitiger Hilfe und sozialer Gemeinschaft. Bloss ist Vanuatu wie auch andere kleinere Inseln und homogene Gesellschaften, die hohe Glücksraten melden, kein Vorbild für die grossen Industrieländer. Die Europäer würden schön sauer reagieren, wollte man ihnen die gewohnten Konsum- und Reisefreiheiten zugunsten von mehr lokaler Gemeinschaft streitig machen. Denn auch das haben Verhaltensforscher über die Menschen gelernt: Sie bewerten das Ihre stark danach, was sie früher hatten und was andere haben. Ob Menschen also nie etwas besassen oder man es ihnen wegnehmen will, sind zwei ganz verschiedene Dinge.

Weil das grosse Glücksmodell schwer zu finden ist, versuchen es die Forscher im Kleinen. Warum, so fragen sie, soll man Altersheime nicht danach beurteilen, wie sie die Zufriedenheit ihrer Bewohner verändern? Oder eine Stadtteilplanung? Oder neue Sozialwohnungen? Diese Beurteilung kann in vielen Fällen zu sinnvollen Entscheidungen beitragen: Ob nun die neue Brücke gebaut wird, der Fluss sauberer werden muss oder der Fluglärm vermindert – die modernen Glücksmesser könnten in diesen Fällen etwas über Kosten und Nutzen sagen. Es gibt sogar Hinweise darauf, dass die Bewohner ganzer Länder schon deshalb glücklicher sind, weil sie sich mit dem Nationenglück befassen. Sie versuchen demnach eher als andere, das Wohlergehen ihrer Bürger und die Nachhaltigkeit der öffentlichen Entscheidungen zu erfassen und sicherzustellen.

Die Gesellschaft aus sich heraus zu verwandeln, das ist für Glücksexperten vielleicht die grösste Hoffnung nach dem Motto: Sind die Menschen erst einmal glücksaufgeklärt, entscheiden sie eventuell anders. Dann, und da sind sich linke und liberale Forscher ausnahmsweise einmal einig, würden sie mehr Wert aufs Erleben als aufs Haben legen. Darin liegt auch eine Hoffnung fürs Weltklima, weil die Wirtschaft auf diese Weise mit Dienstleistungen für die erlebnishungrigen Bürger weiter wachsen könnte, ohne jährlich noch mehr Rohstoffe aus der Erde zu zerren und mit hohem Energieaufwand in Produkte zu verwandeln.

Kann also sein, dass die britische Vorzeigeschule, die als erste den Glücksunterricht in den Lehrplan aufgenommen hat, mehr auslöst als so manche Utopie von der besseren Gesellschaft.

Aus: Uwe Jean Heuser: «Formel für ein besseres Leben», in: DIE ZEIT, 1. Dezember 2011

Aufgabe 3

Lösen Sie zum Text «Formel für ein besseres Leben» die folgenden Aufgaben zu Wortbedeutungen und Synonymen.

1. Nennen Sie ein deutsches Synonym für das Wort «Ökonom». (Z. 2) _____

2. Was ist mit der Wendung «per se» gemeint? (Z. 29) _____

3. Welche Bedeutung hat das Wort «Guru» im Textzusammenhang? (Z. 22) _____

4. Was bedeutet der Begriff «Wust» im Ausdruck «globaler Datenwust»? (Z. 54) _____

5. Welches Fremdwort aus dem Text ist ein Synonym für «Geldentwertung, Teuerung»? _____

6. Erklären Sie in einem vollständigen Satz, was der Ausdruck «homogene Gesellschaften» (Z. 71/72) im Textzusammenhang bedeutet.

_____

_____

Aufgabe 4

Lösen Sie die folgenden Aufgaben zum Textverständnis.

1. Kreuzen Sie an, welche Aussagen laut Text richtig sind.

   ☐ Die Glücksforscher sind auf tragbare Minicomputer angewiesen, um zu den benötigten Daten zu kommen.
   ☐ Obwohl Kinder grundsätzlich glücklicher machen, stellt ihre Betreuung eine Belastung dar.
   ☐ Wer ein teures Auto fahren darf, ist glücklicher als eine Person in einem Kleinwagen.
   ☐ Lange Zeit glaubte man, dass die Menschen umso glücklicher sind, je mehr sie konsumieren können.
   ☐ Wenn sie die Wahl haben, treffen Menschen Entscheidungen, die sie glücklich machen.
   ☐ Bei der Glücksforschung ist das Erheben der Daten einfacher als die Interpretation der Ergebnisse.

2. Im Text wird erwähnt, dass Linke ganz andere Vorstellungen davon haben, was Menschen zufrieden macht, als Liberale. Welche Meinungen entsprechen den Linken, welche den Liberalen?

   Der Staat ist mitverantwortlich für das Glück des Einzelnen. _____

   Die Freiheit des Einzelnen fördert das Glücksempfinden. _____

   Staatliche Regeln und Steuern verhindern das Glück. _____

   Die Ungleichheit der Chancen verhindert das Glück. _____

3. Kreuzen Sie an, welcher Satz den Inhalt von Zeile 54 bis Zeile 66 am genauesten zusammenfasst.

   ☐ Des einen Freud, des anderen Leid.
   ☐ Glück ist kulturabhängig, aber Stabilität und Wohlstand machen alle glücklicher.
   ☐ Mehr Reichtum bedeutet auch mehr Glück.

4. Kreuzen Sie an, welche Aussage die Haltung und die Schreibabsicht des Autors Uwe Jean Heuser am besten wiedergibt.

   ☐ Der Autor macht sich über die Glücksforschung lustig.
   ☐ Der Autor zeigt auf, dass die Glücksforschung bereits viele nützliche Ergebnisse erzielt hat.
   ☐ Der Autor stellt die Möglichkeiten und die Grenzen der Glücksforschung dar.

Aufgabe 5

Hier geht es darum, dass Sie Textaussagen erklären und dazu
Stellung nehmen.

1. «Die Europäer würden schön sauer reagieren, wollte man ihnen die gewohnten Konsum- und Reisefreiheiten zugunsten von mehr lokaler Gemeinschaft streitig machen.» (Z. 73–75)
   Erklären Sie die Bedeutung dieses Satzes in eigenen Worten und beurteilen Sie, ob die Aussage Ihrer Meinung nach stimmt.

   _____
   _____
   _____
   _____

2. Glücksbewusste Menschen würden «mehr Wert aufs Erleben als aufs Haben legen». (Z. 93/94)
   Worin liegt der Unterschied zwischen «Erleben» und «Haben»? Veranschaulichen Sie mit konkreten Beispielen und nehmen Sie Stellung zur Aussage.

   _____
   _____
   _____
   _____

3. Was halten Sie von der Idee, an Schulen das Fach «Glücksunterricht» (Z. 98) einzuführen?

   _____
   _____
   _____
   _____

Aufgabe 6

In dieser Aufgabe müssen Sie die aus der Lektüre gewonnenen
Erkenntnisse schriftlich weiter bearbeiten.

1. Im Text heisst es, die Menschen seien schlecht darin, das Beste aus ihrem Leben zu machen. (Z. 35/36)
   Erzählen Sie von einer Begebenheit, bei der es Ihnen (nicht) gelungen ist, das Beste aus einer schwierigen Situation zu machen.

2. Die guten Dinge des Lebens (Z. 13/14)
   Legen Sie dar, was für Sie die guten Dinge des Lebens sind, und veranschaulichen Sie mit Beispielen.

3. Würden Sie sich auf Vanuatu glücklich fühlen? Was bedeutet für Sie Glück?

3 | Textaussagen grafisch darstellen

Mit grafischen Mitteln lassen sich Textinhalte veranschaulichen. Dabei können die Inhalte einzelner Aussagen, aber auch die Inhalte ganzer Texte visualisiert werden.

Geeignet für die Veranschaulichung sind Symbole, grafische Darstellungen und Diagramme. Komplexere Inhalte können beispielsweise mit Mindmaps dargestellt werden.

Symbole

Symbole eignen sich für die bildliche Darstellung abstrakter Begriffe wie «Friede», «Feindschaft», «Liebe» oder «Tod». Symbole haben in einem Kulturkreis eine feste und meist für alle lesbare Bedeutung. «Glück» zum Beispiel lässt sich mit einfachen Symbolen visualisieren:

In anderen Kulturkreisen gelten andere Symbole: So wird in China das Glück unter anderem durch einen Drachen symbolisiert.

Abstrakte Begriffe könnten folgendermassen visualisiert werden:

Begriff	Symbol	Begriff	Symbol
Liebe	♥	Folgerung	⬀
Tod/christlicher Glaube	†	Wichtigkeit	!
Streit/Kampf	⚔	Idee	💡
Konflikt	⚡	Lob/Lösung	👍
Gegensatz	⇒⇐		☐

Grafische Darstellungen

Grafische Darstellungen zeigen Zusammenhänge auf und können zum Beispiel den Inhalt eines ganzen Textabschnitts visualisieren. So lässt sich etwa der Inhalt des Abschnitts von Zeile 28 bis Zeile 32 aus dem Text «Formel für ein besseres Leben» so darstellen:

Der gleiche Zusammenhang lässt sich auch mit einem einfachen Diagramm aufzeigen:

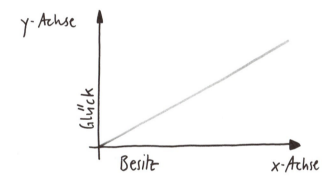

Mindmaps

Mindmaps sind eine Art Baumdiagramm und werden nach bestimmten Regeln erstellt. Sie sind eine Möglichkeit, komplexe Inhalte darzustellen. Eine weniger einengende Alternative dazu sind zum Beispiel «Cognitive Maps».

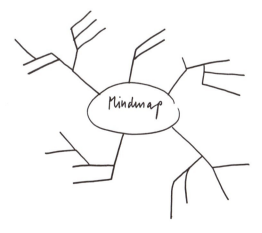

Aufgabe 7

Recherchieren Sie, was die Begriffe Mindmap und «Cognitive Map» in Bezug auf das Visualisieren von Textinhalten bedeuten. Stellen Sie den Inhalt des Texts «Formel für ein besseres Leben» oder eines anderen Texts mit einer geeigneten Visualisierung dar.

4 | Texte zusammenfassen

Zusammenfassungen kommen in den Bereichen Arbeit und Ausbildung häufig vor. Sie orientieren über die wesentlichen Inhalte eines Texts und spielen eine wichtige Rolle bei der Vorbereitung von Prüfungen.

Einen Text zusammenfassen heisst ihn verkürzen, seinen Inhalt verdichten, ohne den Inhalt zu verändern.

Inhaltliche Merkmale der Zusammenfassung

knapp, aber dennoch umfassend	Alle für das Verständnis unbedingt notwendigen Fakten und Schlussfolgerungen werden genannt.
sachlich und informativ	Persönliche Wertungen sind zu vermeiden.
logisch und nachvollziehbar	Die Gedankenführung folgt einem «roten Faden».

Zusammengefasst werden in erster Linie Sachtexte. Deshalb müssen die wesentlichen Fakten und Schlussfolgerungen enthalten sein. Im Unterschied zur Zusammenfassung bezieht sich die Inhaltsangabe auf einen erzählenden Text. Dort geht es darum, die wesentlichen Elemente einer Handlung wiederzugeben (Ort, Zeit, Personen, Handlungsverlauf). Trotz dieser inhaltlichen Unterschiede gelten die folgenden sprachlichen und stilistischen Merkmale sowohl für die Zusammenfassung wie auch für die Inhaltsangabe.

Sprachliche und stilistische Merkmale der Zusammenfassung

- Er-Form statt Ich-Form
  falsch: Ich stehe jeden Morgen im Stau – das macht mich unzufrieden.
  korrekt: Wer jeden Morgen im Stau steht, wird unzufrieden.

- Präsens statt Präteritum
  falsch: Die Teilnehmer der Studie trugen einen Mini-Computer mit sich herum.
  korrekt: Die Teilnehmer der Studie tragen einen Mini-Computer mit sich herum.

- Indirekte Rede statt direkte Rede
  falsch: Daniel Kahneman sagt: «Dieses Resultat erstaunt mich gar nicht!»
  korrekt: Daniel Kahneman meint, dieses Resultat erstaune ihn gar nicht.

- Sachlicher Stil statt anregender, lebendiger Stil
  unpassend: Wer von uns würde auf Vanuatu glücklich werden? Niemand! Und warum nicht? Weil wir uns an den europäischen Lebensstandard gewöhnt haben.
  passend: Ein Europäer wäre auf Vanuatu ohne den gewohnten Lebensstandard kaum glücklich.

Vorgehen beim Zusammenfassen

Mit den ersten drei Schritten der SQ3R-Lesemethode haben Sie einen wichtigen Teil der Arbeit für das Erstellen einer Zusammenfassung bereits geleistet: Überblick verschaffen, Fragen formulieren, konzentriertes Lesen. Folgende Schritte müssen sich anschliessen:

- Aus den Kernaussagen einen zusammenhängenden Text verfassen.
- Ausgehend von Stichworten die Kernaussage jedes Abschnitts in ein bis zwei Sätzen formulieren.
- In jedem Abschnitt ein bis zwei Schlüsselwörter hervorheben.
- Text in Abschnitte gliedern; wenn möglich die bestehenden Abschnitte übernehmen.

Aufgabe 8

Überprüfen Sie, ob der folgende Text den inhaltlichen und sprachlichen Merkmalen einer Zusammenfassung entspricht. Geben Sie allfällige Mängel oder Verstösse mit Zeilennummer an. Formulieren Sie Verbesserungsvorschläge.

1 Glücksforscher untersuchen, wann und warum Menschen zufrieden oder unzufrieden sind. Dies geschieht mit Hilfe von kleinen Computern, welche die Testpersonen auf sich tragen, oder von Tagebucheinträgen. Und was sind die Erkenntnisse? Es ist nicht Besitz oder Konsum, der die Probanden glücklich macht, sondern es sind angenehme Dinge, die sie erlebt haben. Mit den Worten des Psychologen Daniel Kahneman aus Princeton: «Glück erlebt man in Momenten, in denen man seine
5 Aufmerksamkeit auf etwas Angenehmes richtet.» Die Meinung, dass das Glück proportional zum Wohlstand wächst, gilt als überholt. Allerdings tragen ein gewisser Wohlstand und stabile politische Rahmenbedingungen zum Glück bei. Es ist schwierig, aus den Resultaten der Glücksforschung konkrete Handlungsanweisungen abzuleiten, da die Faktoren, welche die Zufriedenheit bestimmen, stark kulturabhängig sind. Ich habe oft genug erlebt, dass beispielsweise das italienische «dolce far niente» Deutsche in den Wahnsinn treiben kann! Es gibt zwar Kulturen, in denen die Menschen
10 in relativer Armut leben und trotzdem wegen ihres guten sozialen Zusammenhalts recht glücklich sind. Aber lässt sich dieses Rezept auf uns Westeuropäer anwenden? Ich denke nicht, denn es möchte doch niemand auf Wohlstand verzichten. Auch wenn der Glücksforschung keine umwälzenden und im grossen Stil verwertbaren Erkenntnisse gelungen sind, lassen sich doch konkrete Ergebnisse im Kleinen erzielen: Bei der Stadtplanung, beim Bau von Altersheimen usw. kann darauf geachtet werden, dass eine hohe Zufriedenheit der Bewohner ermöglicht wird. Zudem ist es sinnvoll, darüber nachzudenken,
15 was uns glücklich macht, und somit glücksbewusster zu leben. Das bedeutet, mehr Wert zu legen aufs Erleben und weniger auf das Haben.

Beurteilung der Zusammenfassung

Inhalt:

- Werden alle notwendigen Fakten und Schlussfolgerungen genannt?

- Wird auf persönliche Wertungen verzichtet?

- Ist die Gedankenführung logisch und nachvollziehbar?

Sprache und Stil:

- Ist der Text in der dritten Person verfasst?

- Ist der Text im Präsens verfasst?

- Wird auf die direkte Rede verzichtet?

- Ist der Stil sachlich?

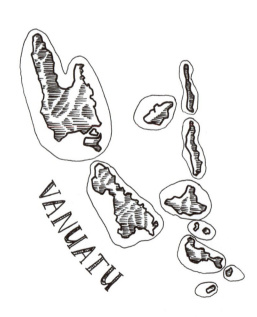

Aufgabe 9

Lesen Sie den folgenden Text. Erstellen Sie eine Zusammenfassung, indem Sie den Text von 783 auf ungefähr 130 Wörter verkürzen.

Der Glücksforscher

Ökonomen stehen eigentlich nicht im Verdacht, dass ihnen das Glück der Menschen besonders am Herzen liegt – doch bei Bruno Frey ist das anders. Am Anfang hielten ihn manche Fachkollegen für verrückt, doch Frey war überzeugt, dass die Wirtschaftswissenschaftler sich viel zu lange nur um materielle Dinge gekümmert hatten. «Eigentlich möchten doch alle Leute glücklich sein – also sollte das entscheidende Ziel der Ökonomie sein, dass die Menschen glücklicher werden.» Mittlerweile ist der aus Basel stammende Wirtschaftswissenschaftler Bruno Frey der bekannteste Glücksforscher im deutschsprachigen Raum.

Tausende Menschen befragt

Die Methode, mit der er vorgeht: grosse Umfragen mit Tausenden Testpersonen. Auf einer Skala von eins bis zehn müssen die Menschen angeben, wie zufrieden sie – alles in allem – mit ihrem Leben sind. «Wir vertrauen darauf, dass die Leute vernünftige Antworten geben – und das tun sie auch», so Frey. Dass die Menschen tatsächlich zutreffende Aussagen machen, haben die Forscher überprüft: Leute, die in den Umfragen von sich selbst behaupten, glücklich zu sein, haben zugleich auch weniger Probleme am Arbeitsplatz, lächeln mehr und begehen seltener Selbstmord. Für Frey ist das ein Beweis, dass die Methode richtige Ergebnisse liefert. Zusätzlich sammeln die Forscher eine Vielzahl von Daten über jeden Befragten: Beruf, Einkommen, Wohnort, persönliche Situation. So können sie herausfinden, welche Eigenschaften glückliche Menschen gemeinsam haben. Eine simple Methode, die die Glücksforscher um Bruno Frey dennoch zu einigen überraschenden Erkenntnissen führt.

Ohne Arbeit kein Glück

Zum Beispiel, dass nicht Freizeit, sondern Arbeit glücklich macht. Dabei ist es egal, wie viel Geld man in seinem Job verdient. Alle Studien zeigen, dass jemand, der Arbeit hat, in jedem Fall glücklicher ist als jemand ohne Arbeit. Nach Ansicht von Frey liegt das daran, dass Arbeit sinnstiftend wirkt und dem Leben eine Struktur gibt. «Die Arbeit ist sehr wichtig für unser Glück, in allen Gesellschaften, also nicht nur bei uns. Überall ist Arbeit ein zentraler Bestandteil des Lebens», sagt Frey. Auch zwischenmenschliche Beziehungen sind entscheidend für unsere Zufriedenheit. Freunde, Bekannte und ein gutes Familienleben sind wichtig. Auch haben die Forscher herausgefunden, dass verheiratete Leute glücklicher als Unverheiratete sind. Allerdings ist das Glück sehr unterschiedlich über die Dauer einer Ehe verteilt. Zum Hochzeitstag steigt das Glück sehr deutlich an, fällt danach allerdings wieder ab – wenn auch in der Regel nicht mehr so tief wie in den Jahren vor der Ehe.

Kinder negativ, Glaube positiv

Bruno Freys Forschung hält noch eine weitere Überraschung bereit: Kinder machen nämlich nicht glücklich – zumindest zu Anfang. «Das ist ja, was uns alle Politiker sagen und alle Pfarrer: Kinder machen glücklich. Das ist nicht unbedingt der Fall», so Frey. Das, so vermuten die Forscher, liege vor allem daran, dass Kinder in jungen Jahren viel Stress verursachen. Erst wenn die Kinder aus dem Haus sind, nimmt die Zufriedenheit der Eltern wieder zu. Was dagegen dem Glück zuträglich ist, ist der Glaube. Religiöse Menschen sind mit ihrem Leben zufriedener – woran das liegt, darüber kann Frey nur Vermutungen anstellen: «Das kann man darauf zurückführen, dass religiöse Menschen, wenn sie im Leben Pech haben, sich noch auf etwas anderes besinnen können.» Auch die vielen sozialen Kontakte, die religiöse Menschen im Umfeld der Kirche finden, tragen womöglich zu ihrer höheren Lebenszufriedenheit bei.

Mehr Glück durch direkte Demokratie

Ob Menschen in Demokratien oder autoritären Staatsformen glücklicher sind – die Forschung hat die Frage eindeutig beantwortet. Demokratie macht glücklich. Hier hat die Schweiz für Frey als Labor hergehalten: Von Kanton zu Kanton unterscheiden sich die Möglichkeiten zur politischen Mitbestimmung. Beispielsweise sind in manchen Kantonen die Hürden für direkte Volksabstimmungen höher als in anderen. Die Untersuchung zeigt, dass Menschen da, wo es mehr Mitbestimmung gibt, glücklicher sind.

Dass jahrelange Forschung über Glück auch selbst glücklich macht, dafür ist Bruno Frey offenbar das beste Beispiel. «Ich habe das Glück, sehr glücklich zu sein», sagt er. «Auf einer Skala von eins bis zehn bin ich bei neuneinhalb.»

Nach: Mathias Fuchs: «Der Glücksforscher. Auf der Suche nach dem Geheimnis des Glücks», Westdeutscher Rundfunk (wdr.de), 27. April 2010

5 | Mit Fremdwörtern umgehen

Sachtexte, zum Beispiel Zeitungsartikel, enthalten meist Fremdwörter. Diese können die Lektüre oder das Erstellen einer Zusammenfassung erschweren. Wer mit Fremdwörtern richtig umgehen lernt, versteht Texte besser und kann sich genauer ausdrücken.

Was ist ein Fremdwort?

Ein Fremdwort ist ein Wort, das aus einer fremden Sprache übernommen und das in der Schreibung nicht oder nur wenig an die deutsche Sprache angepasst wurde. Beispiele:
Doktrin (lateinisch), pragmatisch (griechisch), Bachelor (englisch), Discount (englisch)

Was bezeichnet man als Lehnwort?

Lehnwörter haben ihren Ursprung auch in einer fremden Sprache, sie wurden aber in der Aussprache und der Schreibung an die deutsche Sprache angepasst. Lehnwörter sind sehr zahlreich; meist ist man sich des fremden Ursprungs nicht mehr bewusst. Beispiele:
Fenster (lateinisch), Alkohol (arabisch), raffiniert (französisch), flirten (englisch)

Die Unterscheidung von Fremdwort und Lehnwort ist nicht immer eindeutig.

Fremdwörter verstehen

Die Texte «Formel für ein besseres Leben» und «Der Glücksforscher» enthalten wie die meisten Sachtexte einige Fremdwörter. Wie ist mit Fremdwörtern umzugehen?

- Versuchen Sie, den Sinn des Fremdworts aus dem Zusammenhang zu erschliessen.
- Achten Sie auf Wortbausteine, zum Beispiel auf Vorsilben (Präfixe). Diese geben Ihnen einen Hinweis auf die Bedeutung des Worts. Beispiele:

lateinisch		
dis- (di-, dif-, dir-)	auseinander, un-, zer-	Dissonanz, Differenz, Division
inter-	dazwischen, mitten	Interaktion, Interview, Interpunktion
multi-	viele	Multiplikation, Multimillionär
omni-	ganz, jeder, alles	Omnipotenz, Omnipräsenz
prä-	vor	Präferenz, Prämisse, Präposition, Prävention
trans-	durch, über	Transfer, Transmission, Transport
griechisch		
auto-	selbst	Autogramm, Automobil
homo-	gleich	Homonym, Homogenität

- Nehmen Sie Ihre Fremdsprachenkenntnisse zu Hilfe.

deskriptiv	describe (engl.) | décrire (frz.)	beschreibend
monetär	money (engl.)	finanziell, das Geld betreffend
generös	généreux (frz.)	grosszügig
infantil	enfant (frz.)	kindlich
konstatieren	constater (frz.)	feststellen
protegieren	protect (engl.) | protéger (frz.)	fördern, begünstigen, beschützen

- Schlagen Sie in einem Rechtschreibwörterbuch (zum Beispiel Duden Band 1) nach. Viele Fremdwörter und Fachausdrücke werden hier erklärt. Beispiel: homogen.

> ho|mo|gen (gleichartig, gleichmässig zusammengesetzt) \| homogenes Feld

Weiterführende Auskünfte finden sich im Fremdwörterduden (Band 5) oder in einem Lexikon.

- Erweitern Sie Ihren Wortschatz und legen Sie Fremdwortlisten oder Karteikärtchen an. Repetieren Sie die Fremdwörter und lernen Sie sie auswendig.

Fremdwörter verwenden

Dass die Verwendung von Fremdwörtern nicht immer einfach ist, zeigen die folgenden Witze:

1. Der Hausherr zum Gast: «Wir haben alles neu demolieren lassen. In allen Zimmern sind Quartett-Böden. Eine schmiedeeiserne Lavendeltreppe führt zum ersten Stock hinauf.»
2. «Meine Tochter hat geheiratet. Einen Veterinär.» – «Was, so einen alten Kerl?» – «Nein, das sind doch die, die kein Fleisch essen!»
3. «Meine Tante ist Numismatikerin.» – «Was ist das denn?» – «Eine, die Münzen sammelt.» – «Toll, diese Fremdwörter. Früher sagte man einfach Bettlerin.»

- Verwenden Sie Fremdwörter vor allem dann, wenn es kein gleichbedeutendes und geläufiges deutsches Wort dafür gibt.
- Verwenden Sie Fremdwörter nur, wenn Sie deren Bedeutung kennen.
- Verwenden Sie Fremdwörter nur, wenn Sie deren korrekte Aussprache und Schreibweise kennen.

Aus einem wissenschaftlichen Werk über Theologie stammt der folgende Satz:
«Mit dieser Normativität einer soteriologisch relevanten Kriteriologie ist nicht eo ipso eine singuläre Superiorität der diese Kriterien vertretenden religiösen Tradition (und damit eine inklusivistische Position) verbunden.»

Aus: Hans-Gerd Schwandt (Hrsg.): Pluralistische Theologie der Religionen, Frankfurt a.M.: Verlag Otto Lembeck, 1998

Fremdwörter korrekt schreiben

Lösen Sie die folgenden Aufgaben zu häufigen Rechtschreibschwierigkeiten. Konsultieren Sie den Duden.

Aufgabe 10
Fremdwörter mit ph, rh, th.

Al____abet | Hypo____ek | Labyrin____ | ____ase | ____iloso____ | Pro____et | ____inozeros | ____etorik | ____y____mus | Stro____e | ____eater | ____ema

Aufgabe 11
Fremdwörter mit Konsonantenverdoppelung.

nu____erieren | Ko____ission | Ko____osion | A____ekt | A____ression | A____usativ | E____ekt | Progra____ | a____ullieren | Appe____ | Intere____e | A____osition | A____regat | Schafo____

Aufgabe 12
Fremdwörter mit verschiedenen Schreibweisen:

Katarrh oder _____ potenziell oder _____

Thunfisch oder _____ Facette oder _____

Photographie oder _____ Coupon oder _____

Getto oder _____ Varieté oder _____

Yoga oder _____ Sketch oder _____

Penicillin oder _____ Klub oder _____

Aus: Jutta von der Lühe-Tower und Horst Stephan: Training Neue Rechtschreibung, Zug: Klett und Balmer Verlag, 1997

Aufgabe 13
Lösen Sie das folgende Kreuzworträtsel, indem Sie Fremdwörter mit synonymer Bedeutung einsetzen.

1) vorübergehend entlassen 2) einen Vorteil erzielen 3) beeinflussen 4) durch Vorschriften regeln 5) veröffentlichen 6) herausfordern, reizen 7) wetteifern 8) ausgleichen 9) sich einmischen 10) in Betrieb sein, reibungslos ablaufen
Lösungswort: stocken, stehen bleiben

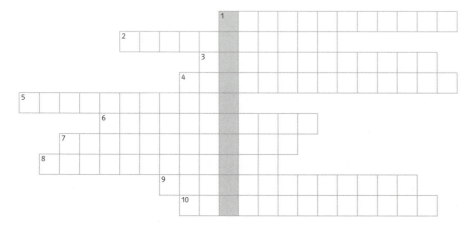

Test 07 | Lesen und zusammenfassen

1. Vervollständigen Sie die Tabelle zu den vier Arten des Lesens.

	Diagonales Lesen
Sie suchen bestimmte Inhalte und möchten gezielt Informationen aus dem Text «picken».	
Sie verfolgen kein spezielles Ziel, Sie interessieren sich einfach für den Inhalt oder Sie möchten sich unterhalten und entspannen.	
	Intensives Lesen

2. Nennen Sie die fünf Schritte der SQ3R-Lesemethode und geben Sie an, was diese bedeuten.

1.

2.

3.

4.

5.

3. Nennen Sie drei inhaltliche und vier sprachlich-stilistische Merkmale der Zusammenfassung.

Inhalt:

1. _____
2. _____
3. _____

Sprache und Stil:

1. _____
2. _____
3. _____
4. _____

4. Fassen Sie den Inhalt des folgenden Texts zusammen.

Können Tiere Mitleid empfinden?

Mitleid oder Empathie ist die Fähigkeit, zu erkennen, dass ein anderes Wesen leidet, und dieses Gefühl zu «spiegeln». Es ist die Grundlage für die menschliche Moral – Serienkillern und anderen Psychopathen fehlt meist jegliches Empathievermögen. Schon seit mehreren Jahren weiss man, dass Primaten Emotionen ihrer Artgenossen deuten können. Schimpansen leiden mit, wenn sie im Fernsehen Bilder von gequälten Schimpansen sehen. Rhesusaffen, denen man eine Belohnung anbot, wenn sie anderen Rhesusaffen Elektroschocks versetzten, lehnten die Nahrung ab (was bei Menschen keine Selbstverständlichkeit ist).

In der vergangenen Woche berichteten nun Forscher von der University of Chicago in «Science» von Hinweisen, dass auch Ratten Empathie empfinden: Im Experiment befreiten die Nager eingesperrte Artgenossen, die sichtbar litten, aus einem Gefängnis. Das Leiden des Mitgeschöpfs war also nicht nur «ansteckend», es führte sogar zu einer altruistischen Handlung, aus der die Ratten keinen unmittelbaren Nutzen zogen. Und sogar wenn ihnen als Alternative Schokolade angeboten wurde, liessen sie zunächst die andere Ratte frei und teilten danach mit ihr die Süssigkeit. Ihr Mitgefühl war noch stärker als die Naschsucht.

Aus: Christoph Drösser: «Können Tiere Mitleid empfinden?», in: DIE ZEIT, 15. Dezember 2011

5. Kreuzen Sie an, welches deutsche Synonym am besten passt.

a)	synonym	☐ gleichklingend	☐ gegenteilig	☐ gleichbedeutend
b)	das Privileg	☐ Sonderrecht	☐ Glück	☐ Persönlichkeit
c)	die Relation	☐ Bedingung	☐ Beziehung	☐ Rückstellung
d)	das Ressort	☐ Hotelanlage	☐ Geschäftsbereich	☐ Rückzug
e)	manierlich	☐ gesittet	☐ handlich	☐ umständlich
f)	implizieren	☐ folgern	☐ anwenden	☐ einschliessen
g)	opportun	☐ zweckmässig	☐ widerstrebend	☐ aufsässig
h)	genetisch	☐ grosszügig	☐ erblich bedingt	☐ allgemein
i)	der Cargo	☐ Kleidungsstück	☐ Viehherde	☐ (Schiffs-)Ladung
j)	taxieren	☐ Taxi fahren	☐ den Wert schätzen	☐ besteuern

Textsorten

Seite 125 / Modul 08

Hejjj schatz!! Yeah hüt simer 3 monet zäme :D ha der nume wöue säge, dass die ziit mit dir wunderschön gsi isch, di schönschti vom mim läbe. sit i di kenne dänki nume no a di, du bisch immer i mim <3!!! Bisch mer mega wichtig worde J Liebe di über aues mis knuddelbärli! :-°

Aus: Anonymer Interneteintrag, 2011

Der alte Grossvater und der Enkel
Es war einmal ein steinalter Mann, dem waren die Augen trüb geworden, die Ohren taub, und die Knie zitterten ihm. Wenn er nun bei Tische sass und den Löffel kaum halten konnte, schüttete er Suppe auf das Tischtuch, und es floss ihm auch etwas wieder aus dem Mund. Sein Sohn und dessen Frau ekelten sich davor, und deswegen musste sich der alte Grossvater endlich hinter den Ofen in die Ecke setzen, und sie gaben ihm sein Essen in ein irdenes Schüsselchen und noch dazu nicht einmal satt; da sah er betrübt nach dem Tisch, und die Augen wurden ihm nass. Einmal auch konnten seine zitterigen Hände das Schüsselchen nicht festhalten, es fiel zur Erde und zerbrach. Die junge Frau schalt, er sagte aber nichts und seufzte nur. Da kauften sie ihm ein hölzernes Schüsselchen für ein paar Heller, daraus musste er nun essen. Wie sie da so sitzen, so trägt der kleine Enkel von vier Jahren auf der Erde kleine Brettlein zusammen. «Was machst du da?», fragte der Vater. «Ich mache ein Tröglein», antwortete das Kind, «daraus sollen Vater und Mutter essen, wenn ich gross bin.» Da sahen sich Mann und Frau eine Weile an, fingen endlich an zu weinen, holten alsofort den alten Grossvater an den Tisch und liessen ihn von nun an immer mit essen, sagten auch nichts, wenn er ein wenig verschüttete.

Aus: Gebrüder Grimm (Hrsg.): «Der alte Grossvater und der Enkel», in: Kinder- und Hausmärchen, 1812

reihe

eis

zweig

dreist

vieh

füllf

ächz

silben

ach

neu

zink

Aus: Ernst Jandl: poetische Werke, hrsg. von Klaus Siblewski © 1997 Luchterhand Literaturverlag, München, in der Verlagsgruppe Random House GmbH

Kapuziner Schweiz

Die Kapuziner sind ein katholischer Brüderorden und existieren seit fast 500 Jahren. Sie leben in häuslichen Gemeinschaften oder Klöstern an 10 Standorten in der Deutschschweiz. Nach der Inspiration des Franz von Assisi verbinden die Kapuziner das kontemplative Gebetsleben mit Seelsorge und dem Engagement für Notleidende, Bedrängte, Benachteiligte in der Schweiz und in der Dritten Welt.

Wir suchen nach Vereinbarung einen oder mehrere
Mechaniker, Schreiner, Gärtner, Krankenpfleger, Katecheten, Banker, Kaufleute, Juristen, Theologen, Kommunikationsspezialisten als Kapuzinerbruder (Lebensstellung 100 %)

Wenn Sie ein lediger Mann sind, idealerweise zwischen 22 und 35 Jahre alt, wenn Sie eine entsprechende Ausbildung haben, röm.-kath. getauft, gemeinschaftsfähig und selbstständig sind, soziale Kompetenz und Sensibilität für Religionen besitzen sowie lebenstüchtig, initiativ, neugierig und suchend sind, sollten Sie Kontakt mit uns aufnehmen.

Wir bieten Ihnen keine Bezahlung, sondern Spiritualität und Gebet, Kontemplation, eine egalitäre Lebensform, Freiheit von persönlichem materiellem Reichtum und von dem üblichen Zweierbeziehungsmodell. Wir bieten entwicklungspolitische Tätigkeitsfelder, Lebenssinn und Leben in einer Gemeinschaft in solidarisch getragener sozialer Sicherheit. Wir erwarten, dass Sie nach einer gewissen Zeit der gegenseitigen Prüfung bereit sind, in den Kapuzinerorden einzutreten. Bei Eignung und im Bedarfsfall sind weitere Ausbildungsmöglichkeiten vorgesehen. Unter Umständen ist es auch möglich, dass Sie nach der Ordensausbildung Ihren bisherigen Beruf an einem Arbeitsplatz ausserhalb des Klosters ausüben können.

Wenn Sie sich angesprochen fühlen, dann reden Sie mit Damian Keller.
Tel. 027 922 47 72, damian.keller@kapuziner.org

Nach: Kapuziner Schweiz

In Kürze
62-jähriger Raser bei Rennen verletzt

Ein 62-Jähriger ist bei einem Raser-Rennen am Samstag in Meilen verunfallt. Er zog sich schwere Verletzungen zu, als sein Auto bei stark übersetzter Geschwindigkeit von der Strasse abkam und in Flammen aufging. Gemäss ersten Erkenntnissen der Polizei hatte er sich ein Rennen geliefert mit einem 44-Jährigen, der sich später stellte. Der 62-Jährige war laut Polizei mit seinem leistungsstarken Wagen vorausgefahren, als er in einer Kurve über den Strassenrand hinaus geriet, 150 Meter über eine Wiese schlitterte und 20 Meter ein Bord hinunterrutschte, bevor das Auto zum Stillstand kam.

Aus: «62-jähriger Raser bei Rennen verletzt», in: sda-Meldung, 27. November 2011

Erkennen Sie, um welche Art von Text es sich jeweils handelt? Woran?

1 | Sachtexte und fiktionale Texte

Wir haben täglich mit Texten zu tun und erkennen meistens leicht, um was für eine Art von Text es sich jeweils handelt. Verfasser von Texten orientieren sich an allgemein bekannten Vorgaben, um die Erwartungen der Empfänger zu erfüllen und die beabsichtigte Wirkung zu erzielen.

Im beruflichen Alltag sind die Texte in der Regel auf die Wirklichkeit bezogen und nicht erfunden. Wir erwarten von diesen Texten, dass sie sachlich «richtig» sind und das Beschriebene und Dargestellte mit der Realität übereinstimmt. Dementsprechend werden solche Texte als **Sachtexte** bezeichnet.

Im Gegensatz dazu wird in **fiktionalen bzw. literarischen Texten** eine eigene Wirklichkeit erschaffen. Das Dargestellte ist dabei mehr oder weniger frei erfunden.

Sachtexte	Fiktionale bzw. literarische Texte
Sachtexte sind vergleichbar mit **Dokumentarfilmen**. Der Zuschauer eines Dokumentarfilms erwartet, dass im Film die Realität möglichst unverfälscht und frei von Manipulation dargestellt wird. Der Dokumentarfilm befasst sich mit tatsächlichem Geschehen.	Fiktionale Texte können mit einem **Spielfilm** verglichen werden. Spielfilme haben eine fiktionale Handlung. Diese kann unter Umständen realen Ereignissen bzw. Personen nachempfunden sein. Der Zuschauer erwartet aber nicht, dass die Realität eins zu eins abgebildet wird.

Unterscheidungsmerkmale

Sachtexte	Fiktionale bzw. literarische Texte
Erwartung an einen Text	
In Sachtexten stimmen das Beschriebene und die Wirklichkeit weitgehend überein. Das Dargestellte entspricht der Realität. Wer ein Interview mit der Autorin Joanne K. Rowling in der Zeitung liest, erwartet, dass das Interview wirklich stattgefunden hat und die Aussagen korrekt und wahrheitsgetreu wiedergegeben sind.	In fiktionalen Texten wird eine eigene Wirklichkeit geschaffen. Die dargestellte fiktive Welt und die reale Welt müssen deshalb nicht übereinstimmen. Die Handlung der Harry-Potter-Romane spielt in zwei nebeneinander existierenden Welten, einer realen, wie sie uns bekannt ist, und einer magischen, uns nicht bekannten Welt.

Inhalt

In Sachtexten werden Sachverhalte geklärt. Dabei stehen Tatsachen und Fakten im Vordergrund. Inhaltliche Eindeutigkeit und Klarheit werden angestrebt. In einem Geschäftsbericht wird Rechenschaft über das abgelaufene Geschäftsjahr abgelegt.	In fiktionalen Texten werden oft zeitlose Themen behandelt. Der Text kann unterschiedlich gedeutet und immer wieder anders verstanden werden. Im Briefroman «Die Leiden des jungen Werther» von Johann Wolfgang von Goethe geht es um eine unglückliche Liebe mit tragischem Ausgang. Nach der Verfilmung des Werks im Jahre 2011 («Goethe!») wird es wieder vermehrt gelesen und diskutiert.

Sprache und Form

· Die Sprache ist eher Mittel zum Zweck und von der beschriebenen Sache geprägt. · Sachtexte werden häufig mit Illustrationen und Visualisierungen ergänzt.	· Die Sprache ist meist bewusst geformt und künstlerisch gestaltet. · In erzählenden Texten finden sich in der Regel wenig Illustrationen, Bilder und Grafiken. Ausnahmen: Bilderbücher und Comics

Autor und Werk

Sachtexte können über längere Zeiträume entstehen und/oder im Lauf der Zeit aufgrund neuer Erkenntnisse verändert und von verschiedenen Personen angepasst werden.	Das Werk ist immer mit einem bestimmten Autor oder einer bestimmten Autorin verbunden.

Während Sachtexte in **Textsorten** eingeteilt werden, erfolgt die Zuordnung der fiktionalen Texte aufgrund von Gestaltungsmitteln in die Gattungen **Epik, Lyrik und Dramatik**.

Satire, Biografie, Autobiografie und **religiöse Texte** lassen sich nicht eindeutig zuordnen.

2 | Die Abgrenzung der Textsorten

Sachtexte können aufgrund ihrer textsortentypischen Merkmale in Textsorten eingeteilt werden. Diese unterscheiden sich in Bezug auf Inhalt, Form und Sprache.

Die Abgrenzung von Textsorten kann nach verschiedenen Gesichtspunkten vorgenommen werden: Gesellschaftlicher Handlungsbereich, Textfunktion, Grundform des Schreibens, Medienart.

Gesellschaftlicher Handlungsbereich

Hier wird nach dem gesellschaftlichen Kontext unterschieden, in dem die Textsorte überwiegend vorkommt.

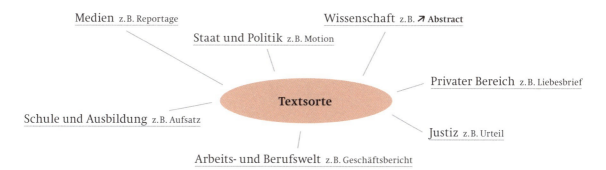

Viele Textsorten werden bereichsübergreifend verwendet, zum Beispiel der Bericht: Geschäftsbericht, Zeitungsbericht, Polizeibericht, Wetterbericht, Tätigkeitsbericht …

Textfunktion

Die Textfunktion stellt ebenfalls ein Unterscheidungsmerkmal dar.

Information	Die Leserin soll sachgemäss, eindeutig, genau und möglichst objektiv über einen Sachverhalt informiert werden. Nachricht, Sachbuch, Protokoll, Interview, Zusammenfassung, Inhaltsangabe, Lehrbuch, Communiqué, Abstract
Appell bzw. Argumentation	Der Leser soll überzeugt, gefühlsmässig beeinflusst und/oder zu einem bestimmten Verhalten oder zu einer Handlung veranlasst werden. Er soll sich aufgrund der Argumentation eine eigene Meinung bilden können. Werbetext, Leserbrief, Flugblatt, Kommentar, Leitartikel, Rezension
Kontakt	Die Schreiberin nimmt mit dem Adressaten Kontakt auf oder führt den Kontakt fort. Ansichtskarte, Kondolenzschreiben, Geburtstagseinladung
Unterhaltung	Der Leser soll unterhalten werden. Er soll angeregt werden, sich mit einem Thema, einer Fragestellung oder einem Problem auseinanderzusetzen und sich eigene Gedanken dazu zu machen. Horoskop, Glosse, Witz

Grundform des Schreibens

Textsorten unterscheiden sich hinsichtlich der verwendeten Grundformen des Schreibens.

Grundtechnik	Typische Anwendung in Textsorte
Dokumentieren	Reiseprospekt, Ferientagebuch, Protokoll
Berichten	Unfallbericht, Sportbericht
Beschreiben	Bildbeschreibung, Gebrauchsanleitung
Zusammenfassen	Abstract
Schildern	Reportage
Argumentieren/Appellieren	Erörterung, Kommentar
Zitieren	Facharbeit, selbstständige Arbeit

Medienart

Die Zuordnung von Textsorten kann auch aufgrund des Mediums erfolgen, in dem der Text veröffentlicht wird. Dabei sind Printmedien von den elektronischen Medien zu unterscheiden.

Printmedien	Elektronische Medien
Zeitung	Internet
Zeitschrift	Intranet
Buch, Printing-on-Demand	E-Books
	Elektronische Zeitschriften
	Fernsehen
	Radio

Aufgabe 1

Ermitteln Sie Funktionen und mögliche Adressaten und Adressatinnen der folgenden Textsorten.

Interview

Adressaten:

Funktionen:

Tagebuch

Adressaten:

Funktionen:

Porträt

Adressaten:

Funktionen:

Mahnung

Adressaten:

Funktionen:

Abkommen

Adressaten:

Funktionen:

Ratgeberliteratur

Adressaten:

Funktionen:

Filmrezension

Adressaten:

Funktionen:

Nationalhymne

Adressaten:

Funktionen:

3 | Journalistische Textsorten

Imago / Geisser

Journalistische Texte informieren über Tatsachen oder geben Meinungen wieder. Wer einen solchen Text liest, erwartet, möglichst objektiv informiert zu werden oder klar erkennen zu können, wo der Journalist eine subjektive Meinung vertritt.

Ein Grundsatz aus dem angelsächsischen Journalismus lautet:

«Facts are sacred, comment is free.»

Das heisst, dass zwischen Tatsachen einerseits und Meinungen bzw. Kommentaren andererseits eine klare Trennlinie gezogen werden soll.

Journalistische Textsorten lassen sich damit in zwei Gruppen einteilen:

Nachrichtenorientierte Textsorten	Meinungsorientierte Textsorten
· Meldung · Nachricht · Bericht · Interview · Communiqué · Statement	· Leitartikel · Kommentar · Analyse · Porträt · Reportage · Glosse · Kolumne · Essay · Kunstkritik (Buch-, Film-, Theaterkritik) · Feature · Editorial
Allgemeine Merkmale	
· möglichst sachliche und faktentreue Darstellung · tatsachenorientiert · überwiegend aktualitätsbezogen · keine subjektiven Wertungen und Ausschmückungen · In nachrichtenorientierten Texten werden einzelne oder alle **7 journalistischen W-Fragen** beantwortet: **Wer** hat das Geschehen verursacht? **Was** ist passiert? **Wann** ist es passiert? **Wo** ist es passiert? **Wie** genau hat es sich zugetragen? **Warum** hat sich das Geschehen ereignet? **Woher** stammen die Informationen?	· die Wirklichkeit kommentierend · subjektive Wertungen · vom Verfasser und von dessen Meinung geprägt
Sprachliche und stilistische Merkmale	
· tendenziell nüchterne Nachrichtensprache · wenig (sprach)schöpferischer Gestaltungsspielraum · vorwiegend Sachstil · eher kurze Sätze	· deutlich persönlich gefärbte Sprache · Spielraum für kreativen Umgang mit der Sprache · variantenreicher und komplexer Satzbau
Aufbau	
· das Wesentliche am Anfang (= Pyramidenaufbau, auch bei Kürzungen bleibt das Wesentliche erhalten) · Nachricht und Bericht: klar definierter Aufbau	Dreiteiliger Aufbau bei Leitartikel, Kommentar und Analyse: · Darstellung der Fakten · Argumentation · Schlussfolgerung

Charakteristisch für viele nachrichtenorientierte journalistische Textsorten sind:
- Titel
- Untertitel
- Lead
- Zwischentitel

Der **Titel** (= Schlagzeile) und der **Untertitel** einer Nachricht oder eines Berichts erfüllen zwei Funktionen:
- Sie sind informativ, das heisst, sie beantworten bereits mindestens eine W-Frage.
- Sie bilden einen Anreiz zum Weiterlesen, das heisst, sie heben einen besonders wichtigen, einen berührenden, originellen und ungewöhnlichen Aspekt des Geschehens hervor.

Das **Lead** (engl. to lead = führen) ist dem ersten Abschnitt eines Berichts vorangestellt. Es führt in die Geschichte hinein und nennt bereits wichtige Fakten.

Zwischentitel gliedern bei längeren Artikeln den Text. Sie enthalten eine Aussage, die im nachfolgenden Abschnitt abgestützt ist.

Aus: Katharina Bracher: «Primarschüler sollen Finanzwissen büffeln», in: NZZ am Sonntag, 27. November 2011. Quelle Grafik: G. Hobein, Zürcher Hochschule für Angewandte Wissenschaften ZHAW

Die Abgrenzung von informierenden und kommentierenden Textsorten scheint auf den ersten Blick einfach zu sein. Zu beachten ist aber, dass oft – gewollt oder ungewollt! – wertende Elemente in nachrichtenorientierten Texten auftauchen:

1. Palästinensische Terroristen ermorden drei Israelis
2. Palästinensische Befreiungskämpfer töten drei Israelis
3. Bevölkerungswachstum nur «dank» Zuwanderung von Ausländern
4. Legalisierung von Cannabis: Die Kiffer wittern Morgenluft
5. Gerichtsverhandlung gegen Mörder beginnt morgen
6. Freche Sprayer festgenommen

Aufgabe 2
Erklären Sie, worin die Wertung in den oben stehenden Schlagzeilen liegt.

Aufgabe 3

Geben Sie an, wie die journalistischen W-Fragen in der Kurznachricht «62-jähriger Raser bei Rennen verletzt» auf Seite 126 (Einstieg) beantwortet werden.

Aufgabe 4

Der folgende Zeitungsartikel wurde so verändert, dass er fünf textsortenfremde Wertungen enthält. Bringen Sie den Bericht in seine ursprüngliche Fassung, indem Sie die wertenden Aussagen im Text streichen oder Ausdrücke neutral umformulieren.

Schleichend zur Überdosis
Nur eine Pille mehr kann schon zu viel sein!

EDINBURGH (GB) – Wenn das Kopfweh nicht weicht und das Fieber nicht sinkt, werfen manche Menschen einfach mehr Paracetamol ein, als gemäss Beipackzettel erlaubt ist. Eine gefährliche Praxis, wie eine neue Studie zeigt.

Aktualisiert um 14:58 | 24.11.2011

Forscher der besten schottischen Universität Edinburgh haben die Krankheitsakten von 663 Patienten ausgewertet, die in der Lebertransplantations-Abteilung der Universitäts-Klinik landeten. Ergebnis: 161 der Betroffenen hatten leichtsinnigerweise über längere Zeit höhere Dosen Paracetamol zu sich genommen als empfohlen.

Nur schon eine leicht erhöhte Dosis reichte bei manchen aus, um schleichend eine gefährliche Überdosis herbeizuführen. Die Folge: Schäden an Leber, Nieren, Hirn und Atemprobleme.

Besonders bedauernswerte Patienten mit chronischen Schmerzen neigen laut den Forschern dazu, eigenmächtig die Medikamenten-Menge zu erhöhen. Landen sie schliesslich mit einer Paracetamol-Vergiftung im Spital, ist diese für die Halbgötter in Weiss nicht auf den ersten Blick erkennbar. Denn anders als bei einer einmaligen, massiven Überdosierung lassen sich schleichende Überdosierungen in der Blutanalyse schwerer erkennen.

Der Rat der geschockten Experten: «Wenn jemand Schmerzen hat und Paracetamol nicht hilft, sollte er lieber mit seinem Arzt nach Alternativen suchen, anstatt einfach die Dosis zu erhöhen.»

Veröffentlicht wurde die Studie im «Journal of Clinical Pharmacology». (gsc)

Nach: gsc: «Nur eine Pille mehr kann schon zu viel sein!», in: Blick online, 24. November 2011

Aufgabe 5

Entscheiden Sie aufgrund der Schlagzeile, ob eher ein nachrichten- oder ein meinungsorientierter Artikel zu erwarten ist.

a) Parlamentarier stimmen einer Erhöhung ihrer eigenen Löhne um 20 Prozent zu

☐ nachrichtenorientiert
☐ meinungsorientiert

b) Ärztemangel gibt es in der Schweiz nicht

☐ nachrichtenorientiert
☐ meinungsorientiert

c) Forscher erzielen Fortschritte bei der Schaffung von künstlichem Leben

☐ nachrichtenorientiert
☐ meinungsorientiert

d) Wir leisten uns zu viele schöne Dinge, genau wie die alten Römer

☐ nachrichtenorientiert
☐ meinungsorientiert

e) Schöne Missen – dumme Werbung

☐ nachrichtenorientiert
☐ meinungsorientiert

4 | Einen Leserbrief verfassen

Wer einen Leserbrief schreibt, will Stellung beziehen, zustimmen, richtigstellen, ergänzen oder widersprechen. Dabei wird auf einen Beitrag in der betreffenden Zeitung oder Zeitschrift zu einem aktuellen Thema Bezug genommen.

Für die Printmedien sind Leserbriefseiten wichtig, weil sie besonders häufig gelesen werden. Sie stellen für die Redaktionen eine Möglichkeit dar, ein Echo aus der Leserschaft zu erhalten.

Im politischen Bereich werden Leserbriefe zur Meinungsbildung und Beeinflussung eingesetzt. PR-Agenturen sind auf das Schreiben von Muster-Leserbriefen spezialisiert, und einzelne politische Parteien bieten für interessierte Mitglieder sogar Leserbriefschreibkurse an.

Wer sich mit einem Leserbrief in der Zeitung äussern möchte, sollte gewisse Regeln beachten:

Feststellung	Regel
1. Medienleute stehen unter starkem Zeitdruck, Leser bevorzugen kurze Texte.	Halten Sie sich kurz und schreiben Sie konkret.
2. Titel von Leserbriefen werden von der Redaktion selten übernommen, häufig sind sie zu polemisch (zu scharf und unsachlich).	Wählen Sie einen besonders attraktiven Titel, zum Beispiel ein markantes Zitat aus Ihrem Text oder ein Fazit.
3. Ein Leserbrief ist ein appellativer Text, mit dem die Leserinnen und Leser beeinflusst, überzeugt und/oder zu einem bestimmten Verhalten veranlasst werden sollen.	Der Schlusssatz muss besonders aussagekräftig sein. Formulieren Sie einen Appell oder eine Aufforderung zum Handeln.
4. Trockene, nichtssagende, langatmige oder zu allgemein gehaltene Texte interessieren niemanden und wandern in den Papierkorb.	Schreiben Sie konkret, persönlich, bildhaft und somit anschaulich. So hat Ihr Leserbrief sogar eine kleine Chance, dass daraus eine redaktionell bearbeitete Geschichte wird!
5. Je aktueller das Thema ist, desto grösser ist die Aufmerksamkeit der Leserinnen und Leser.	Nehmen Sie Bezug auf einen aktuellen Zeitungsartikel.
6. Zeitungsredaktionen korrigieren in der Regel und wenn möglich die Rechtschreibung eines Leserbriefs zum Schutz der weniger gebildeten oder fremdsprachigen Personen und verbessern einen zu holprigen Stil.	Überarbeiten Sie Ihren Text sorgfältig. Er soll möglichst fehlerfrei, verständlich und klar sein. Stellen Sie nicht viele Fragen, machen Sie Aussagen.
7. Anonyme Zuschriften werden von keiner Zeitung akzeptiert. Der Entscheid, ob ein Leserbrief überhaupt abgedruckt wird, liegt bei der Redaktion.	Versehen Sie Ihren Leserbrief mit dem vollständigen Namen und der Postadresse, auch wenn Sie ihn per E-Mail schicken.

Aufgabe 6

Beurteilen Sie einen selbst gewählten oder von der Lehrperson vorgelegten Leserbrief aus einer Tageszeitung. Beantworten Sie dabei folgende Fragen.

- Welche Absicht verfolgt der Verfasser?
- Welches sind seine Thesen (Behauptungen)?
- Wie werden diese begründet?
- Stellt er Behauptungen als Tatsachen dar?
- Welche Wertvorstellungen lassen sich erkennen?
- Wie überzeugend wirkt der Leserbrief auf Sie?
- Welche besonderen inhaltlichen und sprachlichen Merkmale weist der Leserbrief auf?

Aufgabe 7

Verfassen Sie einen Leserbrief an eine Tageszeitung. Berücksichtigen Sie die erwähnten Regeln.
Erstellen Sie vorgängig ein Konzept.

Titel

Kernaussage(n)

Appell

5 | Die Textsorte bestimmen

Sachtext oder fiktionaler Text? Bericht oder Kommentar? Sachliche oder ironische Darstellung?

In vielen Deutschprüfungen wird das Einordnen von Texten bezüglich Textsorte verlangt. Zur Lösung dieser Aufgabenstellung ist die folgende Vorgehensweise empfehlenswert.

In einem ersten Schritt werden für den betreffenden Text die folgenden Fragen beantwortet.

Wer?	Autorin	Ist die Autorin allgemein bekannt? Ist sie Ihnen bekannt? Ist es erheblich, wer den Text geschrieben hat? Versteckt sich der Verfasser hinter einem Pseudonym? In welcher Eigenschaft/Rolle schreibt die Autorin? Liegt eine Mehrautorenschaft vor?
Schreibt was?	Sachtext oder fiktionaler Text	Erster Eindruck von Inhalt, Aufbau und Sprache
Wo?	Erscheinungsort	Wo ist der Text erschienen? Hier wird auch das Trägermedium berücksichtigt: Buch, Zeitung, Website usw. Bei Druckerzeugnissen ist der Erscheinungsort der Ort, an dem der Titel auf den Markt gebracht wurde (= meist zugleich der Ort, an dem der Verlag lokalisiert ist).
Wann?	Erscheinungszeitpunkt	Wann ist der Text zum ersten Mal erschienen?
An wen?	Adressat Adressatenkreis	Kunden, Zeitungsleser, Behörden, Passanten, Bürgerinnen, Fachpersonen, Leser mit besonderen Interessen, Medienvertreter, Unternehmen, Vorgesetzte, Vereinsmitglieder usw.
Warum?	Anlass Absicht Zielorientierung	Was veranlasst den Autor zu schreiben? Was will die Autorin erreichen? Welche Interessen hat der Autor?
Mit welcher Wirkung?	Effektives Ergebnis	Wirkt das Dargestellte… …sachlich? …ungezwungen, salopp? …leicht, locker? …feierlich? …kritisch? …polemisch? …süffisant? …belehrend? …übertrieben? …ironisch? …verletzend? …anbiedernd? …ideologisch? …berührend? …schockierend? …manipulativ?

In einem zweiten Schritt wird der Text genauer untersucht.

Apropos
In der Stille liegt die Kraft

Lassen Sie uns einen Moment innehalten und ... Entschuldigung, Telefon, nichts Wichtiges. Wo waren wir? Ja, wir wollten gemeinsam darüber nachdenken, was auf der Strecke bleibt, wenn ... Uff, das war knapp, Breakball mit dem zweiten Aufschlag abgewehrt, dieser Federer ist nichts für schwache Nerven, schreibt auch der Kollege grad aus seiner Managementsitzung; der hat nur den Live-Score-Ticker offen, dabei bringt das iPhone doch Fernbilder überallhin, aber gut, wer lieber nur das Resultat sieht, jedem das Seine. Moment, mein Handy, nur kurz, ach, die Aufstellung von Holland und ein Föteli vom Patenkind auf dem Fahrrad ohne Stützräder, wenn das bloss gut kommt. Was macht eigentlich die Börse heute? Mal wieder ein wenig im Plus, immerhin, aber das will nichts heissen am Montag, weil lustig ist es nicht an diesen Finanzmärkten. Haben Sie das Video zufällig gesehen von diesem Börsenhändler, der aus Wut die Tastatur zerlegt und den Bildschirm aus dem Fenster geworfen hat? Hey, der arbeitet im 13. Stock, und unten gehen Fussgänger durch (oder Zebras, wie die neuerdings heissen). Nicht auszumalen, was da hätte ... Ach so, das Filmchen ist schon ein paar Jahre alt, sagt der Büronachbar gerade, war aber vorhin die erste Schlagzeile auf dem Newsportal. Was die da täglich für Schrott veröffentlichen, letzthin diese Bildstrecke über die zehn dümmsten Einbrecher. Ich meine, wer schaut sich denn so etwas an? Und haben diese Einbrecher alle vorher angerufen, damit auch ja ein Fotoreporter vor Ort ist, wenn sie im Fensterrahmen hängen bleiben? Egal, wir wollten einen Moment innehalten und nachdenken über den Fluch der permanenten Unterbrechung. Ich werde mir gelegentlich in einer ruhigen Minute ein paar – Achtung, Matchball! – Gedanken dazu machen. Einstweilen – jawoll! – danke ich für Ihre ungeteilte Aufmerksamkeit.
apropos@derbund.ch

Aus: «In der Stille liegt die Kraft», in: Der Bund, 30. Juni 2010

Wer?	Der Autor wird nicht genannt.
Schreibt was?	**Inhalt:** Im Text spricht eine Person über den Fluch der permanenten Unterbrechung, lässt sich selbst aber andauernd durch Telefon, Handy, iPhone, Newsportal und eigene Gedanken unterbrechen. **Aufbau:** Der Text ist dreispaltig abgedruckt und weist keine Abschnitte oder Gliederung auf. Am Anfang und am Schluss ist von «Innehalten» die Rede. **Sprache:** Sätze werden abgebrochen; viele Satzfragmente; mehrere Auslassungspunkte und Gedankenstriche; der Leser wird direkt angesprochen; einige Ausrufe, wie «Uff», «Hey», «Ach so»; viele Fragesätze; direkte Rede ohne Redezeichen; «jawoll» ist orthografisch falsch geschrieben. Der Text bezieht sich auf die heutige Wirklichkeit mit ihren vielen Ablenkungen durch die elektronischen Medien im (Arbeits-)Alltag. Die Sprache wird kreativ verwendet.
Wo?	In der Tageszeitung «Der Bund», auf der Seite «Panorama».
Wann?	Ausgabe vom 30. Juni 2010
An wen?	Interessierte Leser, die möglicherweise die Rubrik «Apropos» kennen.
Warum?	Der Schreibanlass ist vermutlich ein Auftrag der Zeitung an den Autor.
Mit welcher Wirkung?	Wirkt ungefiltert und locker dahergeredet. Der Titel steht im Widerspruch zum Erzählten. Die Darstellung ist übertrieben und ironisch, jedoch nicht verletzend.
Textsorte?	Glosse aus einer Tageszeitung

Test 08 | Textsorten

1. Um welche Textsorte handelt es sich? Vervollständigen Sie.

		Textsorte
a)	Daher bin ich der Meinung, dass Jugendliche unter 16 Jahren noch nicht wählen sollten.	Erörterung, Kommentar
b)	Wenn das Gerät Rauch entwickelt, verbrannt riecht oder ungewohnte Geräusche von sich gibt, trennen Sie es sofort vom Netz, und nehmen Sie es nicht mehr in Betrieb.	
c)	Erwärmen Sie die Milch langsam und geben dann den geraffelten Käse dazu. Rühren Sie alles auf kleinem Feuer, bis sich der Käse aufgelöst hat.	
d)	Stadt, Strand, Schiffe: Mitten im Herzen der Stadt Kiel verschmelzen Shoppingcenter, Ostseestrände, riesige Skandinavienfähren, Kreuzfahrtschiffe aus aller Welt und eine lebendige Kulturszene zu einem harmonischen Ganzen.	
e)	Der Vorsitzende begrüsst alle Anwesenden. Er teilt mit, dass sich Herr Schmidt für die Sitzung entschuldigt hat. Die Traktandenliste wird genehmigt.	
f)	Venedig im Mai – die wohl schlechteste Reisezeit für einen Venedigausflug. Der Mai ist grundsätzlich ein regenreicher Monat – doch bei unserer Reise zeigte sich die «Stadt im Wasser» von ihrer besten Seite.	
g)	Einen Tag nach Platz 3 im Sprint hat der Biathlet Benjamin Weger in Hochfilzen erneut geglänzt. Der 22-jährige Oberwalliser klassierte sich in Österreich in der Verfolgung hinter den Norwegern Emil Hegle Svendsen und Tarjei Bö im ausgezeichneten dritten Rang.	
h)	Marie Curie wuchs unter schwierigen familiären, wirtschaftlichen und politischen Verhältnissen in der damals zum Russischen Kaiserreich gehörenden polnischen Provinz Weichselland auf. 1891 begann sie in Paris an der Sorbonne ihr Physik- und Mathematikstudium. Sie erhielt 1903 als erste Frau den Nobelpreis für Physik.	
i)	Die Hauptbestandteile eines analogen Fotoapparats sind ein lichtdichtes Gehäuse, ein Objektiv und der Film, auf dem die Bilder gespeichert werden. Das Objektiv ist ein Linsensystem, das insgesamt wie eine Sammellinse wirkt. Bei normalen Kleinbildkameras hat das Objektiv eine Brennweite von 45 mm bis 50 mm. Gegenstände, die abgebildet werden sollen, befinden sich in der Regel weit ausserhalb der doppelten Brennweite des Objektivs, also weiter als 10 cm vom Objektiv entfernt. Demzufolge entsteht durch das Objektiv ein verkleinertes, umgekehrtes, seitenvertauschtes und reelles (wirkliches) Bild.	
j)	Zum Tode Ihres lieben Vaters sprechen wir Ihnen unser herzlichstes Beileid aus.	
k)	Die Liberalen wollen für alle Menschen in der Schweiz eine Perspektive. Das heisst vor allem: Arbeit. Arbeitsplätze schafft nicht die Politik, sondern die Vielzahl kleiner, mittlerer und grosser Unternehmen. Ihnen müssen wir mit optimalen Rahmenbedingungen Sorge tragen. Das ist die Kernaufgabe der Politik. Dafür übernehmen wir Verantwortung.	
l)	Hiermit kündige ich unseren Arbeitsvertrag rechtmässig auf den 31. August, und zwar aus folgenden Gründen.	

2. Lesen Sie den folgenden Text und beantworten Sie die Fragen.

Exzessiv leben bis zum Umfallen
von Paula Lanfronconi

Sie sind Europameister im Kiffen. Sie saufen und rauchen. Was ist los mit unserer Jugend?

1 Eigentlich paradox: Da haben wir das zweitteuerste Gesundheitssystem der Welt, nie war die medizinische Versorgung besser. Und trotzdem überschlugen sich in den letzten Monaten Meldungen, wonach die Schweizer Jugend Europameister im Kiffen sei. Auch wurde ihr prognostiziert, schon in jungen Jahren einem Herzinfarkt zu erliegen.

5 Sorgen macht den Fachleuten, dass sich bereits junge Leute immer häufiger einen Rausch antrinken. Jeder fünfte Jugendliche hatte schon mindestens einen alkoholbedingten Streit. Fast jeder Zwölfte baute einen Unfall, weil er zu tief ins Glas geschaut hatte. Wer in den Rausch flüchtet, hat sich nicht im Griff, kann schlechter Nein sagen, hat eher ungeschützten Geschlechtsverkehr, schlägt rascher zu.

10 **Wunsch nach Perfektionismus**
Doch war es früher besser? Schlugen Jugendliche nicht immer schon gerne über die Stränge? «Die Erwartungen an die Jugend», sagt Helmut Fend, Professor für pädagogische Psychologie an der Uni Zürich, «sind seit dem Zweiten Weltkrieg immer perfektionistischer geworden.» Eigenschaften wie Ordentlichkeit, Zuverlässigkeit oder Nettigkeit träten in den Hintergrund: «Heute
15 muss jeder eine interessante Persönlichkeit sein. Besonders für Mädchen war das Vollkommenheitsideal noch nie so schwer zu erreichen wie heute.»
In der Tat leben Jugendliche wohl noch ungesünder, als Befragungen zeigen. Denn die grossen Gesundheitsstudien erfassen gerade jene nicht, die am meisten gefährdet sind: jene 20 Prozent in der Schweiz geborene Secondos und jene 8 Prozent der 15-jährigen Schweizerinnen und
20 Schweizer, die keine Berufsausbildung machen. Viele von ihnen fühlen sich wegen ihres verpassten Berufseinstiegs überflüssig und flüchten in Alkohol und andere Drogen.

Elternbildung wird immer wichtiger
Was ist zu tun? «Die Schutzfaktoren sind klar», sagt ein Präventionsexperte: Selbstvertrauen fördern, Zukunftsperspektiven vermitteln sowie das Gefühl, das Leben selber bestimmen zu
25 können. Beginnen sollte das bereits im Säuglingsalter, Elternbildung wird also immer wichtiger. Die Stärkung des Selbstwertgefühls und die Gesundheitserziehung müssen in Schulen und Lehrbetrieben weitergehen.
Gefordert ist aber auch die Politik: Solange kurzfristige wirtschaftliche Überlegungen wichtiger sind als die Gesundheit der Jugendlichen, drohen Präventivbemühungen zum Kampf gegen
30 Windmühlen zu verkommen. Ohne Werbebeschränkungen und Preiserhöhungen, das zeigt sich im Ausland, läuft nichts. Denn das Suchtverhalten der Jugend, sagt Suchtforscher Ambros Uchtenhagen, sei «Spiegel der Gesellschaft und kein Naturereignis».

Nach: Paula Lanfronconi: «Exzessiv leben bis zum Umfallen», in: Tages-Anzeiger, 6. Januar 2005

a) Um welche Textsorte handelt es sich? Begründen Sie Ihre Antwort.

b) Worum geht es im Text?

c) Wie sind der Titel und der letzte Satz zu verstehen?

d) Welche formalen Merkmale der Textsorte erkennen Sie?

e) Welche sprachlichen Bilder und ↗ **Redewendungen** verwendet die Autorin?

3. **Welche W-Fragen werden in den folgenden Titeln beantwortet?**

a) Kühler Empfang für den Präsidenten

b) Anschlag auf ausländische Touristen in Amman

c) Deutschland erhält noch in diesem Jahr eine Anti-Terror-Datei

d) Dank legalem Sprayen Kosten einsparen

e) Hacker im Computer von Schwedens Sozialdemokraten

4. Kreuzen Sie an, ob die Aussage richtig oder falsch ist. Korrigieren Sie direkt im Text, wenn Sie «Falsch» angekreuzt haben.

	Richtig	Falsch
a) Textsorten stellen bestimmte Muster dar, an denen sich die Verfasserin, nicht aber der Leser orientieren kann.	☐	☐
b) Berichte kommen auch in der Zeitung vor und enthalten eine persönliche Einschätzung im Schlussteil.	☐	☐
c) Die Erwartung des Adressaten hängt von der kommunikativen Situation ab.	☐	☐
d) Interviews sind argumentative Texte, weil sich der Leser eine eigene Meinung bilden kann.	☐	☐
e) Fiktionale Texte lassen sich mit Dokumentarfilmen vergleichen, weil sowohl der Autor von fiktionalen Texten als auch die Regisseurin eines Dokumentarfilms zur realen Welt gehören.	☐	☐
f) In vielen Sachtexten werden Klarheit und inhaltliche Eindeutigkeit angestrebt.	☐	☐
g) Biografien sind Kunstwerke und gelten deshalb als fiktionale Texte.	☐	☐
h) Informationen über aktuelle Ereignisse und persönliche Einschätzungen gehören zu einem Kommentar, nicht aber in eine Analyse.	☐	☐
i) Die vorrangige Funktion von Zwischentiteln ist das Einführen in ein neues Thema.	☐	☐
j) Kunstkritiken befassen sich mit realen Ereignissen wie Theatervorstellungen und Konzerten. Sie gehören zu den tatsachenorientierten Textsorten.	☐	☐
k) Werbetexte erzielen die beste Wirkung, wenn sie Emotionen ansprechen. Sie gelten als appellative Textsorten.	☐	☐
l) Texte lassen sich einer bestimmten Textsorte zuordnen, wenn die Absicht der Verfasserin eindeutig zu erkennen ist.	☐	☐

416 Posts

Beitrag von **Muffin** | 27.04.2012, 21:25 Uhr

Hi Leute,
ich schreibe morgen einen Deutschtest und es wird nur eine Aufgabe geben, und zwar ein Diagramm analysieren.
Bitte gebt mir so viele Tipps wie möglich, die brauchbar sind, um eine Analyse gut zu absolvieren.
☺ Vielleicht hat ja auch jemand einen Musteraufbau? (Klar ist der Aufbau jeder Analyse anders, trotzdem kann man sich ja an anderen ein wenig orientieren.)
Bitte schnell, denn morgen ist zu spät :P

1451 Posts
Ranking 3

Antwort von **Carola** | 27.04.2012, 21:37 Uhr

Diagramme analysieren im Deutschunterricht? was is denn bei euch los? :)

1325 Posts
Ranking 2

Antwort von **Luis** | 27.04.2012, 21:37 Uhr

Superlustige Diagramme auf www.graphjam.com schon gesehen?

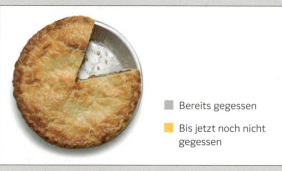

iStockphoto / DNY59

987 Posts
Ranking 1

✓ Akzeptierte Antwort von **heartbeat96** | 27.04.2012, 21:42 Uhr

Ihr seid Witzbolde! Am Anfang musst du das Thema nennen, also was dir das Diagramm zeigt. Dann beschreibst du den Inhalt (Verlauf des Diagramms, Zahlen, Fakten).
Zur Form kannst du nennen, welches Diagramm vorliegt. Wenn Zahlen in Prozent genannt werden oder absolute Zahlen, erwähne dieses. Vielleicht bezieht es sich auch auf einen Indexwert, dies macht einen grossen Unterschied (ist aber eher selten).
Und dann interpretierst du das ganze Diagramm: Aussagen ergründen, Bedeutung erklären ...
Also: erst Thema und Inhalt (was zu sehen ist), dann Form und dann Interpretation.
Schaffst du schon, ist nicht so schwer. Viel Glück!

1 | Was heisst analysieren?

Eine Analyse ist eine gründliche Untersuchung eines Sachverhalts oder eines Gegenstands. Sie muss systematisch sein und auf unterschiedliche Aspekte eingehen. Im Berufsleben sind Analysen ein wichtiges Arbeitsinstrument.

Auch im Alltag analysieren wir, allerdings meist ohne den Begriff «Analyse» zu verwenden. Folgendes Gesprächsbeispiel zeigt, wie zwei Jugendliche auf eine Frage antworten. Bei der einen Antwort kann man von einer Analyse sprechen, bei der anderen nicht.

«Ich habe gehört, dass Tom und Jana nicht mehr zusammen sind – habt ihr eine Ahnung, weshalb?»

«Na, ist doch normal, so was passiert halt einfach. Ich glaube, sie sind beide gar nicht unglücklich über die Trennung – ich jedenfalls fühle mich ganz wohl ohne Freundin.»

«Es hatte mehrere Gründe. Die zwei waren seit sechs Jahren zusammen. Da kann eine Beziehung schon mal einfach einschlafen. Zudem haben sich die beiden halt ganz unterschiedlich entwickelt: Tom hat in seinem Job grosse Freiheiten und ist oft unterwegs. Jana hatte in letzter Zeit viel Prüfungsstress und ist auf dem Sprung für eine Karriere.»

Meist werden Analysen aber in Ausbildung und Beruf angewendet, wie zwei Beispiele aus dem strategischen Management und dem Marketing zeigen:

· Die SWOT-Analyse

Strengths Interne Stärken	**W**eaknesses Interne Schwächen
Opportunities Externe Chancen	**T**hreats Externe Risiken

Mit Hilfe der SWOT-Analyse versuchen Unternehmen, interne Stärken mit externen Chancen zu kombinieren, um erfolgreich zu sein. Die SWOT-Analyse lässt sich auch auf Personen anwenden.

· Die ABC-Analyse

Kunden oder Produkte werden nach Ertrag und Wichtigkeit in drei Kategorien eingeteilt:
Gruppe A: grosse Bedeutung, hoher Anteil am Umsatz
Gruppe B: mittlere Bedeutung, mittlerer Anteil am Umsatz
Gruppe C: kleine Bedeutung, kleiner Anteil am Umsatz

Die ABC-Analyse hilft Unternehmen, ihr Sortiment kundenorientiert zu gestalten und wichtige Kunden gezielt zu binden.

2 | Die Analyse von Sachtexten

Eine systematische Untersuchung von Sachtexten geht weit über das Lesen und Zusammenfassen hinaus. Die Auseinandersetzung mit dem Text richtet den Blick auf Gliederung, Aufbau und sprachliche Gestaltung.

Im vorangehenden Kapitel wurde die Analyse als systematische Untersuchung definiert, die auf unterschiedliche Aspekte eingeht. Bei Sachtexten kann man diese Systematik mit dem Zoom-Prinzip veranschaulichen. Wie bei Aufnahmen mit der Kamera erfolgt die Sachtextanalyse mit drei verschiedenen Einstellungen: der Totale, der Halbtotale und der Nahaufnahme.

Totale

① **Einordnung des Texts**
Autor, Entstehungsort und -zeit | Textsorte | Schreibanlass, Thema und Schreibabsicht

Halbtotale

② **Gliederung, äusserlich sichtbarer Aufbau**
Äussere Gliederung, Abschnitte, Überschriften, Abbildungen

Nahaufnahme

③ **Inhalt ...**
Gegliederte Zusammenfassung, innerer Aufbau (Abfolge der Gedanken), Funktion der Abschnitte, Kerngedanken, ↗ **Thesen**, ↗ **Argumente**, Beispiele

und sprachliche Gestaltung
- Wortwahl: z. B. Wortbedeutung, bildhafte Wendungen, Stilschichten
- Grammatische Merkmale: z. B. Verwendung der Verben (aktive/passive Handlungsart) oder der Nomen (Nominalstil)
- Satzbau: z. B. Satzarten, Satzfragmente

Das folgende Beispiel zeigt in Form von Textauszügen eine Sachtextanalyse auf.

Fleisch ist eine Sünde – oder doch nicht?

Über die Umweltrelevanz des Fleischkonsums

Der wachsende Konsum von Fleisch und anderen tierischen Produkten macht Nutztiere zu Nahrungskonkurrenten der Menschen und verursacht Treibhausgasemissionen. Kompletter Verzicht auf Fleisch ist aber keine Lösung; sinnvoll ist Masshalten.

Die Zahlen sind beeindruckend: 15 000 Liter Wasser braucht es, um ein einziges Kilogramm Rindfleisch herzustellen. So hat es die Landwirtschafts- und Ernährungsorganisation der UNO, die FAO, für den weltweiten Durchschnitt ausgerechnet. Mit knapp 5000 Litern pro Kilogramm schneidet das Schweinefleisch klar besser ab. Das ändert aber nichts an der Tatsache, dass auch und sogar ganz besonders im Schweinetrog Produkte landen, die eigentlich bestens für den menschlichen Verzehr geeignet wären. Zum Beispiel Getreide und Soja. Heute wird bereits über ein Drittel (36 Prozent) der weltweiten Getreideernte als Tierfutter verwendet.

Die Konkurrenz im Stall

Je nach Produkt braucht es zwischen zwei und acht pflanzliche Kalorien, um eine tierische Kalorie herzustellen, wie Manfred Bötsch, Direktor des Bundesamts für Landwirtschaft, vor Kurzem der Schweizer Fleischbranche vorrechnete. Das macht Nutztiere zu Nahrungskonkurrenten des Menschen und die Nutztierhaltung zu einem Problemfeld. Die Situation verschärft sich dadurch, dass die Futtermittelmärkte globalisiert sind. Futtermittel werden oft von weit her importiert, was die natürlichen Kreisläufe der Nahrungsmittelproduktion aus dem Gleichgewicht bringt. Vor diesem Hintergrund verwundert es nicht, dass die landwirtschaftliche Tierhaltung einen beträchtlichen Anteil an den klimaschädigenden Emissionen ausweist. Laut Bötsch gehen im Durchschnitt 18 Prozent aller durch die menschliche Zivilisation verursachten Treibhausgase auf das Konto der Tierhaltung.

Fleischkonsum in Europa nach Ländern, 2008
in kg pro Kopf

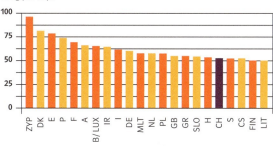

Analyse

① Einordnung des Texts

Der Artikel «Fleisch ist eine Sünde – oder doch nicht?» erschien am 27. Dezember 2010 in der Neuen Zürcher Zeitung. Verfasserin ist Claudia Wirz. Es handelt sich um einen journalistischen Sachtext mit subjektiven Elementen. Der Text ist also teils nachrichten-, teils meinungsorientiert. Er weist einerseits Elemente eines Berichts auf: So werden zum Beispiel viele Fakten zum Thema Fleischproduktion und Fleischkonsum präsentiert. Andererseits haben einige Textstellen kommentierenden Charakter, zum Beispiel die Aussage «Kompletter Verzicht auf Fleisch ist aber keine Lösung» oder «Die Zahlen sind beeindruckend». Insgesamt handelt es sich um eine Analyse, die untersucht, wie sich der Fleischkonsum in den Industrieländern auf die Umwelt auswirkt. Anlass für das Schreiben des Artikels waren wahrscheinlich im Text erwähnte Zahlen, welche die Landwirtschafts- und Ernährungsorganisation (FAO) der UNO herausgegeben hat. Die Autorin will mit dem Artikel auf das Thema aufmerksam machen und fordert die Leserschaft zum Masshalten beim Fleischkonsum auf.

② Gliederung, äusserlich sichtbarer Aufbau

Der Text weist eine für einen Zeitungsartikel typische Gliederung auf: Der attraktive Haupttitel «Fleisch ist eine Sünde – oder doch nicht?» soll dazu animieren, sich in den Text zu vertiefen. Der Untertitel «Über die Umweltrelevanz des Fleischkonsums» gibt sehr sachlich und genau das Thema des Artikels an. Das Lead ermöglicht eine Vorschau auf die wichtigsten Fakten und auf das Resultat der Analyse. Zwischentitel verhelfen zu einer besseren Orientierung im Text. Der Text enthält zur Veranschaulichung auch ein Diagramm, welches den Pro-Kopf-Konsum von Fleisch in den europäischen Ländern im Jahr 2008 zeigt.

Ein Teil der Welt

Die Schweiz als Hort des Wohlstands ist natürlich Teil der globalen Problemstellung. Sie hat nicht nur kaufkräftige Konsumenten, sie ist auch nicht in der Lage, ihre Bevölkerung aus eigenen Ressourcen zu ernähren. Auch wenn Schweizer Bauernpolitiker gerne die «Ernährungssouveränität» beschwören (und damit eigentlich Protektionismus meinen), ist und bleibt die Schweizer Nahrungsmittelproduktion im grossen Stil auf Importe angewiesen. Das betrifft auch die Fleischproduktion, obwohl die Schweizerinnen und Schweizer im europäischen Vergleich keine grossen Fleischesser sind (siehe Grafik). Gleichwohl beherbergt die Schweiz mehr Nutztiere, als sie selber ernähren könnte. Ohne Futtermittelimporte wäre in der Schweiz die Herstellung tierischer Produkte im heutigen Masse nicht möglich. Der Selbstversorgungsgrad von 93 Prozent in diesem Bereich ist daher zu relativieren. [...] Seit im Jahr 2001 aufgrund der Bekämpfung des Rinderwahnsinns das Verfüttern von Tiermehl an sämtliche Nutztiere verboten worden ist, hat die Schweizer Abhängigkeit vom Futtermittelimport markant zugenommen. Jedes Jahr importiert die Schweiz allein vom pflanzlichen Eiweissträger Soja rund 250 000 Tonnen. Der Grossteil davon, 200 000 Tonnen, stammt aus Brasilien und wird mitunter auf ehemaligem Regenwaldboden angebaut. [...]

Claudia Wirz

Aus: Claudia Wirz: «Fleisch ist eine Sünde – oder doch nicht?», in: NZZ online, 27. Dezember 2010

③ **Inhalt und sprachliche Aspekte**

Wie der Zwischentitel «Ein Teil der Welt» aussagt, geht es in diesem Abschnitt darum, dass die schweizerische Fleischproduktion stark vom Ausland abhängig ist. Zwar decken wir unseren – im Verhältnis zu anderen Industrieländern mässigen – Fleischbedarf zu 93 Prozent selber, wir sind aber stark von der Einfuhr von Futtermitteln abhängig. Deren Anbau geht zum Beispiel zu Lasten des Regenwalds, womit auch der Genuss von Schweizer Fleisch ökologisch bedenklich ist.

Der Abschnitt beginnt mit einer Metapher: «die Schweiz als Hort des Wohlstands». Damit wird wohl auf die häufiger verwendete Formulierung «Hort der Freiheit» angespielt. Daneben enthält der Text auffällig viele Fachbegriffe, vor allem aus dem Bereich der Wirtschaft: kaufkräftige Konsumenten, Ressourcen, Ernährungssouveränität, Protektionismus sind Beispiele dafür. Diese Begriffe betonen das Bemühen der Autorin um eine nüchterne, faktenorientierte Darstellung des Themas. Auch die Zahlenangaben erzielen diese Wirkung. Das Bemühen um Sachlichkeit spiegelt sich zudem im Satzbau: Es herrschen einfache sowie übersichtlich konstruierte zusammengesetzte Sätze vor.

Beispiele für Markierungen

▬ Metapher
▬ Fachwörter
▬ Zahlenangaben
▬ einfache Sätze
▬ zusammengesetzter Satz

Aufgabe 1

Erläutern Sie die Gedankenabfolge im folgenden Textauszug, wie sie mit unterschiedlichen Markierungen gekennzeichnet ist.

Die <u>Belastung des Klimas durch die Fleischproduktion</u> wird sich in den kommenden Jahrzehnten eher verstärken. Dies hat <u>drei wesentliche Gründe</u>. _{Zum Ersten} steigt in den Schwellenländern mit dem Wohlstand auch der Fleischkonsum. <u>Allerdings</u> liegen Industrieländer beim Pro-Kopf-Konsum von Fleisch nach wie vor deutlich vorn. _{Zum Zweiten} wächst die Weltbevölkerung jedes Jahr um 75 Millionen Menschen, und _{drittens} nimmt die weltweite landwirtschaftliche Nutzfläche nicht zu, sondern ab – wegen des _{Bevölkerungsdrucks}, wegen der _{Verstädterung} und wegen der _{Versteppung}. Die beiden erstgenannten Phänomene sind auch in der Schweiz für den Kulturlandverlust hauptverantwortlich. In der Schweiz verschwinden pro Sekunde 1,3 Quadratmeter Agrarland.

Aufgabe 2

Kennzeichnen Sie in den folgenden Stellungnahmen These, Argument und Beispiele mit unterschiedlichen Markierungen.

Text 1: «Fleisch ist eine Sünde – oder doch nicht?» lautet der Titel des Artikels von Claudia Wirz. Warum legt sich die Autorin in ihrer Haltung nicht klar fest? Natürlich ist es eine Sünde, Fleisch zu essen! Denn Fleischverzehr ist ethisch bedenklich, rücksichtslos gegenüber Tier und Mitmensch. Wen die im Text aufgeführten Beispiele wie Klimaerwärmung und Abholzung des Regenwalds noch nicht überzeugen, der kann sich gerne im Schlachthof davon überzeugen, was die Tiere alles durchmachen, bis sie als «Filet» oder als «Plätzli» auf unserem Teller landen.

Text 2: Fleisch ist ein unverzichtbares Nahrungsmittel, weil es einfach zu einer ausgewogenen Ernährung gehört. Es ist wissenschaftlich erwiesen, dass Personen, die auf Fleischprodukte verzichten, häufiger unter Mangelerscheinungen leiden als Fleischesser. Natürlich muss der Umgang mit Fleisch verantwortungsbewusst sein, denn die Konsumenten tragen die Verantwortung dafür, wie das Fleisch produziert wird. Das heisst zum Beispiel, dass wir nicht nur die besten Stücke essen sollten und dass es nicht jeden Tag Fleisch braucht. Warum nicht einmal ein Stück Suppenfleisch kochen und dafür am nächsten Tag eine vegetarische Lasagne zubereiten? Das – und nicht der strenge Verzicht – wäre ein verantwortungsbewusster Umgang mit der Problematik.

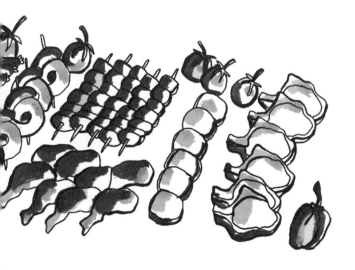

Aufgabe 3

Analysieren Sie den folgenden Text. Gehen Sie nach dem Zoom-Prinzip vor.

MARTENSTEIN

Die Kinder hören einen Satz und schreiben: «Die Schulä fenkt an.»

Über das Erlernen der Rechtschreibung nach Gehör

Manchmal sagen Leute: Ach, wissen Sie, ich würde auch gerne schreiben – kann man das lernen? Natürlich. Ich habe auf die folgende Weise schreiben gelernt. Eine bezaubernde junge Frau, die mir riesengross vorkam, betrat das Zimmer, in dem ich sass. Sie lächelte mich an, ging zu einer Tafel, sie schrieb das Wort «Hans» und das Wort «Lotte» an die Wand. Dann erklärte sie mir, welcher Buchstabe welchem Laut entspricht. So habe ich schreiben gelernt. Buchstabe für Buchstabe. Ich war überrascht, als ich in der Zeitung las, wie Kinder heutzutage das Schreiben lernen.

Die Kinder kriegen eine «Anlauttabelle». Man erklärt ihnen, welcher Laut welchem Buchstaben entspricht. Dann sollen sie loslegen. Sie hören einen Satz, gucken in ihrer Tabelle nach und schreiben: «Die Schulä fenkt an.» Schon nach ein paar Wochen können sie halbe Romane schreiben, besser gesagt, halbä Roh Manne. Der Lehrer darf sie nicht korrigieren. Das würde den Kindern, heisst es, seelischen Schaden zufügen und sie demotivieren. Die Methode «Lesen durch Schreiben» ist eine Erfindung von Bildungsreformern, sie setzt sich immer mehr durch. In der Zeitung stand auch, dass Eltern verwirrt sind. Ihr Kind schreibt «Di Bollitzei isst da» und fragt, ob das richtig geschrieben sei. Was sollen die Eltern dem Kind antworten? Beim Elternabend wird ihnen gesagt, dass sie so tun sollen, als sei alles richtig. Falls sie damit ein Problem haben, sollen sie «ausweichend antworten». Die Eltern können sagen: «Richtig, falsch, das sind relative Begriffe. Alles nur gesellschaftliche Konvention.»

[...] In der Zeitung wurde dazu die Rektorin einer Grundschule interviewt. Sie ist, trotz aller Probleme, von der neuen Methode begeistert. Die Kinder lernten zwar nicht unbedingt Schreiben. Aber sie seien mit so viel Freude bei der Sache. «Der Erfolgsdruck ist weg», sagt die Rektorin. Bei ihr selber ist der Erfolgsdruck ja auch weg. Offenbar steuern wir auf eine Gesellschaft ohne Erfolgsdruck, ohne ehrliche Antworten und ohne Rechtschreibung zu. Damit komme ich klar, sofern man wenigstens ein paar Sonderschulen einrichtet, für Leute, die später mal Pilot, Lokführer oder Arzt werden. Da hätte ich es gerne, wenn die sich früh daran gewöhnt haben, unter Erfolgsdruck zu arbeiten.

Man soll aber auch ein paar Piloten, Lokführer und Ärzte zulassen, die ohne Erfolgsdruck und mit viel Freude die Rächtschraibung erlernt haben, in diesen Flugzeugen und Zügen müssen dann die Bildungsreformer reisen. Wenn aber das Flugzeug in Turbulenzen gerät und die Bildungsreformer Angst kriegen, dann dürfen ihnen die Stewardessen auf ihre Fragen immer nur ausweichend antworten. Stürzt das Flugzeug ab, dann soll der Pilot sich kurz in der Tür zeigen und sagen: «Der Flug ist nicht perfekt verlaufen. Aber ich war mit viel Freude bei der Sache.»

Aus: Harald Martenstein: «Die Kinder hören einen Satz und schreiben: ‹Die Schulä fenkt an.›», in: DIE ZEIT online, 24. November 2011

3 | Bilder beschreiben und analysieren

Sachtexte werden oft mit Fotografien oder Illustrationen bebildert und ergänzt. In der Regel sind diese von Bedeutung, da sie den Textinhalt veranschaulichen.

Eine Bildanalyse untersucht Inhalt, Aufbau und Wirkung eines Bilds. Damit ist sie mehr als nur die Beschreibung eines Bilds. Hilfreich sind die Fragen: Was wird dargestellt? Wie wird es dargestellt? Welche Wirkung wird damit erzielt?

Was wird dargestellt?	Bildinhalt
Wie wird es dargestellt?	Bildformat, Bildausschnitt, Bildaufbau, Farben
Welche Wirkung wird erzielt?	Bedeutung für Betrachterin, Aussage

Auch für die Beschreibung und die Analyse von Bildinhalten gilt das Zoom-Prinzip (siehe Kapitel 2 in diesem Modul): Zuerst erfolgt eine Einordnung der Abbildung, dann werden die wichtigsten Elemente im Überblick vorgestellt, anschliessend erfolgt die detaillierte Beschreibung und Analyse des Bildinhalts.

Einordnung	Art der Abbildung (z.B. Fotografie), Erscheinungsort und -zeit, Titel, Thema
Gliederung	Bildformat, Bildausschnitt, Bildaufbau und -inhalt im Überblick
Inhalt	Bildinhalt im Detail, Wirkung der einzelnen Elemente

Im Folgenden eine Bildanalyse in Stichworten:

Peter Thulke / toonpool.com

Einordnung
Cartoon; Zeichner: Peter Thulke; Erscheinungsort und -zeit: unbekannt. Thema: Schulbildung, Verhältnis Lehrer – Schüler, Rechtschreibung.

Gliederung
Hochformat, zwei Personen (Mutter und Tochter) sowie Lehnsessel in der unteren Bildhälfte; Text in der oberen Bildhälfte. Bildaufbau: Mutter – Tochter – Sessellehne bilden Diagonale von oben links nach unten rechts.

Bildinhalt im Detail und zur Wirkung
Mutter am linken Bildrand, raumfüllend, bieder gekleidet mit grünem Kleid und weissem Kragen, graues Haar mit Pagenschnitt.
Am rechten Bildrand Lehnsessel mit weiss getupftem blauen Kissen, altmodisch und bieder wie die Kleidung der Mutter.
Im Gegensatz dazu rebellisch wirkende Tochter in Blue Jeans und rotem Pullover: auch farblich Mittelpunkt des Bilds, rote Haarfarbe, zorniger Gesichtsausdruck.

Sprachliche Merkmale einer Beschreibung

· Eine Beschreibung wird im Präsens verfasst.

· Die Wortwahl ist besonders wichtig und muss genau sein, vor allem bei den Adjektiven.

· Dynamische Formulierungen sind besser als statische:
Ein Lehnsessel schliesst das Bild am rechten Bildrand ab. (Statt: Am rechten Bildrand hat es einen Lehnsessel.)
Die Mutter füllt die linke untere Bildhälfte aus und beugt sich besorgt über die Tochter. (Statt: Die Mutter ist gross, schwer und steht links leicht über die Tochter gebeugt.)
Aus dem Gesichtsausdruck der Tochter sprechen Wut und Abscheu. (Statt: Die Tochter hat einen wütenden Gesichtsausdruck.)
Das Rot des Pullovers sticht ins Auge. (Statt: Die Tochter trägt einen roten Pullover.)

· Aussagekräftige Bezeichnungen sorgen für eine systematische Bildbeschreibung:
 – oberer, unterer, linker, rechter Bildrand
 – obere, untere, linke, rechte Bildhälfte
 – Vordergrund, Mittelgrund, Hintergrund
 – horizontal/waagrecht, vertikal/senkrecht, diagonal

Aufgabe 4

Verfassen Sie eine ausführliche Bildbeschreibung und -analyse. Diese soll nach dem Zoom-Prinzip aufgebaut sein und die folgenden Fragen beantworten:
· Was wird dargestellt?
· Wie wird es dargestellt?
· Welche Wirkung wird erzielt? / Was bedeutet das Dargestellte?

Keystone / Martin Ruetschi

4 | Diagramme beschreiben und analysieren

Informationen werden oft nicht in Form von Fotos oder Illustrationen visualisiert, sondern als grafische Darstellungen, zum Beispiel als Diagramme. Deshalb ist die Diagrammanalyse eine wichtige Ergänzung der Sachtextanalyse.

Grafik	Schaubild, Illustration; in vielen Sachtexten werden für grafische Darstellungen die Begriffe «Abbildung», «Figur» oder nur «Bild» verwendet.
Diagramm	Ein Diagramm visualisiert die Grössenverhältnisse einer Reihe von Daten. Es ist meist die grafische Umsetzung einer Zahlentabelle.
Datenreihen	Man unterscheidet zwischen Darstellungen, bei denen eine Datenreihe verarbeitet worden ist, und Darstellungen, bei denen zwei oder mehrere Datenreihen verarbeitet worden sind. · Beispiel für eine Datenreihe: Zusammensetzung des Nationalrats nach Parteizugehörigkeit. Welche Partei hat wie viele Sitze im Nationalrat? · Beispiel für mehrere Datenreihen: Zusammensetzung des Nationalrats nach Parteizugehörigkeit und nach Geschlecht. Welche Partei hat wie viele Sitze im Nationalrat? Wie viele Sitze pro Partei werden von Frauen besetzt? Beispiel Nationalitäten in einer Klasse |	Schweiz	Deutsch	Albanien	Rumänien	Italien	**Insg.**	
---	---	---	---	---	---	---	---
Nationalität	13	3	3	2	2	23	→ **1 Datenreihe**	
Achsen eines Diagramms	Ein Diagramm weist in der Regel zwei Achsen auf: die senkrechte y-Achse und die waagrechte x-Achse. Auf diese Achsen werden die Werte einer Zahlentabelle eingetragen; die Achsen bilden ein Koordinatensystem. Einige Diagrammtypen kommen ohne Achsen aus: zum Beispiel das Kreisdiagramm oder das Baumdiagramm.

Diagrammtypen

Die Diagrammtypen Balken-, Linien- und Kreisdiagramm kommen am häufigsten vor. Sie können oft alternativ verwendet werden: Grundsätzlich kann jeder Inhalt durch jeden Diagrammtyp dargestellt werden. Nicht alle Diagrammtypen eignen sich jedoch für alle Inhalte gleich gut.

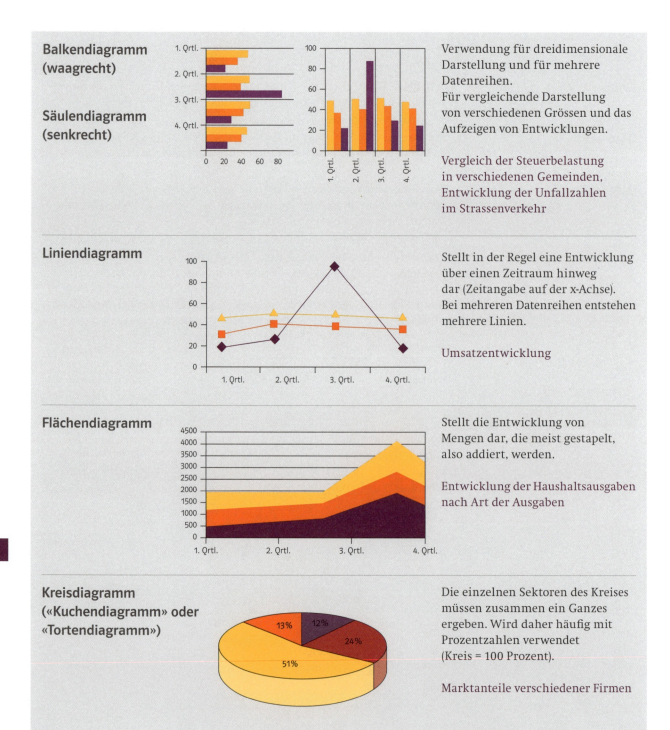

Balkendiagramm (waagrecht)

Säulendiagramm (senkrecht)

Verwendung für dreidimensionale Darstellung und für mehrere Datenreihen.
Für vergleichende Darstellung von verschiedenen Grössen und das Aufzeigen von Entwicklungen.

Vergleich der Steuerbelastung in verschiedenen Gemeinden, Entwicklung der Unfallzahlen im Strassenverkehr

Liniendiagramm

Stellt in der Regel eine Entwicklung über einen Zeitraum hinweg dar (Zeitangabe auf der x-Achse). Bei mehreren Datenreihen entstehen mehrere Linien.

Umsatzentwicklung

Flächendiagramm

Stellt die Entwicklung von Mengen dar, die meist gestapelt, also addiert, werden.

Entwicklung der Haushaltsausgaben nach Art der Ausgaben

Kreisdiagramm («Kuchendiagramm» oder «Tortendiagramm»)

Die einzelnen Sektoren des Kreises müssen zusammen ein Ganzes ergeben. Wird daher häufig mit Prozentzahlen verwendet (Kreis = 100 Prozent).

Marktanteile verschiedener Firmen

Netzdiagramm (spider chart)	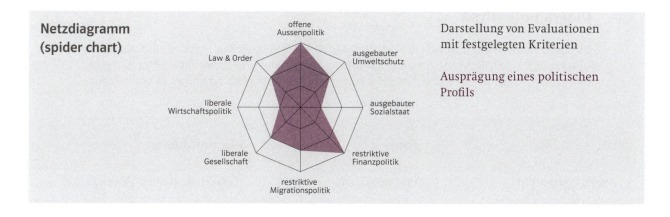	Darstellung von Evaluationen mit festgelegten Kriterien

Ausprägung eines politischen Profils |

Die folgenden Diagrammtypen stellen nicht Datenreihen dar, sondern veranschaulichen Strukturen, Abläufe und Prozesse.

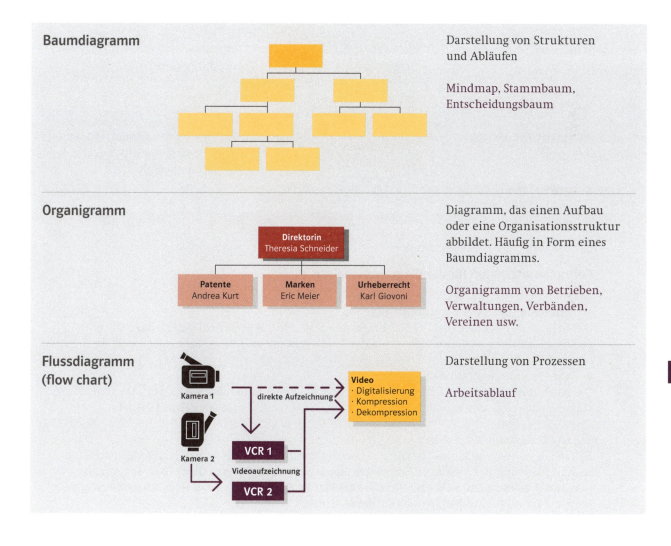

Diagrammanalyse

Die Diagrammanalyse lässt sich mit der Bildbeschreibung vergleichen: von der Einordnung des Diagramms über Gliederung und Aufbau hin zu den Inhalten im Detail. Es sind in Bezug auf Inhalt, Form und Interpretation dieselben Fragen wie bei der Bildbeschreibung zu beantworten.

Inhalt	Form	Interpretation
Was wird dargestellt?	**Wie wird es dargestellt?**	**Was bedeutet das Dargestellte?**
Wie ist das Diagramm betitelt? Wie lautet die Bildlegende?	Wie ist das Schaubild grafisch gestaltet?	Welche Aussage wird hier veranschaulicht?
Wie viele und welche Zahlenreihen wurden verarbeitet?	Um welche Art von Diagramm handelt es sich?	Welche Schlussfolgerungen lassen sich ziehen?
Was stellt die x-Achse, was stellt die y-Achse dar?	Wie sind die Zahlenwerte angegeben? · absolute Zahlen (Mengenangaben) · relative Zahlen (Prozentzahlen) · Indexzahlen (ausgehend von einem Basiswert)	Warum wurde dieser Diagrammtyp ausgewählt?
Was wird miteinander verglichen?		
Was verändert sich? Was bleibt gleich?		Was fehlt im Schaubild? Was ist verzerrt dargestellt? Was kann den Betrachter beeinflussen?
Wo liegen Anfangs- und Endpunkte? Höchst-, Tiefst- und Mittelwerte?		

Formulierungshilfen für die Diagrammanalyse

1. **Titel und Inhalt des Diagramms angeben**
Das Diagramm trägt den Titel ... | Das Diagramm zeigt ... | Das Schaubild stellt ... dar | Die vorliegende Grafik gibt Auskunft über ... | In der Grafik geht es um ... | Das Thema der Grafik ist ...

2. **Die Herkunft der Daten nennen**
Die Daten stammen von ... | Die Zahlen legte ... (z.B. das Bundesamt für Statistik) vor | Die Daten stammen aus einer Umfrage von ... | Die Angaben in der Grafik beziehen sich auf das Jahr ...

3. **Das Diagramm beschreiben**
Es handelt sich um ein Balkendiagramm (Liniendiagramm usw.) | Auf der x-Achse (y-Achse) sieht man ... | Die Angaben sind in ... (Schweizer Franken, Prozent, Tonnen usw.) | Das Diagramm basiert auf Indexzahlen, wobei der Wert für das Jahr 2000 als 100 gilt | Aus dem Schaubild geht hervor, dass ... | Der Grafik lässt sich entnehmen, dass ...

4. **Eine Entwicklung beschreiben**
Die Zahl der ... hat sich zwischen ... und ... um ... erhöht (verringert) | Die Zahl der ... ist zwischen 2000 und 2012 von ... auf ... angestiegen (angewachsen, zurückgegangen, gesunken) | Der Anteil der ... ist um fast/um mehr als ... gestiegen (gesunken) | Im Zeitraum von ... bis ... hat sich die Zahl der ... verdoppelt (verdreifacht, halbiert)

5. **Eine Reihenfolge festlegen**
An erster (zweiter, dritter, letzter) Stelle steht ... | Den ersten Platz belegt ... | Den höchsten Wert nimmt ... ein | Dann (danach) folgt ... mit ... | Etwas weniger wichtig ist ... | Im Mittelfeld findet sich ... | Letzter ist ... | Der Verlierer (das Schlusslicht) ist ...

6. **Einen Vergleich anstellen**
Der Anteil der … ist geringer (höher) als derjenige der … | Im Vergleich zu … ist die Zahl der … um … höher (niedriger) | Der Anteil der … ist um … gefallen (gestiegen) | Verglichen mit … hat sich die Zahl um … erhöht (verringert) | Gegenüber … ist … um … gestiegen (gefallen) | Während … um … stieg, ist … um … gesunken | Im Unterschied zu … liegt … deutlich höher (niedriger) als …

7. **Eine Schlussfolgerung ziehen**
Es fällt auf (Es ist überraschend / Es wird deutlich), dass … | Abschliessend lässt sich feststellen, dass … | Das Diagramm veranschaulicht den Rückgang (Anstieg) … | Im vorliegenden Zeitraum verlief die Entwicklung … | Es lässt sich die Tendenz erkennen, dass …

Aufgabe 5

Wie würden Sie folgende Datenreihen darstellen? Geben Sie den Diagrammtyp und die Anzahl der Datenreihen an. Begründen Sie Ihre Wahl.

Aussage	Diagrammtyp	Anzahl Datenreihen
1. Bevölkerungsstruktur eines Lands nach Altersgruppen		
2. Bevölkerungsstruktur eines Lands nach Altersgruppen und Geschlecht		
3. Entwicklung der Arbeitslosigkeit in einem Land in den letzten 20 Jahren		
4. Entwicklung der Arbeitslosigkeit in einem Land in den letzten 20 Jahren nach Geschlecht		
5. Anzahl eingegangener Lehrverhältnisse, aufgeteilt auf die verschiedenen Berufsgruppen		
6. Finanzierung eines Vereinsanlasses, aufgeteilt nach dem Anteil der Finanzierungsarten an den Gesamtkosten		
7. Darstellung des Behandlungsablaufs einer Beschwerde		
8. Organisationsstruktur eines Sportvereins		

Aufgabe 6

Analysieren Sie das Diagramm über die aussenwirtschaftliche Verflechtung. Verfassen Sie einen Text und beantworten Sie darin die Fragen:
· Was wird dargestellt?
· Wie wird es dargestellt?
· Was bedeutet das Dargestellte?

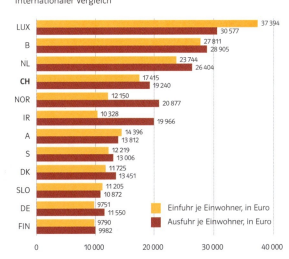

Aussenwirtschaftliche Verflechtung 2010
Internationaler Vergleich

Nach: Bundesamt für Statistik BFS

5 | Gedanken logisch verknüpfen und strukturieren

In Analysen geht es meistens um anspruchsvolle und abstrakte Inhalte. Daher ist es wichtig, dass diese Inhalte logisch nachvollziehbar und sprachlich präzise vermittelt werden.

Das Geschäft ist trotz Umbau geöffnet. – Das Geschäft ist wegen Umbau geschlossen.
Er hat sein Portemonnaie vergessen, so dass wir ihn einladen müssen. – Er hat sein Portemonnaie vergessen, damit wir ihn einladen müssen.

Diese Sätze klingen beinahe gleich, ihre Bedeutung ist aber unterschiedlich. Ob wir die Präposition «trotz» oder «wegen» einsetzen, ob die Konjunktion «so dass» oder «damit» verwendet wird, ändert die Bedeutung der Aussage grundsätzlich. Präpositionen und Konjunktionen, manchmal auch Adverbien spielen eine wichtige Rolle bei der Verknüpfung von Satzgliedern und Sätzen – sie entscheiden über die genaue Bedeutung unserer Formulierungen.

Aussagen verknüpfen

Die Übersicht zeigt gebräuchliche Verknüpfungen anhand von Beispielsätzen auf.
ES: einfacher Satz
SV: Satzverbindung (zwei Hauptsätze)
SG: Satzgefüge (Haupt- und Nebensatz)

Grund: Warum?	
ES	**Wegen** der zahlreichen Ich-Aussagen erscheint der Text sehr subjektiv.
SV	Es handelt sich um einen fiktionalen Text, **denn** er erzählt von erfundenen Personen und Ereignissen.
SG	Es handelt sich um einen Sachtext, **da/weil** er ein reales Problem beschreibt und analysiert.
Folge: Mit welcher Folge?	
ES	**Infolge** der verwendeten matten Farben entsteht der Eindruck einer Schwarz-Weiss-Fotografie.
SV	Das Bild ist naturgetreu gemalt, **deshalb** wirkt es wie eine Fotografie.
SG	Die Fotografie sieht wie ein Schnappschuss aus, **so dass** die Szene eher zufällig wirkt.
Zweck: Zu welchem Zweck?	
ES	**Zum** Einordnen des Bilds erhalten wir nur wenige Angaben.
SG	Der Autor stellt im Text Fragen, **damit** der Leser zum Nachdenken angeregt wird.
Art und Weise: Wie?	
ES	**Durch** ständiges Wiederholen des Anredepronomens «du» spricht die Verfasserin den Leser direkt an. Ihre Argumente belegt sie **mit** zahlreichen Beispielen aus dem Alltag.
SG	Sie vertritt ihre Meinung mit Nachdruck, **als ob** sie verzweifelt wäre. Die Autorin belegt ihr Argument, **indem** sie mehrere Beispiele aufzählt.

	Einschränkung: Welchem Umstand zum Trotz?
ES	**Trotz** der unterschiedlichen Argumente wird die Meinung der Autorin deutlich.
SV	Die Autorin bezieht klar Stellung, **trotzdem** ist der Text differenziert.
SG	**Obschon/Obwohl** die Autorin klar Stellung bezieht, stellt sie auch die Argumente der Gegenseite dar.

	Gegensatz: Im Gegensatz zu was?
ES	**Im Gegensatz zum** ruhigen Hintergrund wirkt der Vordergrund sehr lebendig.
SG	**Während** im Vordergrund reges Treiben herrscht, wirkt der Hintergrund leer und unbelebt.

	Bedingung: Unter welcher Bedingung?
ES	**Bei** steigendem Fleischkonsum müssen wir immer mehr ausländische Futtermittel importieren. **Ohne** Fleischkonsum ist die Ernährung nicht ausgewogen.
SG	**Wenn/Falls** der Fleischkonsum weiter ansteigt, wirkt sich dies negativ auf das Klima aus.

	Wiedergabe eines Texts / einer Rede
ES	**Laut/Gemäss/Nach** Aussagen des Autors ist das Schreibenlernen ganz einfach.
SG	**Wie** der Kolumnist schreibt, ist die Gewöhnung an Stress und Erfolgsdruck wichtig.

Aussagen strukturieren

Äusserlich kann ein Text vor allem durch Abschnitte gegliedert werden. Wer zusätzlich die innere Logik, die Gedankenführung in einem Text verdeutlichen will, ist auf Formulierungen angewiesen, die den Inhalt gliedern. Merken Sie sich einige wichtige Ausdrücke, mit denen sich Aussagen strukturieren lassen.

Elemente aufzählen
Erstens stammt der Text aus einer Zeitung, **zweitens** berichtet er über ein Ereignis, das tatsächlich stattgefunden hat, **drittens** entspricht er vom Aufbau her mit Titel und Lead einem Zeitungsartikel. **Des Weiteren** finden sich Zahlen und Fakten im Artikel, **zudem** enthält er eine Fotografie als Illustration – es handelt sich also wohl um einen nichtfiktionalen Text. **Zum einen** enthält er berichtende, **zum andern** kommentierende Textstellen.

Inhalte verbinden
Das Diagramm stellt den Fleischkonsum **und** die Klimaerwärmung in einen Zusammenhang. **Sowohl** der Fleischkonsum **wie auch** die Klimaerwärmung haben in den letzten Jahrzehnten zugenommen. Allerdings können **weder** Biologen **noch** Klimaforscher beweisen, dass die Klimaerwärmung auf die Nutztierhaltung zurückgeht.

Einen Gegensatz, eine Einschränkung ausdrücken
Die auf der x-Achse abgebildete Zahlenreihe beruht **teils** auf Fakten, **teils** auf Schätzungen. Es handelt sich nicht um exakte Zahlen, **sondern** um ungefähre Werte. Die y-Achse enthält zwei Zahlenreihen: **einerseits** absolute Zahlen, **andererseits** Prozentzahlen. Das macht das Diagramm **zwar** informativ, **aber** schwer lesbar.

Etwas ausschliessen
Der Autor ist **entweder** nicht sehr gebildet **oder** er verwendet bewusst eine einfache, ja vulgäre Sprache.

Aufgabe 7
Ergänzen Sie mit inhaltlich passenden Partikeln.

1. Der Text ist _____ sprachlich leicht verständlich, inhaltlich _____ ist sein Sinn nicht ersichtlich.   2. Dies kann _____ gewollt sein, _____ ist es wohl auch eine Folge der Themenwahl.   3. Aus meiner Sicht geht es im Text um drei Themen: _____ um die Frage, ob wir überhaupt etwas frei entscheiden können, _____ um die Folgen, die unsere Entscheidungen für andere haben, und _____ um die Frage, wie wir richtige Entscheidungen fällen können.   4. _____ die Fakten klar gegen das Rauchen sprechen, geht der Zigarettenkonsum nur sehr langsam zurück.   5. Zwar lässt sich _____ Betteln oder _____ Stehlen vielleicht der Lebensunterhalt bestreiten, aber selbst verdientes Geld macht viel zufriedener.   6. _____ der vielen Informationen ist der Text recht unterhaltend.   7. Der Text beschreibt, wie Familien ihr Erspartes aufopfern, _____ wenigstens ein Kind im Ausland eine bessere Ausbildung bekommen kann.   8. _____ der junge Mensch ausgebildet ist und Geld verdient, bleibt er häufig in der Fremde _____ schickt einen Teil seines Lohns nach Hause.

Aufgabe 8
Wandeln Sie die unterstrichenen Satzglieder in Nebensätze um. Beachten Sie die Kommasetzung.

1. <u>Laut Aussage des Pressesprechers</u> handelt es sich um Industriespionage.

   _____

2. Die Bahnstrecke ist für einzelne Züge <u>trotz der anhaltenden Regenfälle</u> wieder befahrbar.

   _____

3. <u>Wegen der zahlreichen Zugaben der rüstigen Rock-Veteranen</u> dauerte der Anlass bis Mitternacht.

   _____

4. Die Ärzte konnten <u>mit der Einleitung sofortiger Massnahmen</u> das Schlimmste verhüten.

   _____

5. <u>Nach heftigen Diskussionen</u> führten die Verhandlungen doch noch zum Erfolg.

   _____

Test 09 | Sachtexte analysieren

1. Erklären Sie, wie das Zoom-Prinzip bei der Sachtextanalyse funktioniert.

2. These – Argument – Beispiel: Markieren Sie im folgenden Textauszug die drei Elemente mit verschiedenen Farben.

Verheiratete leben länger! – Dies sagen die Statistiken tatsächlich aus. Wer nun meint, man könne sich durch die Ehe ein längeres Leben sichern, irrt sich trotzdem, denn er zieht aus der Statistik die falschen Schlüsse. Die Lebenserwartung von Verheirateten ist zwar tatsächlich höher. Dies liegt aber daran, dass Menschen mit tieferer Lebenserwartung viel seltener heiraten als Menschen mit einer durchschnittlichen oder hohen Lebenserwartung. So schliessen beispielsweise chronisch kranke, depressive oder behinderte Menschen den Bund fürs Leben oft gar nicht ab – und beeinflussen so die Statistik.

3. Formulieren Sie die folgenden statischen Aussagen so um, dass sie dynamisch wirken.

Über dem Dorf gibt es eine Felswand.

Am Boulevard stehen Bäume.

4. Verknüpfen Sie die beiden Sätze so, dass sie ...
   · eine Einschränkung ausdrücken.
   · eine Begründung ausdrücken.

Maria steckt in Schwierigkeiten. Maria will keine Hilfe annehmen.

5. Kreuzen Sie an, welche Aussagen gemäss Diagramm korrekt sind und welche falsch.

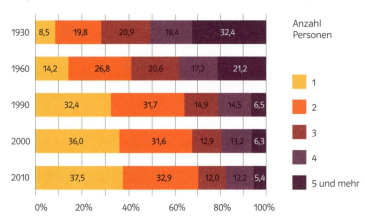

Nach: Bundesamt für Statistik BFS

	Richtig	Falsch
1) Die Erhebung der Haushaltsgrösse sagt aus, wie viel Prozent der Haushalte wie viele Bewohner aufweisen.	☐	☐
2) Die Erhebung der Haushaltsgrösse wurde alle 30 Jahre durchgeführt.	☐	☐
3) Seit über 20 Jahren ist der Ein-Personen-Haushalt am häufigsten.	☐	☐
4) Der Rückgang der Familiengrössen hat sich vor allem seit 1960 akzentuiert.	☐	☐
5) Die Gesamtzahl der Haushalte ist seit 1930 unverändert geblieben.	☐	☐
6) Über zwei Drittel aller Haushalte umfassen aktuell eine oder zwei Personen.	☐	☐

6. Das Diagramm, das die Haushaltsgrössen abbildet, beruht auf Prozentzahlen. Häufig werden in Zusammenhang mit Prozentzahlen Kreisdiagramme verwendet. Wieso hier nicht? Welcher andere Diagrammtyp würde sich eignen?

Seite 165 / Modul **10**

Erzählen

© Walden Media / Kobal Collection

Keystone / dpa / Piffl Medien

Ein Bild erzählt eine Geschichte – aber welche?

1 | Warum erzählen?

Erzählen unterhält, es vermittelt Wissen, Werte und Lebenserfahrung, es zeigt in verfahrenen Situationen Lösungswege auf, es spornt zum Nachdenken und zum Handeln an.

Wer beim Erzählen an den Erzählaufsatz in der Schule denkt, liegt falsch. In vielen Lebensbereichen und zu unterschiedlichsten Zwecken wurden und werden Geschichten erzählt. Eine der ersten schriftlich festgehaltenen Erzählungen ist gegen 3000 Jahre alt: die Geschichte der Eroberung Trojas und der Irrfahrten des Odysseus, die «Ilias» und die «Odyssee». Heute kann Erzählen sogar als Methode in der Psychologie, in der Unternehmensführung oder in anderen Bereichen verwendet werden. In diesem Fall spricht man von «Storytelling».

Erzählen in der Werbung

Ein Werbevideo erzählt die folgende Geschichte: Eine junge, elegante Frau wartet zu Hause auf ihren Mann. Es wird spät und später, er kommt nicht heim. Sie wartet, teils besorgt, teils ungeduldig. Als er endlich erscheint, entschuldigt er sich: «Es tut mir leid, aber ich hatte eine Panne!» Darauf sie: «Mit einem Mercedes?!» Sie gibt ihm eine Ohrfeige. Im Abspann heisst es: «Laut Pannenstatistik hat ein Mercedes erst nach über 1 Million Kilometer eine Panne. Lassen Sie sich was Besseres einfallen.»

Originalvideo: www.youtube.com (Stichwort «Mercedes Ohrfeige»)

Erzählen zur Vermittlung von Lebensweisheit

Glück oder Pech?
Eine chinesische Geschichte erzählt von einem alten Bauern, der ein altes Pferd für die Feldarbeit hatte. Eines Tages entfloh das Pferd in die Berge, und als alle Nachbarn des Bauern sein Pech bedauerten, antwortete der Bauer: «Pech? Glück? Wer weiss?» Eine Woche später kehrte das Pferd mit einer Herde Wildpferde aus den Bergen zurück, und diesmal gratulierten die Nachbarn dem Bauern wegen seines Glücks. Seine Antwort hiess: «Glück? Pech? Wer weiss?» Als der Sohn versuchte, eines der Wildpferde zu zähmen, fiel er vom Rücken des Pferds und brach sich ein Bein. Jeder hielt das für ein grosses Pech. Nicht jedoch der Bauer, der nur sagte: «Pech? Glück? Wer weiss?» Ein paar Wochen später marschierte die Armee ins Dorf und zog jeden tauglichen jungen Mann ein, den sie finden konnte. Als sie den Bauernsohn mit seinem gebrochenen Bein sahen, liessen sie ihn zurück. War das nun Glück? Pech? Wer weiss?

Nach: Anthony de Mello: «Das Gebet des Lobpreises», in: Meditieren mit Leib und Seele. Neue Wege der Gotteserfahrung, Kevelaer: Butzon U. Bercker GmbH, 1998 (9. Auflage)

Erzählen in der Teamführung

Ein Unternehmer erzählt seiner Belegschaft die Geschichte, genauer die Anekdote, vom Ei des Kolumbus: Christoph Kolumbus, der 1492 Amerika entdeckt hatte, war im Jahr darauf bei Kardinal Mendoza zum Essen eingeladen. Einer der Gäste hielt ihm vor, dass es ja eigentlich leicht gewesen sei, Amerika zu entdecken – das hätte doch jeder andere auch gekonnt. Darauf forderte Kolumbus die Gäste auf, ein Ei auf die Spitze zu stellen. Alle versuchten es, doch es gelang niemandem. Da nahm Kolumbus ein Ei, drückte dessen spitzes Ende leicht ein, so dass es auf der Spitze stehen konnte. Darauf sagte er zu den verblüfften Gästen: «Wenn man weiss, wie es geht, ist es immer leicht!»

«Wenn du etwas nicht erklären kannst, dann erzähle eine Geschichte.» Umberto Eco

Aufgabe 1

In allen drei Situationen wird eine Geschichte erzählt, statt etwas zu erklären. Worum geht es in diesen Geschichten? Erklären Sie. Warum werden die Geschichten erzählt?

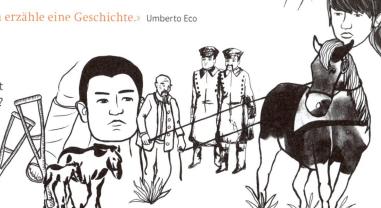

2 | Erzählen – schildern – beschreiben

Die Erzählung kommt selten in reiner Form vor. Meist wird sie gemischt mit der Schilderung und mit der Beschreibung.

Erzählen heisst, eine Handlung zu gestalten und sprachlich so wiederzugeben, dass eine bestimmte Wirkung erzielt wird.

Schildern heisst, Situationen, Gedanken und Gefühle so auszudrücken, dass eine bestimmte Stimmung wiedergegeben oder erzeugt wird.

Beschreiben heisst, einen Sachverhalt oder die Eigenschaften eines Objekts sprachlich so wiederzugeben, dass wesentliche Informationen vermittelt werden.

Die folgende Darstellung veranschaulicht die Unterschiede zwischen diesen Grundformen des Schreibens:

Erzählung	Schilderung	Beschreibung
dynamisch handlungsorientiert	statisch zustandsorientiert	statisch zustandsorientiert
subjektiv persönlich gefärbt	subjektiv persönlich gefärbt	objektiv sachlich

Aufgabe 2

Ordnen Sie die Sätze 4 bis 11 zu. Entscheiden Sie, ob sie vorwiegend erzählenden, schildernden oder beschreibenden Charakter haben.

erzählend	schildernd	beschreibend
2	1	3

1. Meine innere Unruhe wurde immer stärker und nahm bald beängstigende Ausmasse an. ✓
2. Ich umklammerte das Lenkrad. ✓
3. Die Strasse vor mir war völlig leer und nur vom Sonnenlicht und vom Schatten der Bäume gesprenkelt. ✓
4. Als ich wieder einen Blick in den Rückspiegel warf, zuckte ich zusammen.
5. Irgendetwas war gegen die Windschutzscheibe geknallt.
6. Ein riesiges Insekt hing platt gedrückt mit abgespreizten Beinen und Flügeln an der Scheibe.
7. Ohne weiter nachzudenken, trat ich auf die Bremse.
8. Der Wagen kam quietschend zum Stehen.
9. Die Libelle war fast so lang wie mein Finger.
10. Obwohl sie ziemlich stark zerfetzt war, konnte ich den Tigerstreifen auf dem Mittelleib erkennen.
11. Die Augen waren unverkennbar (…) die blau leuchtenden Augen der Epiaeschna heros. Eine Sumpflibelle.

Aus: Simon Beckett: Leichenblässe, © 2009 by Rowohlt Verlag GmbH, Reinbek bei Hamburg

Aufgabe 3

Lesen Sie die drei Textauszüge: Einer hat vorwiegend erzählenden, ein anderer eher schildernden, ein weiterer mehrheitlich beschreibenden Charakter. Ordnen Sie zu und begründen Sie.

Text 1: Der Austin Healey meines Onkels war keine Rostlaube, im Gegenteil. Mein Onkel kümmerte sich um den Austin wie um ein Kind. Seine Garage hatte er zu einer kleinen Autowerkstatt umgebaut, wo er in der Freizeit schraubte, schweisste, lackierte und polierte. Auch wenn das Auto tadellos funktionierte, gab es immer etwas zu ersetzen, auszubessern oder zu verschönern. Ich mochte die Geräusche der Maschinen, die Gerüche von Öl und Putzmitteln. Als Jugendlicher verbrachte ich manche Stunde bei ihm in der Garage, reichte ihm Werkzeuge, half ihm, Politurwachs aufzutragen, oder sah ihm einfach bei der Arbeit zu.

Text 2: Der Austin Healey hatte Jahrgang 1958. Wie es sich für einen Sportwagen gehörte, war er leuchtend rot lackiert. Sein abnehmbares, cremeweisses Stoffverdeck erlaubte Ausfahrten bei schönem wie bei schlechtem Wetter. Die Motorhaube schwang sich elegant nach vorne bis zu den runden Scheinwerfern, die links und rechts vom ovalen Kühlergrill aus Chrom angeordnet waren. Zwei Ledersitze boten Platz für meinen Onkel und eine Begleitperson – viel mehr als einen Picknickkorb konnte man allerdings in dem kleinen, zur verchromten hinteren Stossstange hin abfallenden Kofferraum nicht unterbringen. Das Auffälligste waren die grossen Räder mit zahllosen Speichen aus blitzendem Chrom.

Text 3: Das erste Mal, als ich selber am Steuer des Oldtimers sass, bedeutete gleichzeitig das Ende des Fahrzeugs und das Ende der Freundschaft mit meinem Onkel. Ich war in Richtung Sustenpass unterwegs. Das Wetter war warm, das Verdeck war offen, neben mir sass ein Freund. «Überhol doch diesen Schleicher endlich!», sagte er genervt, da wir seit mehreren Minuten hinter dem gleichen Auto herfuhren. Bei einer langen Gerade drückte ich das Gaspedal durch. Der Austin schob sich langsam nach vorne. Gerade als wir auf gleicher Höhe waren, tauchte auf der Gegenfahrbahn ein Motorrad auf. In Panik machte ich eine Vollbremsung. Der Austin schrammte zuerst der Felswand entlang und knallte dann in die Leitplanke. Mein Freund und ich kamen mit einigen Quetschungen davon – der Oldtimer aber war futsch.

3 | Die Elemente der Erzählung

Warum will ich etwas erzählen? Was will ich erzählen? Und: Wie will ich es erzählen? Vor allem die letzte Frage entscheidet über die Qualität und die Wirkung einer Erzählung.

Um die Frage nach dem «Wie», also nach der Form und der Struktur, geht es in den folgenden Kapiteln. Wie bei jeder anderen Technik beinhaltet auch die ↗ **Erzähltechnik** Fachbegriffe. Diese stehen für die unterschiedlichen Gestaltungsmöglichkeiten. Die wichtigsten sind hier aufgelistet und kurz erklärt:

Die **Erzählhandlung** bezeichnet das, was in der Erzählung geschieht. Im Unterschied zu einer realen Handlung ist die Erzählhandlung möglichst wirkungsvoll arrangiert.

Der **Handlungsaufbau** ist die Art, wie die Handlung gestaltet wird. Gestaltungsmöglichkeiten sind zum Beispiel der Höhepunkt oder die Wendepunkte der Handlung.

Die **Zeitgestaltung** gibt an, wie ausführlich etwas erzählt wird. Wird so exakt erzählt, dass die Handlung fast stillsteht und zu einer Situation wird, spricht man von einer Schilderung.

Figuren sind fiktive Personen bzw. Lebewesen, die in der Erzählung eine Rolle spielen. Je nach Erzählabsicht können wichtige Figuren genauer beschrieben werden.

Die **Schauplätze** der Handlung können sich an realen Orten orientieren, müssen sich aber nicht mit der Wirklichkeit decken. Wenn sie eine wichtige Rolle spielen, werden sie ausführlich beschrieben.

Die **Erzählsituation** gibt an, aus welcher Sicht erzählt wird. Am häufigsten wird in der dritten Person (er oder sie) erzählt. Ebenfalls gebräuchlich ist die Ich-Erzählung.

Aufgabe 4

Beschreiben Sie, wie sich die Wirkung des Texts durch den Wechsel der Erzählsituation verändert.

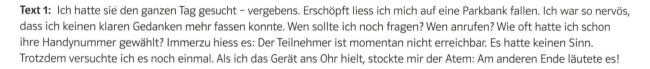

Text 1: Ich hatte sie den ganzen Tag gesucht – vergebens. Erschöpft liess ich mich auf eine Parkbank fallen. Ich war so nervös, dass ich keinen klaren Gedanken mehr fassen konnte. Wen sollte ich noch fragen? Wen anrufen? Wie oft hatte ich schon ihre Handynummer gewählt? Immerzu hiess es: Der Teilnehmer ist momentan nicht erreichbar. Es hatte keinen Sinn. Trotzdem versuchte ich es noch einmal. Als ich das Gerät ans Ohr hielt, stockte mir der Atem: Am anderen Ende läutete es!

Text 2: Er hatte sie den ganzen Tag gesucht – vergebens. Erschöpft liess er sich auf eine Parkbank fallen. Er war so nervös, dass er keinen klaren Gedanken mehr fassen konnte. Wen sollte er noch fragen? Wen anrufen? Wie oft hatte er schon ihre Handynummer gewählt? Immerzu hiess es: Der Teilnehmer ist momentan nicht erreichbar. Es hatte keinen Sinn. Trotzdem versuchte er es noch einmal. Als er das Gerät ans Ohr hielt, stockte ihm der Atem: Am anderen Ende läutete es!

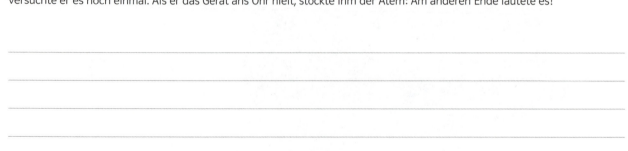

Aufgabe 5

Erzählen Sie die Geschichte aus der Sicht des Mannes mit dem
Schlüsselbund und führen Sie die Handlung schriftlich fort.

«Diesen Tag werde ich aus meinem Gedächtnis streichen.» Mit diesem Gedanken verliess ich abends um acht Uhr das Büro. Der ganze Tag war eine Katastrophe gewesen. Zwei Lieferungen waren nicht angekommen. Genervte Kunden hatten sich beschwert. Der Chef hatte seine schlechte Laune an mir ausgelassen. Ich beschloss, mir einen Feierabenddrink in einer Kneipe zu gönnen. Zu Hause war die Heizung kaputt – was sollte ich also dort?
Ich setzte mich an einen leeren Tisch. Endlich allein, endlich Ruhe. Ich vertiefte mich in eine Zeitung und nippte von Zeit zu Zeit an meinem Gin Tonic. Nach einigen Minuten setzte sich, ohne zu fragen, ein Mann an meinen Tisch. Ich versuchte, ihn zu ignorieren, aber er begann, mit seinem Schlüsselbund zu spielen. Das Klirren nervte mich ...

Schülerarbeit

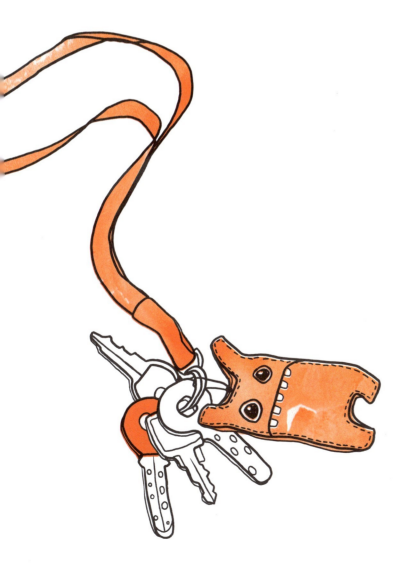

4 | Der Aufbau der Handlung und die Zeitgestaltung

Handlungsaufbau und Zeitgestaltung sind besonders wichtig. Sie entscheiden darüber, ob sich Leserinnen und Leser von einer Erzählung angesprochen fühlen.

Für einen gelungenen Handlungsaufbau sind drei Punkte zentral:
- Der Beginn der Erzählung ist packend und erzeugt Erwartungen, zum Beispiel durch eine Vorausdeutung.
- Die Handlung ist gestaltet. Gestaltungsmittel sind zum Beispiel Wendepunkte, eine zum Höhepunkt ansteigende Spannung sowie Rückblenden.
- Der Schluss der Erzählung ist einprägsam und plausibel.

Der Anfang einer Erzählung

Ein guter Anfang versetzt die Leserin möglichst unmittelbar in die Erzählhandlung. Geeignete Beispiele:

Die Schilderung eines Schauplatzes

Die Strasse liess sich Zeit, wand sich in Schlangenlinien durch ein schroffes, felsiges Terrain und häutete sich dabei. Will sagen, das Asphaltband erodierte allmählich zu einem Stückwerk, dessen Einzelteile weiter und weiter auseinanderklafften. Dorniges Gestrüpp und Baumleichen säumten die Strassenränder, skelettdürre Pferde vegetierten auf sonnenverbrannten, staubigen Weiden.

Auszug aus: Jörg Juretzka: Alles total groovy hier, © 2009 Rotbuch Verlag, Berlin

Die Schilderung einer Situation

Zimmer 6301. Verkrampft halte ich einen Zettel mit dem Stundenplan in der einen, meine Mappe in der anderen Hand. Ich stehe in der Cafeteria, inmitten von vielen Menschen, die achtlos an mir vorbeieilen und mich gar nicht wahrnehmen. Ich fühle mich wie ein plumper Käfer, der in einen Bienenstock geraten ist. Meine Augen wandern durch den Raum. So viele neue Gesichter! Es kommt mir vor wie in einem bösen Traum, alle lachen und haben es lustig miteinander, nur ich kenne niemanden.

Schülerarbeit

Direkte Rede und/oder Beschreibung einer Person

«Hallo, du», sagte eine kratzige, weibliche Stimme. Ich trat näher, starrte, bis sich meine Augen an das schwache Licht im Innern des Wohnwagens gewöhnt hatten.
Sie lächelte ein halb verzücktes, halb entrücktes Lächeln, umgeben von Piercings durch Lippen, Nasenflügel, Brauen, Ohren. Darüber türmte ein hennarotes Knäuel von Dreadlocks, gezwängt in einen blauen Wollstrumpf.

Auszug aus: Jörg Juretzka: Alles total groovy hier, © 2009 Rotbuch Verlag, Berlin

Ellipsen (oder Satzfragmente) sind unvollständige Sätze. Durch die verknappte Sprache lassen sie Bilder im Kopf des Lesers entstehen und schaffen Raum für Fantasie. Sie sind besonders wirkungsvoll, wenn sie sparsam und gezielt eingesetzt werden.

Anschaulicher Stil dank Ellipsen

Draussen schuften bei jedem Wetter, lauwarmes, verkochtes Essen, unfreundliche Arbeitskollegen: So sahen meine ersten Erfahrungen als Aushilfe auf einem Bauernhof aus. Der Bauer: Alkoholiker. Die Bäuerin: abgehauen. Die Angestellten: mürrische Weissrussen ohne Deutschkenntnisse. Wie war das noch mit dem idyllischen Landleben?

Die gestaltete Handlung

Chronologisch oder mit Rückblende?

Häufig werden Handlungen chronologisch erzählt. Die Handlung folgt dem zeitlichen Ablauf: Was geschah zuerst, was danach, was dann? Dagegen greifen Rückblenden vom «Jetzt» der Erzählung auf ein früheres Ereignis zurück.

Beispiel: Die Erzählung beginnt mit einem Streit zwischen einer Frau und einem Mann. Dann erst wird mit Hilfe einer Rückblende erzählt, wie es zum Streit gekommen ist.
Der Vorteil dieser Technik: Die Erzählung beginnt mit einer dynamischen Handlung; die weniger spannende Vorgeschichte wird aufs Nötigste reduziert und erst später erzählt.

Wendepunkte und Höhepunkt

An einem Wendepunkt nimmt die Handlung einen überraschenden Verlauf. Es eröffnen sich neue Möglichkeiten für eine Figur.

Beispiele:
· Einer Figur wird ein überraschender Karriereschritt angeboten.
· Auf einem harmonischen Spaziergang gerät ein Paar auf einmal in Streit.
· Eine harmlose Alltagssituation wird plötzlich bedrohlich.

Der Höhepunkt ist der spannendste Moment der Handlung. Er befindet sich meist gegen Schluss der Erzählung.

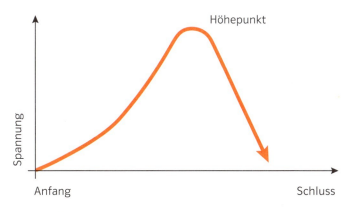

Spannungskurve

Wendepunkte und Höhepunkte erhalten durch genaue Schilderungen ein besonderes Gewicht. Auch die Gedanken der Hauptfigur können wiedergegeben werden.

Beispiel:

> Ich hob den Kopf, sah seine runde Gestalt, sah, wie er die letzten Tropfen aus dem Kanister schüttelte, bevor er ihn wegwarf und ein Streichholz anriss. Ich hechtete jetzt in Sätzen nach oben, flog geradezu über den Müll, halb blind von den Benzolgasen, mit einem höllischen Brennen in sämtlichen Schnittwunden, geschüttelt von einer Angst, die sich Griff für Griff, Zug um Zug, Meter für Meter in einen blindwütigen, berserkerhaften Hass wandelte. Es wurde mir egal, ob ich gleich umkam, aber Friedrich, der mir jetzt in die Augen sah, Friedrich musste mit mir sterben, egal, wie ich es anstellte.
> Er lachte, warf das brennende Streichholz. Es erlosch noch im Flug. Ich gewann einen weiteren Meter.
> Friedrich lachte nicht mehr, riss ein weiteres Streichholz an, warf es. Es fiel ins Benzin und verzischte.
>
> Auszug aus: Jörg Juretzka: Alles total groovy hier, © 2009 RotbuchVerlag, Berlin

Erzählt wird grundsätzlich im Präteritum. Um die Handlung besonders eindrücklich zu gestalten, ist die Verwendung des Präsens bei wichtigen Textstellen möglich. Man nennt dies das «szenische Präsens».

Frank **starrte** zur Villa hinüber. Ein Buchsbaum **diente** ihm als Deckung. Alles **war** ruhig. Auf einmal **öffnet** sich die Türe, Lydia **erscheint** auf der Schwelle, sie **sieht** aus, als hätte sie grossen Ärger.

Der Abschluss der Handlung

Wenn das Ende der Erzählung die Handlung logisch abschliesst, dann spricht man von einem geschlossenen Ende. Ein offenes Ende meint, dass die Leserin sich selber vorstellen muss, wie die Geschichte ausgehen könnte. Das Ende der Erzählung birgt häufig auch eine Überraschung, wie dies bei den Pointen von Witzen der Fall ist.

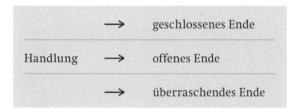

Bei Erzählaufsätzen kann es je nach Themenstellung und Auftrag sinnvoll sein, zum Schluss nochmals kurz den Bezug zum Thema herzustellen und zu reflektieren: Warum habe ich die Geschichte erzählt? Welche Erkenntnisse habe ich gewonnen?

Die Zeitgestaltung

Die Zeitgestaltung gibt das Verhältnis zwischen erzählter Zeit und Erzählzeit an. Die erzählte Zeit bezeichnet die Zeitspanne, welche die Handlung umfasst. Das können einige Stunden sein, auch Jahre. Die Erzählzeit bezeichnet die Zeit, die der Leser braucht, um den Text zu lesen.

Zeitraffung	Die Erzählzeit ist kürzer als die erzählte Zeit.	Das übliche Zeitverhältnis in Erzählungen: Die Handlung wird meist verkürzt wiedergegeben. Hannes trödelte auf dem Schulweg herum und kam wie so oft zu spät.
Zeitdeckung	Die Erzählzeit ist ungefähr gleich wie die erzählte Zeit.	Dies kommt vor, wenn eine Handlung genau erzählt wird, aber auch bei direkter Rede. Die Lehrerin wirkte zuerst verärgert, aber als sie Hannes' schuldbewusste Miene sah, sagte sie lächelnd: «Na komm, lassen wirs gut sein!»
Zeitdehnung	Die Handlung wird gedehnt, also langsamer erzählt, als sie wirklich andauert.	Ein Mittel, um bei Wende- und Höhepunkten Spannung zu erzeugen. Hannes' Pausenbrot kippte über den Pultrand, segelte an seiner zu spät zupackenden Hand vorbei und landete mit einem leisen Klatschen auf der dick aufgetragenen Mayonnaise.

Ebenfalls gebräuchlich sind die Zeitpause und der Zeitsprung:
· In der **Zeitpause** steht die Handlung still, eine Schilderung, eine Beschreibung oder Betrachtungen zu einem Thema werden eingeschoben, bevor die Handlung weitergeführt wird.
· Im **Zeitsprung** wird ein bestimmter Zeitraum der erzählten Handlung ausgelassen; die Handlung setzt erst später wieder ein, häufig verbunden mit einer Zeitangabe:
«Ein halbes Jahr später, Kurt hatte die Sache schon fast vergessen, lag ein Brief aus Peru im Briefkasten.»

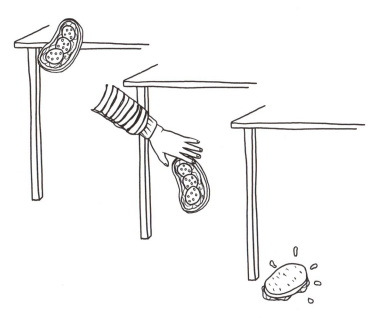

Aufgabe 6

Sie sollen eine Erzählung verfassen zum Thema «Der Gefahr knapp entronnen». Sie erinnern sich, wie Sie nachts beim Besuch eines Klubs in Olten beinahe in eine Schlägerei geraten wären, und beschliessen, dieses Erlebnis zu einer Erzählung zu verarbeiten. Was würden Sie weglassen? Wie wollen Sie die verbleibenden Handlungselemente zeitlich gewichten?

Reales Erlebnis

Reise nach Olten	Ankunft, Freunde begrüssen	Klubaufenthalt, Gespräche, Tanzen	Streit, Schlägerei	Erscheinen der Polizei, Sanität	Gespräche, Verabschiedung	Rückreise nach Hause
1 Std. 20 %	30 Min. 10 %	1 Std. 30 Min. 30 %	6 Min. 2 %	24 Min. 8 %	30 Min. 10 %	1 Std. 20 %

22.00 Uhr   03.00 Uhr

Gestaltete Erzählung

Textbeginn   Textende

Aufgabe 7

Beantworten Sie zum folgenden Erzählaufsatz die nachstehenden Fragen. Erklären Sie, welche Wirkung durch die verschiedenen Elemente erzielt wird. Formulieren Sie zu einem Element einen Verbesserungsvorschlag.

- Wie ist der Textbeginn gestaltet?
- Welche Gestaltungselemente sind erkennbar (chronologisches Erzählen, Rückblende, Wendepunkte, Höhepunkt)?
- Wie ist der Schluss gestaltet?
- Welche Zeitverhältnisse finden Sie vor?

Ein aussergewöhnlicher Tag

Ich lag im Spital auf einem unbequemen Bett, als mich meine Eltern besuchten. Ich hörte, wie sie weinend am Bett standen und mit mir redeten. Sie sagten zu mir, dass ich endlich aufwachen solle. Ich hörte jedes einzelne Geräusch, jedes Wort, aber ich konnte nicht reagieren.

Der zweite September war ein aussergewöhnlich schöner Spätsommertag. Ich freute mich auf meinen letzten Badeausflug in diesem Jahr. Über dem Neuenburgersee lag am Morgen feiner Dunst, der sich gegen Mittag auflöste. Die Sonne schien warm, aber am Schatten fröstelte es einen schon.

Meine Freundinnen hatten Hunger. Am Rand des kleinen Strandbads gabs einen Kiosk, der Snacks und Mineralwasser verkaufte. Ich verspürte zwar ein flaues Gefühl im Magen vor Hunger, aber ich hatte Lust, einmal alleine hinauszuschwimmen. «Geht schon mal essen, ich komme gleich!», sagte ich. Sobald sie verschwunden waren, glitt ich durch das kühle, aber angenehme Wasser. Die Sonne schien auf meinen Rücken, es war ganz ruhig, ich genoss die schwerelosen Bewegungen und schwamm immer weiter hinaus. Viel zu weit, wie ich plötzlich bemerkte. Mich beschlich ein mulmiges Gefühl und ich beschloss umzukehren. Der Hunger meldete sich wieder, ich kämpfte gegen die Schwäche. Auf einmal berührte etwas meine Beine. Es sind nur Algen, sagte ich mir. Du musst keine Angst haben. Mit schmerzenden Armen und Beinen paddelte ich weiter. Doch da war es wieder: Wie schlüpfrige Schnüre umwickelte es meine Beine und Füsse. Ich geriet in Panik, wollte schreien. In diesem Moment klatschte mir eine Welle ins Gesicht. Wasser drang in meinen Mund ein, gerade als ich Luft holen wollte, rann es in meine Kehle. Ich hustete, spuckte, schlug um mich, versank im Wasser, tauchte wieder auf – und dann verschwand ich in der Dunkelheit.

Ein angenehm warmer Waschlappen fuhr über meine Stirne. Eine Stimme rief meinen Namen. Ich versuchte, gegen die Müdigkeit anzukämpfen und meine schweren Lider zu heben. Verschwommen nahm ich die Umrisse meiner Eltern wahr. «Sie öffnet die Augen!», rief jemand.

Schülerarbeit

5 | Figuren und Schauplätze

Figuren und Schauplätze machen eine Erzählung lebhaft und anschaulich. Oft erübrigt es sich, sie detailliert zu beschreiben. Wichtig ist, dass im Kopf des Lesers ein Bild entsteht.

Meist kommen nur die sprechendsten Züge einer Figur in der Erzählung vor. Das Gleiche gilt für die Schauplätze; diese werden oft nur angedeutet, manchmal kann auf eine ausführliche Beschreibung verzichtet werden. Dann ist es dem Leser überlassen, sich ein Bild zu machen. Trotzdem: Wer erzählt, sollte eine genaue Vorstellung der Figuren und Schauplätze haben.

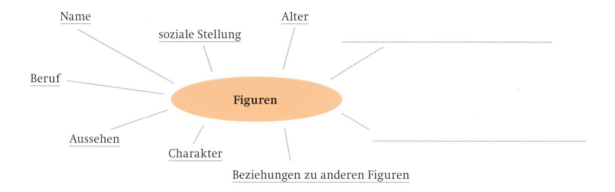

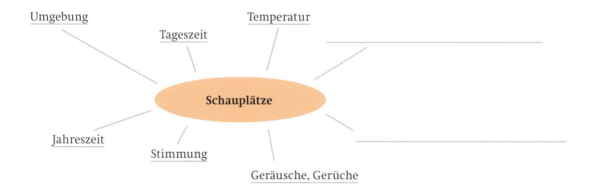

Beispiel für die Beschreibung einer Figur:

> Bei diesen Worten schlug sie den Schleier zurück, und wir sahen nun, dass sie sich tatsächlich in einem Zustand starker Erregung befand. Ihr Gesicht war ganz verzerrt und aschfahl, und sie blickte angstvoll um sich wie ein gehetztes Wild. Ihren Zügen und ihrer Figur nach musste man sie für dreissigjährig halten, allein ihr Haar zeigte bereits Spuren von Grau, und es lag etwas Müdes und Abgezehrtes in ihrer ganzen Erscheinung.
>
> Aus: Arthur Conan Doyle: Das gefleckte Band, Stuttgart: Ernst Klett Verlag, 2007

Geschickt ist es, Figuren über ihre Handlungen und über ihre Sprache zu beschreiben und zu charakterisieren.

Beispiel, wie Figuren über ihre Handlungen beschrieben werden:

> Das Wort Müsli weckt in mir den spontanen Wunsch, meine Zähne in den nächsten Whopper zu schlagen. Angeödet sah ich auf und musste feststellen, dass ich ausgerechnet Leroy direkt gegenübersass, einem Müsli-Mann durch und durch. Und einem orgiastischen Esser obendrein. Mit wachsendem Überdruss durfte ich miterleben, wie er schnaufte, schwitzte, schmatzte und jedem Löffelvoll eine abstrus lange Verweildauer in seiner Mundhöhle gönnte.
>
> Auszug aus: Jörg Juretzka: Alles total groovy hier, © 2009 RotbuchVerlag, Berlin

Beispiel, wie eine Figur über ihre Sprache beschrieben wird:

> «Mein Name ist Prof. Dr. Dr. Gemacher», fuhr der Mann fort, «und dies hier ist eine meiner Kolleginnen, Dr. Silke Schwedthelm, und ihre Assistentinnen Pia und Dagmar. Sie werden sich später um Sie kümmern, alles vorbereiten, das Nötige veranlassen und Ihnen ein paar unabdingbare Fragen stellen, die unser weiteres Vorgehen betreffen. (…) Nehmen Sie bitte für einen Moment Platz.»
>
> Aus: Richard Birkefeld: Tod einer Stracke, Kindle edition, Saarbrücken: Verlag satzweiss.com-chichilli agency, 2011

Aufgabe 8

Gestalten Sie mit wenigen Sätzen je ein Beispiel, in dem Sie eine Figur über ihre Handlungen und über ihre Sprache charakterisieren. Ihre Kolleginnen und Kollegen sollen herausfinden, welche Eigenschaften der Figur Sie darstellen wollten.

6 | Schreibtraining

«Schreiben, das kann ich einfach nicht» – diese häufige Bemerkung täuscht über etwas hinweg: Schreiben ist eine Fertigkeit, die man lernen kann. Und Lernen heisst üben, trainieren. Beginnen wir also mit dem Schreibtraining!

Training 1

Satzfischen
Schlagen Sie ein beliebiges literarisches Werk (zum Beispiel einen Roman) auf Seite 37 auf. Wählen Sie einen beliebigen, vielleicht besonders prägnanten oder auffälligen Satz aus und übermitteln Sie diesen telefonisch, per SMS oder E-Mail an einen Schreibpartner. Bauen Sie den Satz, den Sie von Ihrem Partner erhalten haben, in einen kurzen Text (rund 20 Sätze) ein.

Training 2

Ein Bild von einem Text
Wählen Sie ein Bild aus, das Sie anspricht, ein persönliches Foto, eine Postkarte, ein Bild aus der Zeitung oder aus einem Buch. Betrachten Sie das Bild eingehend. Halten Sie den stärksten Eindruck in einem Wort fest. Schreiben Sie das Wort in die Mitte eines Blatts. Erstellen Sie eine Mindmap oder eine andere Grafik mit allem, was Ihnen zu diesem Wort in den Sinn kommt. Schreiben Sie davon ausgehend eine kurze Geschichte oder eine Betrachtung von 50 bis höchstens 100 Wörtern. Legen Sie das Bild wenn möglich Ihrem Text bei und gestalten Sie eine Bild-Text-Seite.

Training 3

Marsmenschen haben keine Ahnung!
Marsmenschen wissen nicht, wie man eine Getränkedose öffnet, wie man ein Streichholz anzündet, die Batterien einer Taschenlampe wechselt, einen Klingelton aufs Handy herunterlädt, die Tintenpatrone des Füllfederhalters wechselt. Damit Streichhölzer, Taschenlampen, Handys usw. in Zukunft auch ins Land der grünen Männchen exportiert werden können, sind Bedienungsanleitungen notwendig, die auch Menschen verstehen, die für uns alltägliche Gegenstände noch nie gesehen haben. Schreiben Sie also eine **Bedienungsanleitung** für einen selbst gewählten Gegenstand. Ob diese funktioniert, werden Sie herausfinden, wenn eine Partnerin den Marsmenschen spielt und die von Ihnen vorgelesene Bedienungsanleitung Schritt für Schritt ausführt. Einzige Bedingung: Den Gegenstand, um den es geht, müssen Sie in den Unterricht mitbringen können, damit der «Härtetest» für Ihre Bedienungsanleitung im Unterricht durchgeführt werden kann.

Training 4

20-Minuten-Schilderung

Wählen Sie irgendeinen Ort: Einkaufszentrum, Bahnhof, Restaurant, Badeanstalt, Post, Kirche, Flussufer, See, Wald, Fussballstadion.

Halten Sie Ihre Wahrnehmungen und Ihr Befinden während exakt 20 Minuten fest (stichwortartige Notizen, Skizzen, Aufnahmegerät):

· Was hören Sie (mit geschlossenen Augen)?
· Was riechen Sie?
· Was sehen Sie, wenn Sie aufmerksam beobachten und genau hinsehen?
· Was fühlen Sie auf der Haut? Was fühlen Sie, wenn Sie mit den Händen tasten?
· Was schmecken Sie (falls Sie gerade etwas trinken oder essen)?

Schildern Sie später detailliert, verwenden Sie treffende Vergleiche, sprachliche Bilder und aussagekräftige Adjektive, die Ihre Wahrnehmungen veranschaulichen.

Training 5

Das zweite Ich

Betrachten Sie sich von aussen, mit den Augen eines Gegenstands, der Sie heute begleitet hat. Lassen Sie diesen Gegenstand (eine Tasche, ein Talisman, ein Schmuckstück, das Fahrrad, ein Kleidungsstück usw.) aus seiner Sicht erzählen, wie er Sie erlebt hat. Achtung: Diesem Gegenstand bleibt nichts verborgen, er kennt alle Ihre Macken, Vorlieben und Ticks. Vielleicht erzählt er Ihnen etwas über Sie, das Sie noch gar nicht gewusst haben.

Aus: Christa und Emil Zopfi, Leichter im Text, Bern: Zytglogge-Verlag, 2001

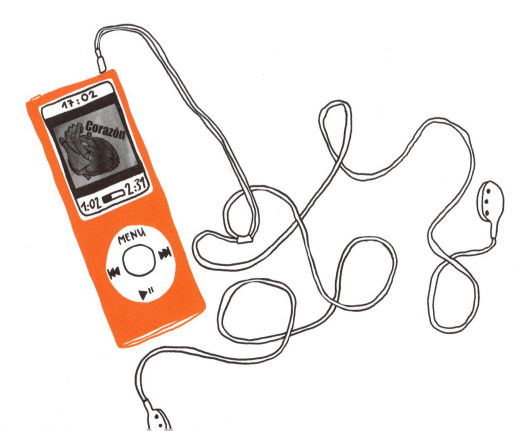

7 | Anschaulich schreiben

Anschaulich schreiben heisst bildhaft darstellen, eine konkrete Vorstellung erwecken und so Bilder oder Filme im Kopf entstehen lassen. So dargestellte Inhalte sprechen nicht nur den Verstand, sondern auch die Sinne an.

Wörter bewusst und genau auswählen

Anschaulich schreiben ist eine Frage der Genauigkeit im sprachlichen Ausdruck: Wer sich nicht mit dem erstbesten Wort zufriedengibt, sondern nach aussagekräftigen und passenden Synonymen sucht, ist auf dem richtigen Weg.

> **alt,** bejahrt, betagt, ergraut, verlebt, ältlich, greisenhaft, hinfällig, weise, erfahren, tattrig …

> **Frau,** Weib, Dame, Seniorin, Lady, Madame …

> **ging,** irrte, spazierte, schlurfte, schlenderte, schritt …

> **Haus,** Behausung, Domizil, Eigenheim, Reihenhaus, Villa …

Die alte Frau ging zu ihrem Haus.

Mögliche Formulierungen:
Die betagte Dame spazierte zu ihrer Villa.

Vergleiche, Metaphern und bildhafte Wendungen einsetzen

Vergleiche, Metaphern und bildhafte Wendungen eignen sich gut, um Sachverhalte und Handlungen anschaulich darzustellen.

Vergleiche werden mit den Vergleichspartikeln «als» oder «wie» gebildet:
Der Boden war gefroren und hart **wie** Beton. Ihre Augen waren schwarz **wie** Kohlenstücke.
Es war heisser **als** in einem Backofen.

Bei einer Metapher wird der Vergleich zu einem Bild verkürzt; die Vergleichspartikeln fehlen:
Sie sass mit ihrem Auto in einer Blechlawine fest. (Sie blieb im Stau stecken.)
Sie bombardierte ihn mit Vorwürfen. (Die Vorwürfe prasselten wie Bomben auf ihn.)

Oft kaum zu unterscheiden von Metaphern sind die bildhaften Wendungen. Bei ihnen handelt es sich um Wortgruppen, die immer in der gleichen Zusammensetzung gebraucht werden:
Er fühlt sich nicht wohl in seiner Haut. (Er ist nicht zufrieden mit seiner Situation.)
Sie haben ihm einen Denkzettel verpasst. (Sie haben ihn deutlich gewarnt.)
Sie hatte die Nase gestrichen voll. (Sie wollte damit nichts mehr zu tun haben.)

Dynamisch formulieren und Personifikationen verwenden

Personifikation bedeutet, dass eine Sache oder eine Idee als handelnde Person dargestellt wird.

Personifikation einer Idee/von etwas Abstraktem:
Dem Bräutigam **winkte das Glück**./**Vater Staat verfolgte** den Steuersünder unnachgiebig./ **Die Sonne lachte**.

Personifikation einer Sache/von etwas Konkretem:
Das Haus versteckte sich hinter zwei mächtigen Platanen./**Die Lawine begrub** alles unter sich./ **Das Städtchen schlummerte** frühmorgens in der Dämmerung.

Aufgabe 9

Ersetzen Sie durch passende und anschauliche Begriffe.

1. ging: Die Militärkolonne _____ vor seinem Haus vorbei.

2. ging: Der Motor _____ zuverlässig.

3. ging: Wir versuchten es immer wieder, aber es _____ nicht.

4. kam auf: Ein Gewitter _____.

5. gekommen: Das Problem war ganz unerwartet _____.

6. kam herein: Er _____.

7. dem Gebäude: Er lagerte das Holz in _____.

8. dem Gebäude: Die adlige Familie residierte in _____.

9. schön: Dieses geblümte Kleid ist wirklich _____.

10. schön: Die Aussicht war _____.

11. schön: Der Himmel war _____.

12. grossen: Er lag im Schatten einer _____ Baumkrone.

13. gross: Seine Kinder sind inzwischen _____.

14. grosses: Die ersten freien Wahlen waren ein _____ Ereignis.

15. gross: Ihr Wissen zu diesem Thema ist _____.

16. machte: Er _____ ein Puppenhaus aus Holz.

17. machte: Sie _____ eine Maske für die Fasnacht.

18. gemacht: Er hat die Prüfungen schon vor den Ferien _____.

19. macht: Diese Firma _____ Präzisionsgeräte.

Aufgabe 10

Formulieren Sie so um, dass die Aussagen dynamisch wirken.

1. Er hatte plötzlich einen Gedanken.

   Ein Gedanke schoss ihm durch den Kopf.

2. Das Grundstück war mehr als 50'000 Quadratmeter gross.

3. Sie hatte Panik.

4. Der Baum war um einige Meter höher als das Haus.

5. Es gab ein Bächlein im Tal.

6. Vor der Kasse hatte es eine Menschenmenge.

Aufgabe 11

Erklären Sie die folgenden Personifikationen.

1. Im Winter schläft die Natur.

2. Das Dorf starb einen langsamen Tod.

3. Die Fenster waren erblindet.

Aufgabe 12

Ersetzen Sie durch eine bildhafte Wendung. Ordnen Sie die Wendungen A bis O jeweils den Sätzen 1 bis 15 zu. Ergänzen Sie eigene Beispiele.

1. Ein Mensch, der oft Glück hat: _____
2. Etwas immer wieder verschieben: _____
3. Etwas Unmögliches anstreben: _____
4. Sich nicht anstrengen: _____
5. Etwas überstürzt tun: _____
6. Seine Argumente von weit her holen: _____
7. In einer schwierigen Situation sein: _____
8. Jemanden verliebt machen: _____
9. Ein Mensch, der sehr viel raucht: _____
10. Nichts tun, untätig bleiben: _____
11. Etwas offenlegen: _____
12. Durchtrieben, gerissen sein: _____
13. Jemandem etwas vormachen: _____
14. Sagen, was man wirklich denkt: _____
15. Bei jemandem beliebt sein: _____

A etwas auf die lange Bank schieben
B nach den Sternen greifen
C es faustdick hinter den Ohren haben
D sich kein Bein ausreissen
E bei jemandem einen Stein im Brett haben
F jemandem den Kopf verdrehen
G ein Kettenraucher
H die Karten auf den Tisch legen
I ein Glückspilz
J jemanden an der Nase herumführen
K in der Tinte sitzen
L kein Blatt vor den Mund nehmen
M Hals über Kopf
N die Hände in den Schoss legen
O etwas an den Haaren herbeiziehen

Test 10 | Erzählen

Die folgenden Aufgaben wurden mit Textbeispielen aus Schülerarbeiten erstellt.

1. **Setzen Sie die Erzählung mit einer Rückblende fort.**

   In der gemütlichen warmen Stube duftete es nach frischem Kaffee. Tanja hatte sanfte Musik aufgelegt und eine Kerze auf dem Tisch angezündet. Sie genoss die sonntägliche Stimmung und nahm einen grossen Schluck Kaffee. Sie seufzte. Ihre Gedanken drehten sich um den gestrigen Abend.

2. **Überarbeiten Sie den Beginn dieser Erzählung so, dass die weihnächtliche Stimmung anschaulicher wirkt, ohne dass Sie den Text zu sehr verlängern.**

   Es war kurz vor Weihnachten, die Strassen waren schneebedeckt. Eine alte Frau wollte die Geschenke für ihre Enkel einkaufen und begab sich in die Spielwarenabteilung eines Kaufhauses.

3. **Gestalten Sie den Wendepunkt in dieser Erzählung aus.**

   Sack für Sack trugen sie zum Wagen und warfen ihn in die Müllpresse. Gerade als Hermann auf den Knopf der Presse drücken wollte, hörte er ein leises Wimmern. Sein Kollege Kurt kletterte in den Wagen und lauschte, dann hob er einen der grauen Müllsäcke aus der Presse und öffnete ihn. Entsetzt starrten beide in den Sack. Ein kleiner wimmernder Hundewelpe kam zum Vorschein.

4. **Formulieren Sie die folgende Szene so aus, dass sie zu einem dramatischen Höhepunkt wird.**

   Auf einmal ertönte der Feueralarm. Im Warenhaus brach Panik aus. Die Leute dachten nur noch daran, wie sie möglichst rasch rauskommen könnten. Überall war Geschrei zu hören. Die Stimme aus dem Lautsprecher, die sagte, dass man sich ruhig zu verhalten und die Anweisungen zu beachten habe, fand keine Beachtung. Das Feuer verbreitete sich immer mehr und für einen Teil der Menschen wurde es lebensbedrohlich.

5. **Schreiben Sie die folgende Szene so um, dass Marc knapp, aber anschaulicher geschildert wird.**

   Michèle war gespannt, wie ihr Marc gefallen würde. Ihre Freundin hatte von ihm geschwärmt und sie würde ihn nun endlich kennenlernen. Marc sass an der Theke. Michèle hatte eine sehr gute Menschenkenntnis und wusste sofort, dass Marc der totale Aufreissertyp war. Sie fand ihn ätzend.

6. **Das Ende dieser Erzählung ist geschlossen. Machen Sie daraus ein offenes Ende.**

   Er fragte sie: «Wie heisst du? Woher kommst du?» Die beiden bemerkten ihre Mitmenschen gar nicht mehr und redeten und redeten. Sie tauschten ihre Telefonnummern aus und schon am nächsten Abend rief er sie an. Das war der Beginn einer wundervollen Beziehung.

Seite 187

Glossar

Ablaut
Wechsel des Vokals innerhalb eines Wortteils.
Beispiel: trinken, trank, getrunken; der Trank /
der Trunk.
↗ Modul 2, Seite 33

Abstract
Ein Abstract ist die präzise, meist stark gekürzte
Darstellung des Inhalts eines wissenschaftlichen
Textes. In einem Abstract wird auf Wertung und
Interpretation verzichtet.
↗ Modul 8, Seite 129

Adressatenbezogen
Auf die Interessen und Erwartungen
des Empfängers ausgerichtet (schriftliche
Kommunikation); auf die Interessen und
Erwartungen des Gesprächspartners
ausgerichtet (mündliche Kommunikation).
↗ Modul 2, Seite 25

Argument
Aussage, die zur Begründung einer Behauptung /
einer These dient.
↗ Modul 9, Seite 148

Dialekt
Als Dialekt oder Mundart wird eine vorwiegend
gesprochene Sprachform bezeichnet, die eine
ortsgebundene regionale oder lokale Färbung
aufweist.
↗ Modul 1, Seite 16

Diglossie
Eine besondere Form der Zweisprachigkeit,
bei der zwei Sprachen nebeneinander verwendet
werden. In der Deutschschweiz: Dialekt und
Hochdeutsch.
↗ Modul 1, Seite 16

Emoticon
Der Begriff Emoticon ist zusammengesetzt aus
den englischen Wörtern «emotion» (Emotion)
und «icon» (Bild). Er bezeichnet ein anfänglich
aus Satzzeichen, später aus einem Symbol
bestehendes Zeichen in der elektronischen
Kommunikation. Mit Emoticons können auch
Gefühle ausgedrückt werden (z. B. Smiley).
↗ Modul 4, Seite 58

Empathie
Der Begriff «Empathie» bedeutet «Mitfühlen»
und «Einfühlungsvermögen». Darunter werden
die Bereitschaft und die Fähigkeit verstanden,
Gedanken, Gefühle, Absichten, Wesensarten und
Erlebnisse eines anderen Menschen ganzheitlich
zu verstehen.
↗ Modul 4, Seite 65

Erzähltechnik
Verfahren, mit dem die Wirklichkeit zu einem
fiktionalen Geschehen umgestaltet wird.
Elemente der Erzähltechnik sind zum Beispiel
die Erzählsituation und die Zeitgestaltung.
↗ Modul 10, Seite 170

Ethnolekt
Bezeichnung für sprachliche Varianten bzw.
Sprechstile, die von Sprechern einer ethnischen
(eigentlich: sprachlichen) Minderheit verwendet
und als für sie typisch eingestuft werden.
Was in der Schweiz umgangssprachlich «Balkan-
slang» genannt wird, gehört sprachwissenschaft-
lich zu den Ethnolekten. Beispiel: «Ich muess mit
dich rede.»
↗ Modul 1, Seite 21

Falsche Freunde
Bezeichnung für Wörter zweier Sprachen,
die sich in Schrift oder Aussprache ähneln,
jedoch unterschiedliche Bedeutungen haben.
Falsche Freunde verleiten häufig zu einer
falschen Übersetzung.
↗ Modul 1, Seite 14

Fremdwort
Ein Fremdwort ist ein Wort, das aus einer
fremden Sprache übernommen und das
in der Schreibung nicht oder nur wenig an
die deutsche Sprache angepasst wurde.
↗ Modul 2, Seite 29

Gestik
Kommunikative Bewegungen der Hände, der
Arme und des Kopfes. Die Gestik gehört wie die
Mimik zur nonverbalen Kommunikation und
unterstützt im Idealfall die verbalen Aussagen.
↗ Modul 3, Seite 47

Helvetismus
Als Helvetismus bezeichnet man alle Elemente
eines geschriebenen oder gesprochenen hochdeutschen Textes, die als schweizerisch auffallen
können und vom binnendeutschen oder
österreichischen Sprachgebrauch abweichen.
Helvetismen sind standardsprachlich allgemein
akzeptiert und können in gesamtdeutschen
Wörterbüchern (wie beispielsweise dem Duden)
mit der Markierung «schweizerisch» erscheinen.
↗ Modul 1, Seite 11

Homonym
Wort, das unterschiedliche Bedeutungen hat.
Beispiele: Tau (Seil oder morgendlicher Nieder-
schlag), Ball (Spielgerät oder Tanzanlass).
↗ Modul 2, Seite 31

Immigration
Einwanderung (Emigration = Auswanderung)
↗ Modul 1, Seite 8

Lead
Fett gedruckter Einleitungssatz oder erster Abschnitt eines Zeitungsartikels, der einen Überblick über die wichtigsten Informationen des Artikels enthält.
↗ Modul 7, Seite 108

Lehnwort
Aus einer anderen Sprache übernommenes Wort. Im Unterschied zum Fremdwort ist ein Lehnwort in der Schreibweise und im Gebrauch an die deutsche Sprache angepasst, so dass der Ursprung nicht mehr erkennbar ist. Beispiele: Sofa (arabisch), Tulpe (iranisch), Tabu (polynesisch).
↗ Modul 2, Seite 29

Massenmedien
Der Begriff Massenmedien wird für Medien verwendet, die als Träger der Massenkommunikation auftreten, zum Beispiel Radio, Fernsehen, Internet, Zeitungen.
↗ Modul 4, Seite 58

Migration
Überbegriff für freiwillige oder erzwungene Wanderbewegungen von Menschen über die Landesgrenzen hinweg.
↗ Modul 1, Seite 8

Mimik
Mienenspiel, Veränderungen des Gesichtsausdrucks.
↗ Modul 3, Seite 47

Nachsilbe (Suffix)
Wird einem Wortstamm nachgestellt und kann mit diesem neue Wörter bilden: Mann – Männ**lein** / Haus – häus**lich**. Ebenfalls verwendet wird die Bezeichnung Wortbildungsmorphem oder Ableitungsmorphem.
↗ Modul 2, Seite 32

Piktogramm
Als Piktogramm wird ein Bildsymbol bzw. ein Ikon bezeichnet, das eine gezielte Information durch eine vereinfachte grafische Darstellung vermittelt. Piktogramme können ohne Kenntnisse einer bestimmten Sprache und ohne Vorwissen verstanden werden.
↗ Modul 4, Seite 57

Redewendungen
Wortgruppen oder Sätze, die immer in derselben Weise verwendet werden. Dabei sind ihre Bestandteile nicht oder nur sehr begrenzt veränder- oder austauschbar. Redewendungen sind mit vorgefertigten Bauelementen vergleichbar. Beispiel: «Sich nicht in die Karten schauen lassen.» Bedeutung: Seine wahren Absichten geheim halten.
↗ Modul 8, Seite 143

Rhetorik
Kunst der Rede, Beredsamkeit. Im Mittelpunkt steht dabei die Aufgabe, die Zuhörer von etwas zu überzeugen.
↗ Modul 3, Seite 42

Soziale Kommunikation
Der Begriff soziale Kommunikation (auch: zwischenmenschlicher Austausch) bezeichnet den wechselseitigen Ablauf von Mitteilungen oder Informationen zwischen zwei oder mehreren Personen. Botschaften der sozialen Kommunikation enthalten nicht nur einen Inhaltsaspekt, sondern auch nonverbale und paraverbale Elemente. Diese helfen, die Botschaft zu bewerten und einzuordnen.
↗ Modul 4, Seite 58

Symbol
Symbole oder Sinnbilder sind Bedeutungsträger, mit denen eine bestimmte Vorstellung verbunden werden kann. Symbole können Zeichen, Wahrzeichen, Wörter, Gegenstände oder Vorgänge sein. Beispiel: Die Nationalflagge ist ein politisches Symbol, mit dem ein bestimmter Staat oder ein bestimmtes Land gemeint ist.
↗ Modul 4, Seite 57

Synonym
Wort mit gleicher oder ähnlicher Bedeutung; sinnverwandtes Wort.
↗ Modul 2, Seite 28

These
Leitgedanke, Behauptung, deren Wahrheitsgehalt zu beweisen ist.
↗ Modul 9, Seite 148

Umlaut
Veränderung der Vokale a, o und u zu ä, ö und ü.
↗ Modul 2, Seite 33

Verkehrssprache
Sprache bzw. Sprachform, der sich Menschen mit unterschiedlicher Muttersprache bedienen, um sich miteinander verständigen zu können. Beispiel: Englisch.
↗ Modul 1, Seite 11

Visualisierung
Veranschaulichung, Sichtbarmachung. Ein abstrakter Inhalt wird anschaulich dargestellt.
↗ Modul 3, Seite 49

Vorsilbe (Präfix)
Wird einem Wortstamm vorangestellt und kann mit diesem neue Wörter bilden: **an**fahren / **ver**fahren. Wird auch als Wortbildungsmorphem oder Ableitungsmorphem bezeichnet.
↗ Modul 2, Seite 32

Seite 191

Lösungen

Modul 1: Sprache und Identität

S. 7/8 A 1–3 Individuelle Lösungen

S. 9 A 4 Von der Angst, in einer fremden Sprache Fehler zu machen und deshalb als dumm zu gelten. Wer hingegen in seiner (Mutter-)Sprache spricht, wirkt oft selbstsicherer und sieht deshalb «wie verwandelt» aus.

S. 9 A 5 Das Thema Migration spielt in vielen Romanen und Filmen eine wichtige Rolle, zum Beispiel in den Filmen:
Die Schweizermacher (CH, 1978) | Green Card (USA, AUS, F, 1990) | Reise der Hoffnung (CH, 1990) | Kick it like Beckham (GB, D, USA, 2002) | The Kite Runner (USA 2007)

S. 10 A 6 Weltweit sprechen etwa 90 Millionen Menschen Deutsch als Muttersprache. Deutsch gehört zu den zehn wichtigsten Sprachen der Welt. | 28 Millionen Menschen sprechen Deutsch als Zweitsprache. Deutsch kommt somit auf Rang neun. | Deutsch ist die meistgesprochene Muttersprache in Europa, zahlenmässig aber keine Weltsprache.

S. 10 A 7 Individuelle Lösungen

S. 12 A 8 Waagrecht: 3 ZÄH | 6 BÜRGERSTEIG | 7 TÜRKLINKE | 10 FAHRRAD | 11 TASCHENGELD | 13 FRÜHSTÜCK | 14 PARKEN | 16 BAHNSTEIG | 17 UNTERBRECHUNG | 19 LEITUNGSWASSER | 22 FAHRKARTE
Senkrecht: 1 KLASSENFAHRT | 2 DACHBODEN | 3 ZWISCHENMAHLZEIT | 4 LEERZEICHEN | 5 ANDEUTEN | 8 KRANKENHAUS | 9 SCHNULLER | 12 NIKOLAUS | 15 REIFEN | 18 GEHEN | 20 GRILLEN | 21 WEGRÄUMEN

S. 14 A 9 Einsprachig Deutsch: St. Gallen, Basel-Stadt | Einsprachig Französisch: Jura, Neuenburg
Einsprachig Italienisch: Tessin | Zweisprachig: Bern, Wallis, Freiburg | Dreisprachig: Graubünden (Dt., Ital., Rätoromanisch)

S. 15 A 10 Für die gesamte Schweiz liegen zurzeit keine aktuellen Daten vor. Zahlen aus dem Kanton Zürich (2010) zeigen bei den Schulpflichtigen in den letzten zehn Jahren eine Zunahme bei der portugiesischen Erstsprache, einen minimalen Rückgang bei Türkisch, fast unverändert Italienisch, Serbisch und Kroatisch.

S. 15 A 11 Individuelle Lösungen

S. 16–18 A 12 1. Schule: Meistens | formelle Reden/Vorträge: Immer | Dialekt wird nicht verstanden: Immer | Alltag: Selten | Schweizer Fernsehen: Selten, Meistens | National- und Ständerat: Immer 2. Falsch | Richtig | Falsch | Falsch 3. Richtig 4. Richtig 5. Richtig

S. 19 A 13–14 Individuelle Lösungen

S. 21 A 15 Individuelle Lösungen

S. 22 Test A 1 Chinesisch, Spanisch, Englisch, Hindi / Urdu, Arabisch

S. 22 Test A 2 Als Helvetismus wird eine hochsprachliche Eigenheit bezeichnet, die nicht im ganzen deutschsprachigen Gebiet, jedoch in der Schweiz vorkommt, zum Beispiel: «Vortritt», «schlitteln».

S. 22 Test A 3 Serbisch und Kroatisch, Albanisch, Portugiesisch. Hinweis: In den Statistiken werden Serbisch und Kroatisch gemeinsam aufgeführt.

S. 22 Test A 4 Nur eine Zeitform, um Vergangenes auszudrücken | Verkleinerungsformen bei Nomen mit -li | Verkleinerungsformen bei Verben

S. 22 Test A 5 Der Autor Bruno Ziauddin ist der Meinung, dass der Normalschweizer das Hochdeutsche für eine dem Dialekt überlegene Sprachform hält, weil Dialekt weder Schriftsprache noch Kultursprache sei. Auch fühle sich der Schweizer dem Deutschen unterlegen, weil sich die Deutsch sprechenden Deutschen eleganter und präziser auszudrücken vermögen. Mein Standpunkt in dieser Frage: ...

Modul 2: Rechtschreibung und Textredaktion

S. 27 A 1 1. O | wiederholte 2. G | seinen Vater 3. O | teils ..., teils ... 4. S | Ich freue mich ausserordentlich auf ein allfälliges Vorstellungsgespräch. | Gerne stelle ich mich in einem persönlichen Gespräch näher vor. u. Ä. 5. O | kochend heissen 6. I | Der Redner, eingeschüchtert durch Rufe aus dem Publikum, brach seinen Vortrag ab. 7. I | Zu- und Abflüsse 8. G | bestmögliche 9. I | kein Komma 10. G | gewusst habe

S. 27 A 2 1. G | stellen; O | Krisenzeiten 2. S | fahren (statt «gehen»); I | Ferien, und zwar … 3. S | (eine Hand kann nichts sagen) Den Jugendlichen fehlt eine Autorität (eine innere Stimme); O | Süsses 4. O | dass ihr Werk; O | monatelanger; G | verfasst hatte 5. G und S | In der Zeit, in der (in welcher); G | seine Frau und seine Kinder

S. 30 A 3 Die Lösungen variieren je nach Duden-Ausgabe.

S. 30 A 4 dt. = deutsch | ev. = evangelisch (eventuell wird abgekürzt: evtl.) | Rhet. = Rhetorik | ugs. = umgangssprachlich | vgl. = vergleiche | Jh. = Jahrhundert

S. 30 A 5 1. K 8 2. K 93 3. K 121 4. K 90

S. 30 A 6 1. Korrekt ist «brevetieren». Das Verb wird nur in der Schweiz verwendet (ein Brevet ausstellen oder erwerben) 2. du giltst 3. Bund, Bündnis, im Sport Bezeichnung für eine Wettkampfklasse. Herkunft: Spanisch. Mehrzahl: die Ligen

S. 32 A 7 1. unwiederbringlich 2. zuwider 3. erwiderte | wiederholen 4. Dass | enttäuscht 5. das 6. das | so dass (sodass) 7. Miene | Wände | bemalt 8. Waise | seelisch | verheerenden 9. Tipp | Asien-Trip 10. Eigentlich | Entgelt 11. Fond | läutete 12. hältst | bisschen | Stil

S. 33 A 8

Verb	Nomen	Adjektiv
glauben	der Glaube, der Gläubige	gläubig, unglaublich, glaubhaft
fallen	der Fall, der Abfall, das Gefälle u.a.m.	fällig
fliessen	der Fluss	flüssig
trinken	das Getränk, der Trunk	trinkbar
verarzten	der Arzt / die Ärztin	ärztlich
(be)wirken	die Wirkung	wirklich, wirksam
greifen	der Griff, der Greifer	griffig, greifbar

S. 34 A 9 Nomen: die Beschreibung, die Einschreibung, die Verschreibung
Verb: abschreiben, anschreiben, aufschreiben, beschreiben, einschreiben, verschreiben
Adjektiv: beschreibbar, unbeschreiblich
Nimmt man die Ableitungen hinzu, sind noch weitere Wörter möglich: die Schrift, schriftlich usw.

S. 34 A 10 **schlagen:** 1. erschlagen 2. abschlagen 3. abgeschlagen 4. aufschlagen 5. vorschlagen 6. nachschlagen 7. zuschlagen 8. überschlagen 9. zerschlagen 10. unterschlagen
nehmen: 1. zunehmen 2. vernehmen 3. vornehmen 4. hinnehmen | aufnehmen 5. einnehmen 6. entnehmen 7. annehmen 8. aufnehmen 9. benehmen 10. einnehmen

S. 35 A 11 Als er den Bildschirm erblickte | anblickte, ahnte er, dass sich seine schlimmsten Befürchtungen bewahrheitet hatten. Das Schreckliche war geschehen: Sein Computer war von einem Virus befallen und alle Programme waren komplett zerstört worden. Auf die Frage seiner Frau, was denn vorgefallen sei, antwortete er sehr einsilbig. Unglücklich stand er vor dem Gerät. Eine grosse Müdigkeit erfasste ihn. Sein Unmut verflog aber urplötzlich, als seine Frau ihn aufmunterte | ermunterte: «Endlich! Morgen kaufen wir uns einen neuen PC!»

S. 35 A 12 1f – die Trennwand | 2h – die Geschäftsreise | 3d – totschweigen | 4j – Dienstleistung | 5i – der Widerspruch | 6a – todkrank | 7c – wiederholen | 8e – der Mädchenname | 9b – gesetzwidrig | 10g – das Pflichtgefühl

S. 36 A 13 1. Sind 2. Im 3. Ganze | er 4. Klappern | Blinken 5. Hungern | Abnehmen 6. Letzte | Hochdeutsch 7. nötig | gefallen 8. Du | verheiratete 9. Es | Sie 10. Für und Wider | Nachhinein 11. königliche | Zweiten | Stottern 12. Schweizer | mittags 13. Belagerten | weisse 14. beste | beteiligten | wirksamsten 15. Pleite | schuld | allem 16. kleinen | bisschen

S. 37 A 14 1. **Mensch, der:** Komma zwischen Teilsätzen. | **spendiert und:** Das Komma fällt hier weg, da die beiden Teilsätze mit «und» verbunden sind und zudem ein gemeinsames Subjekt haben. 2. **Freunden, diesen | ich, machen:** Komma zwischen Teilsätzen («diesen Verdacht habe ich» ist ein eingeschobener Teilsatz, deshalb zwei Kommas). 3. **Gefühl, ausgenutzt:** Komma zwischen Teilsätzen. (Bei «ausgenutzt zu werden» handelt es sich nicht um einen echten Teilsatz, sondern um eine Infinitivgruppe.) 4. **Geld lieber:** Innerhalb von Sätzen steht kein Komma. 5. **VW-Bus, ein Cabriolet und:** Komma zwischen Gliedern einer Aufzählung. 6. **Sommer, mein | Paul, möchte:** zwei Kommas, da die Anrede eingeschoben ist. 7. **Wow, das:** Ausruf. 8. **Stadt, aber:** «aber» drückt einen Gegensatz aus. 9. **heiraten, und zwar:** Nachtrag. 10. **Martina, Pauls Freundin, passt:** Nachtrag, eingeschoben. (Hier handelt es sich um eine besondere Form des Nachtrags: um eine Apposition.)

S. 38 A 15   1. Martina und Paul sind sehr aktiv: Ferien im VW-Bus, Ausflüge im Cabriolet oder mit dem Motorrad, Einladungen zu indischem Essen für Freunde … 2. Ich frage mich, wie die beiden das schaffen, denn sie sind voll berufstätig. 3. Paul arbeitet als Polier in einer Baufirma, Martina ist Angestellte bei der Stadtverwaltung. 4. Wenn die beiden, die übrigens seit drei Jahren zusammen sind, etwas unternehmen, dann gibts nachher bestimmt viel zu erzählen. 5. Natürlich ist für die zwei Verliebten der Himmel auch nicht jeden Tag wolkenlos. 6. Ein Problem ist beispielsweise Pauls Vater, der nur selten eingeladen wird, weil er immer dumme Witze macht. 7. Martina findet es nicht lustig, als «Bürogummi» bezeichnet zu werden. 8. Zudem lästert der Vater, der sich aber dann trotzdem den Bauch bis oben füllt, ständig über Martinas Vorliebe für orientalische Kochkunst. 9. Das Schlimmste, und zwar mit Abstand, ist, dass er dauernd behauptet, Martina verschleudere Pauls Geld. 10. Dabei ist es Martina, die Paul zu mehr Sparsamkeit drängt und die versucht, ab und zu etwas Geld auf die hohe Kante zu legen. 11. «Paul, ich hoffe, du wirst nicht so wie dein Vater», sagt sie manchmal. 12. Das wiederum hört Paul nicht gern. «Oje, du klingst schon wie deine Mutter», erwidert er dann. 13. Aber zum Streit kam es deswegen bisher noch nie, im Gegenteil. 14. Die beiden werden sicher mal Kinder haben – ob nächstes Jahr, ob übernächstes Jahr, das steht noch in den Sternen. 15. Zuerst werden sie aber noch ihren grossen Traum wahrmachen und nach Indien reisen, natürlich im VW-Bus. 16. Ich weiss schon, was ich fragen werde: «Paul, kann ich mir das Motorrad ausleihen, solange ihr weg seid?»

S. 39 Test A 1   a1 | b3 | c2 | d1 | e3 | f2 | g3 | h2 | i1 | j1

S. 40 Test A 2   1. Martin hatte **eigentlich** am Freitag vor Mitternacht zuhause | zu Hause sein wollen. 2. Beim **Essen** hatte er **abends** noch **seinen** Vater gesehen**;** der wollte mit ihm am Samstag den lang versprochenen **nigelnagelneuen Laptop** kaufen gehen. 3. Nun würde wohl **nichts** aus alledem werden. 4. Und zwar kam das so: Reto, Martins bester Freund**,** hatte angeblich den Wagen seines Onkels ausgeliehen**, einen todschicken** Amerikanerschlitten mit **Zürcher** Nummernschild. 5. Im **Fond sassen** zwei Mädchen aus Retos **Verwandtschaft**. 6. Als Reto vorschlug, den Wagen ein **bisschen** zu testen und in Richtung deutscher Autobahn zu fahren**, widerstrebte** das Martin zwar**,** aber er **erwiderte** nur: «Nun mach schon», und verzog keine **Miene**. 7. Er war sich bewusst, **dass das** kein gutes Ende nehmen könnte. 8. Das Fahren bei **Temperaturen** von null Grad und weniger war sowieso **heikel** – der kleinste Fehler konnte die **Maschine** ins **Schleudern** bringen. 9. Und in der **abendlichen Finsternis** war die Sicht schlecht. 10. Übrigens endete die Spritzfahrt gar nicht mit **einem** Unfall (wie **Sie**, liebe Leserinnen und Leser, jetzt annehmen), sondern in einer **Polizeikontrolle**. 11. Da Reto nicht nur **viel** zu schnell **gefahren war,** sondern den Wagen auch noch **stibitzt** hatte, landeten die vier auf der Wache. 12. Martin kam erst **morgens** früh nach Hause. 13. Und aus dem neuen Computer wurde einige Monate lang nichts, **so lange** dauerte es, bis Martins Vater den Vorfall aus dem **Gedächtnis** gestrichen hatte.

Modul 3: Präsentieren

S. 43 A 1   Zu starke Betonung der eigenen Person: Redner steht zu sehr im Mittelpunkt, der Inhalt tritt in den Hintergrund. Die Rede wird als Show empfunden.
Zu schwache Betonung der eigenen Person: Rede erscheint unpersönlich und farblos.
Zu starke Betonung des Inhalts: Redeinhalt wird als zu theoretisch, als zu wenig anschaulich empfunden, die Aufmerksamkeit lässt bald nach.
Zu schwache Betonung des Inhalts: Redeinhalt wirkt oberflächlich und wenig informativ; es lohnt sich nicht, zuzuhören.
Zu starke Betonung der Wirkung: Sieht aus, als ob der Redner beim Publikum nur Eindruck machen will, aber gar nicht kompetent ist.
Zu schwache Betonung der Wirkung: Langweilige Rede; die Aufmerksamkeit lässt rasch nach.

S. 45/46 A 2   Individuelle Lösungen. Lösungsvorschlag:
Anfang 1: Top – Visualisierung geeignet; sprachlich wirkungsvoll formuliert
Anfang 2: Durchschnitt – Informativ, aber nüchtern und langweilig
Anfang 3: Flop – Die Entschuldigung lässt nicht erwarten, dass etwas Hörenswertes folgt.
Anfang 4: Top – Originelle Frage, als Einstieg gut geeignet

Schluss 1: Durchschnitt – Informative Ankündigung, aber kein Appell, kein Anliegen
Schluss 2: Flop – Eine Entschuldigung als Schluss besagt, dass der Redner nicht überzeugt ist von dem, was er gesagt hat. Die Schlussworte «Ich bin fertig» sind inhaltsleer.
Schluss 3: Top – Motivierender Schluss mit positiver Signalwirkung
Schluss 4: Durchschnitt – Appell geeignet, Aussage jedoch sehr allgemein

S. 46 A 3   Individuelle Lösungen
Je nach Thema sind fünf Leitgedanken zu viel. Es sollten aber nicht weniger als drei sein.

S. 47 A 4   Foto 1 positiv: Aufrechte Haltung, Blickkontakt vorhanden. Verbesserungspotenzial: Kärtchen statt A4-Blatt verwenden | eine Hand frei halten für Gestik
Foto 2 positiv: Zeigen mit Stift auf Visualisierung. Haltung in Richtung Publikum (nicht Richtung Leinwand). Verbesserungspotenzial: Blick auf Publikum richten | sich nicht auf Pult abstützen (Gestik ist blockiert)
Foto 3 positiv: Haltung aufrecht, Blick (vermutlich) ins Publikum gerichtet | Verwendung von Kärtchen. Verbesserungspotenzial: eine Hand frei halten für Gestik
Foto 4 positiv: aufrechte Haltung, Blickkontakt. Verbesserungspotenzial: Hände frei beweglich halten, verschränkte Arme blockieren Gestik

S. 47 A 5   Individuelle Lösungen

S. 48 A 6   **Formulierung 1** ist Schreibsprache: So könnte man sich schriftlich ausdrücken. Für eine gesprochene Aussage sind Satzbau und Wortwahl zu kompliziert.
Formulierung 2 ist redegerecht: Die Frage spricht an, die Sätze sind kurz und einfach verständlich.

S. 50 A 7   Individuelle Lösungen

S. 50 A 8   Gestaltungselement Text: Schrift zu klein, Formulierung unklar («über die Gefängnisse»)
Gestaltungselement Grafik: Die beiden Flaggen sollten die Ländernamen ersetzen.
Gestaltungselement Bild: Zu viele und zu kleine Bilder; Bilder CH fehlen.
Insgesamt ist die Folie ungeeignet, da der Kommunikationszweck (Vergleich) nicht erreicht wird.

S. 51 A 9   Individuelle Lösungen

S. 52 A 10   1. Das Wasser des Badeteichs stank wie die Pest | … wie Gülle oder Jauche | … wie chemisches Lösungsmittel usw. 2. Strahlende Sonne, blaues Meer, weisser Sandstrand, so … 3. Wegen der Hitze waren viele Äcker staubtrocken. 4. Was für eine edle Kleidung du trägst! | Du bist ja richtig overdressed für den Anlass! 5. Wer weiss, was Lysergsäurediethylamid ist? | Ihr wisst doch sicher alle, was Lysergsäurediethylamid ist?

S. 53 A 11   Individuelle Lösungen

S. 54 Test A 1   Individuelle Lösungen

Modul 4: Kommunikation

S. 58 A 1   TV-News: indirekt | einseitig | massenmedial
Lichtsignal (Leuchtturm): indirekt | einseitig | interpersonal
Mitarbeitergespräch: direkt | zweiseitig | interpersonal
E-Mail-Abwesenheitsnotiz: indirekt | einseitig | interpersonal
Mündliche Prüfung: direkt | zweiseitig | interpersonal
Kuss: direkt | zweiseitig | interpersonal
Verkehrsregelung (durch Polizei): direkt | einseitig | interpersonal
Schiedsrichterpfiff (Fussball): direkt | einseitig | interpersonal
Werbespot am Radio: indirekt | einseitig | massenmedial

TV-News: Code: Sprache, Bilder, Symbole | Kommunikationsmittel: TV-Gerät
Lichtsignal (Leuchtturm): Code: Signal / Seezeichen | Kommunikationsmittel: Leuchtfeuer
Mitarbeitergespräch: Code: (Körper-)Sprache | Kommunikationsmittel: –
E-Mail-Abwesenheitsnotiz: Code: Schrift | Kommunikationsmittel: Computer
Mündliche Prüfung: Code: Sprache | Kommunikationsmittel: –
Kuss: Code: kulturspezifische (Körper-)Signale | Kommunikationsmittel: Mund
Verkehrsregelung (durch Polizei): Code: Handzeichen gemäss Signalisationsverordnung | Kommunikationsmittel: evtl. Stablampe
Schiedsrichterpfiff (Fussball): Code: akustisches Signal | Kommunikationsmittel: Pfeife
Werbespot am Radio: Code: Sprache, Geräusche | Kommunikationsmittel: Radiogerät

S. 61 A 2   Eindeutiger Sachverhalt: 1, 2, 6, 7

S. 61 A 3   obere Zeile, von links nach rechts: Trauer, Ekel, Wut | untere Zeile, von links nach rechts: Freude, Überraschung, Angst

S. 61 A 4   Individuelle Lösungen

S. 63 A 5   1. Sachinhalt | 2. Appell | 3. Selbstkundgabe | 4. Beziehung

S. 63 A 6   Beispielsituation: Jan (17, Berufsschüler) betritt die Küche. Der Vater füllt Geschirr in die Abwaschmaschine.
Äusserung von Jan: «Hallo!» *Schaut auf den abgeräumten Tisch.* «Gibts denn heute kein Abendessen?»
Mögliche Sachinhalts-Botschaft: Es steht kein Abendessen bereit.
Mögliche Beziehungs-Botschaft: Du bist zuständig.
Mögliche Selbstkundgabe-Botschaft: Ich habe Hunger!
Mögliche Appell-Botschaft: Bitte koche für mich eine Mahlzeit.

S. 63 A 7   1. Sach-Ohr: Schwierigkeiten, Botschaften auf der Beziehungsebene wahrzunehmen und entsprechend darauf zu reagieren. Wenn für den Sender das Problem nicht vorrangig auf der Sachebene liegt, könnte er enttäuscht sein, weil er mit dem Gesagten sein Gegenüber gefühlsmässig nicht erreicht.
2. Beziehungs-Ohr: Probleme mit beziehungsneutraler Kommunikation. Es fällt einem schwer, nur den Sachinhalt der gesendeten Botschaft zu hören. Personen mit dem dominanten Beziehungs-Ohr beziehen schnell alles auf sich, nehmen Aussagen persönlich und werten diese als Angriff. Entsprechend sind sie schnell beleidigt.
3. Selbstkundgabe-Ohr: Hier wird bei jeder Aussage besonders wahrgenommen, was der jeweilige Sender über sich selbst verrät. Für Therapeuten und Psychologen ist ein gut geschultes Selbstkundgabe-Ohr vorteilhaft.
4. Appell-Ohr: Diese Menschen versuchen ständig, es allen recht zu machen und möglichen Erwartungen des Senders gerecht zu werden. Sie übernehmen oft unaufgefordert Aufgaben und versuchen unaufgefordert zu helfen.

S. 63 A 8   Individuelle Lösungen

S. 65 A 9   Beispiele: «Das haben wir schon immer so gemacht!» | «Sie sind zu jung dafür.» | «Dafür haben wir keine Zeit.»

S. 65 A 10   Individuelle Lösungen

S. 67 A 11   Grüssen, begrüssen und verabschieden: Ritual, mit dem ein minimaler zwischenmenschlicher Kontakt aufgenommen wird. **Blickkontakt** mit einer Person oder einer Personengruppe aufnehmen und **Grussformel** in deren Richtung sprechen. Situativ und auf Person(en) angepasste Formulierung «Guten Tag», «Guten Morgen, Frau Müller», «Hallo» ... verwenden sowie entsprechende Lautstärke, Betonung, Mimik (Zunicken, Lächeln ...). Auch Unbekannte grüssen, denen man in der Schule oder am Arbeitsplatz begegnet, fremde Menschen wie die Verkäuferin, der Kellner usw. freuen sich über einen Gruss, der signalisiert: **Ich nehme dich wahr.** Gäste der Firma, Geschäftspartner und Kunden werden besonders zuvorkommend behandelt.
Wer grusst wen zuerst?: Der Mann die Dame. | Der Jüngere den Älteren. | Der Einzelne die Gruppe.
Begrüssen im beruflichen Alltag: Fragen nach Position, Alter und Geschlecht spielen heute eine untergeordnete Rolle. Wer die andere Person zuerst sieht, ergreift die Initiative und grüsst.
Sollten Sie sitzen, wenn Sie jemand mit Handschlag begrüsst, stehen Sie höflicherweise auf, beim Händeschütteln Blickkontakt mit dem Gegenüber behalten, die ganze Hand reichen, nicht nur die Finger, fühlbar drücken, aber nicht quetschen.

S. 67 A 12   Individuelle Lösungen

S. 71 Test A 1   interessiertes Nachfragen, Aufmerksamkeit, dem Gesprächspartner zugewandte Körperhaltung, freundlicher Blick

S. 71/72 Test A 2   Konkreter Sachverhalt: Laut Protokoll war die Geschäftsführerin an der Sitzung anwesend. | Die fragliche Vereinbarung war der E-Mail vom 13. Mai 2012 beigefügt.
Mögliche Störung Beziehungsebene: Die von Ihnen entwickelte Software ist wieder ungenügend dokumentiert. | Ich finde Ihren Logo-Entwurf überhaupt nicht gut.

S. 71 Test A 3   Beispiel Lehrperson – Schülerin:
Sachinhalt: C | Beziehung: A | Selbstkundgabe: D | Appell: B

Beispiel Abteilungsleiterin – Mitarbeiterin:
Sachinhalt: D | Beziehung: C | Selbstkundgabe: B | Appell: A

S. 72 Test A 4   Individuelle Lösungen

S. 72 Test A 5   a), b), h)

Modul 5: Interview

S. 76 A1 Eher Alltagsgespräch: 3, 6, 9 | Eher Interview: 1, 2, 4, 5, 7, 8, 10, 11, 12

S. 77 A2 2. f) P 3. b) P 4. a) S 5. d) M 6. g) S 7. c) M 8. b) P 9. d) M 10. e) M 11. a) S 12. g) S 13. e) M
Hinweis: Die Lösungen beziehen sich auf die Originalinterviews, aus denen die Interviewfragen stammen. Bei einzelnen Fragen sind auch andere Antworten möglich.

S. 78 A3 Lösungsbeispiel:
Frage: An wie vielen Tagen konnten Sie die 42,195 Kilometer echt geniessen?
Personengruppen: Das Interview könnte für sportinteressierte Menschen – Ausdauersportler, z. B. Marathonläufer – interessant sein.
Vorkenntnisse: Der Interviewer sollte sich in den Bereichen Ausdauersport, Sportmedizin, evtl. Psychologie, Physiologie und Ernährung auskennen.

S. 78 A4 Individuelle Lösungen

S. 80 A5 1. Wann sind Sie in das Unternehmen eingetreten? | 2. Wie hat sich der Unfall genau ereignet? | 3. Welche Haltung haben Sie gegenüber Kundengesprächen? | 4. Wie würden Sie das Arbeitsklima in Ihrer Abteilung beschreiben?

S. 85 Test A1 Beim Meinungsinterview wird vor allem nach subjektiven Wertungen gefragt. | Offene W-Fragen: «Warum engagieren Sie sich für den Klimaschutz?» und «Wie viele Nutzer hat der Personensuchdienst 123People?» | Vorbereitung eines Interviews: Sammeln von Informationen über mögliche Interviewpartner und Festlegen des Interviewziels.

S. 85 Test A2 Individuelle Lösungen

S. 85 Test A3 Werden mehrere geschlossene Fragen hintereinander gestellt, kann sich die interviewte Person bedrängt fühlen. Das Interview wirkt wie ein Verhör, der Beziehungsaufbau kann gestört werden.

S. 86 Test A4 Mit der zweiten Frage unterstellt der Journalist dem Cheftrainer, dass die Fortschritte der Schweizer Skifahrer eine Folge des Trainerwechsels sind. Der Trainer fühlt sich provoziert und unterstellt seinerseits dem Journalisten, nichts vom Skirennsport zu verstehen. Die Fortsetzung des Interviews zeigt: Der Vertrauensaufbau misslingt, die Beziehungsebene ist gestört (fehlender Respekt, fehlende Wertschätzung).

Modul 6: Porträt

S. 90 A1 oben links: Angela | oben rechts: Dominik | unten links: Helga | unten rechts: Christine

S. 91 A2 **Körperbau / Statur / Gestalt:** muskulös, kräftig, gedrungen, untersetzt, klein, gross gewachsen usw.
Haare: glatt, lang, seidig, kraus, trocken, strohig, fettig, gepflegt, gewellt, platinblond usw.
Frisur: schick, gestylt, auffällig, extravagant, elegant, effektvoll gestylt usw.
Gesichtszüge: hervorstechend, ausgeprägt, weich, schwammig, auffallend, scharf geschnitten usw.
Blick: klar, stechend, abwesend, leer, traurig usw.
Bewegungen: fahrig, unkoordiniert, nervös, ruhig, fliessend, harmonisch, sanft usw.
Kleidung: (alt)modisch, schäbig, geschmackvoll, formlos, passend, schlicht, dezent, schick usw.
Sprechweise: leise, sanft, ruhig, monoton, betont usw.
Aussprache: undeutlich, mundartlich, gepflegt, klar usw.
Wirkung: beherrscht, kontrolliert, gefasst, unerschütterlich, aufdringlich, ruhig, gestresst usw.
Auftreten: selbstsicher, bescheiden, zurückhaltend, laut usw.
Art: abweisend, unsympathisch, kühl, distanziert, gewinnend, zuvorkommend, arrogant, barsch usw.

S. 91 A3 Individuelle Lösungen

S. 92 A4 1. zutraulich | 2. unterwürfig | 3. misstrauisch | 4. hastig | 5. gemein | 6. sorglos | 7. unauffällig | 8. warmherzig | 9. gestresst | 10. entschlossen | 11. verantwortungsvoll | 12. spontan | 13. emotional | 14. beständig | 15. unbefangen | 16. launisch | 17. untertänig | 18. angepasst | 19. solidarisch

S. 96 A 5 1. ..., die Mehrheit schlage sich mit einem Monatslohn von 4000 bis 5000 Franken durch. | 2. ..., sie sei nie in Computertechnik verliebt gewesen. | 3. ..., Chinesisch sei in den letzten Jahren zu einer immer wichtigeren Sprache geworden. | 4. ..., sie habe erst lernen müssen, sich durchzusetzen. | 5. ..., es fehlten weibliche Führungskräfte. | 6. ..., rückblickend stelle sie fest, dass ihr auch Fehler unterlaufen seien. | 7. ..., manche Manager trügen kaum noch soziale Verantwortung. | 8. ..., es gelte, diesem Phänomen Rechnung zu tragen und Gegensteuer zu geben.

S. 97 A 6 2. bejaht | 3. streitet ... ab | 4. gesteht | 5. verweigert | 6. beteuert | 7. wiederholt | 8. bezeugt | 9. unterbricht | 10. stimmt zu | 11. widerspricht | 12. gibt ... zu | 13. betont | 14. bestätigt | 15. verneint | 16. gibt ... Recht | 17. fordert ... auf | 18. bittet | 19. befiehlt | 20. verlangt | 21. dementiert | 22. weigert sich | 23. empfiehlt | 24. rät ... ab | 25. ermahnt | 26. bietet ... an | 27. lehnt ... ab | 28. erläutert | 29. fährt fort

S. 99 A 7 Leseauftrag

S. 101 A 8 **Titel:** Titel weckt Interesse. Es handelt sich um eine Art Kontrasttitel: Den Beruf des Landwirts verbindet man im ersten Moment eher mit harter Arbeit als mit überdurchschnittlichen Begabungen. Im Text stehen die Talente im Hintergrund und werden erst am Schluss genannt. Daher passt der Titel nicht optimal zum Inhalt des Textes.
Zwischentitel: Die Zwischentitel beziehen sich auf den nachfolgenden Text und sind treffend.
Abschnitte: Sinnvolle Textgliederung. Allerdings ist der Abschnitt zum Thema «Bauer aus Leidenschaft» im Vergleich mit den übrigen Abschnitten etwas kurz geraten.
Erzählform: Die Verfasserin tritt nicht in Erscheinung, Ich-Form wird nicht verwendet.
Porträt-Anfang: Der Textanfang führt unmittelbar zur porträtierten Person, indem in den ersten zwei Sätzen vom Dorf auf den Hof und den Bauern Peter Lüthi gezoomt wird. Es folgt eine kurze Schilderung des Hofs.
Direkt und indirekt wiedergegebene Aussagen: Ausgewogenes Verhältnis von direkt und indirekt wiedergegebenen Aussagen. Humorvolle Aussagen werden direkt wiedergegeben. Dadurch wirkt die porträtierte Person auf die Leserin lebendig. Einzelne Konjunktiv-Formen sind nicht korrekt, im Abschnitt «Vielseitig und streng». Beispiele: (...) was ihm denn besonders gut an seinem Beruf **gefalle**, antwortet Peter Lüthi (...). (...) dass er den Umgang mit Tieren **liebe** und ihn die tägliche (...).
Zeitformen: Die Zeitformen sind weitgehend korrekt. Das Porträt ist vorwiegend im Präsens geschrieben.
Satzbau: Variantenreicher Satzbau. Die Verfasserin verwendet einfache und zusammengesetzte Sätze. Die Satzlänge ist abwechslungsreich.
Kasten: Nennung der wichtigsten Angaben. Der Leser findet sich schnell zurecht. Hinweis auf aktuelle Tätigkeit fehlt.
Meine Beurteilung: Individuelle Lösungen

S. 102 Test A 1 a) über einen Menschen | b) die aktuelle berufliche Situation | c) alle Zeitformen, hauptsächlich aber das Präsens | d) vom Infinitiv | e) als Ersatzformen für nicht eindeutige Konjunktiv-I-Formen | f) Die Auffassungen der Geschäftsleitung entsprächen nicht unbedingt seiner Vorstellung und er finde sicher bald eine neue Anstellung.

S. 102/103 Test A 2 a) Grammatik: Schliesslich **habe** er im Jahre 2009 beim Bundesamt für Polizei als Sachbearbeiter **angefangen**. Auf diese Stelle **sei** er durch ein Inserat in der Zeitung aufmerksam geworden. | b) Zeichensetzung: **«**Meine Familie ist mir total wichtig. Wir haben immer viel Spass zusammen**»**, erklärt Beatrice Affolter. | c) Rechtschreibung: Schon immer hat ihn das **Herumbasteln** an Maschinen fasziniert. | d) Sprachlicher Ausdruck: Nach ihrem Uni-Abschluss im nächsten August wird sie bis zum Master-Abschluss weiterstudieren. | e) Zeichensetzung: Rettungssanitäter ist ein Beruf, der nicht nur körperlich, sondern auch geistig anstrengend ist, der unregelmässige Arbeitszeiten hat und richtiges Reagieren auf Knopfdruck verlangt. | f) Zeichensetzung, Rechtschreibung: An dem Tag, als das Unglück geschah, hatte René Oberli **Pikettdienst**. Das bedeutet, er hat frei, muss aber immer bereit sein, so schnell als möglich in der Einsatzzentrale zu erscheinen.

S. 104 Test A 3 a) Ich fragte ihn, was ich tun **müsse**, um ihn einmal an seiner Stelle ersetzen zu können. | b) Sie habe vorgehabt, einen neuen Beruf zu erlernen, aber leider **seien** ihre Eltern damit nicht einverstanden **gewesen**. | c) Aber es komme sicher auch vor, dass ihr genau das fehle, was sie **brauche**. | d) Es **gebe** auch viele Arbeiten, die nicht gut für den Körper seien. | e) Die heutige Politik entspreche nicht unbedingt seinen Vorstellungen und er **finde** es gut, wenn sich das Volk nicht alles gefallen **lasse**. | f) Die Kinder **machten** oft viel Schmutz, deshalb **müsse** zweimal täglich geputzt werden. | g) Es sei sehr interessant, zu sehen, wie sich die Lernenden langsam **entwickelten** und immer selbstständiger **würden**.

Modul 7: Lesen und zusammenfassen

S. 107 A 1 a) intensives Lesen b) zuerst punktuelles, dann fortlaufendes Lesen c) fortlaufendes Lesen d) intensives Lesen e) diagonales Lesen, evtl. auch punktuelles Lesen f) punktuelles Lesen evtl. in Verbindung mit intensivem Lesen

S. 110/111 A 2 Individuelle Lösungen

S. 112 A 3 1. Ökonom: Wirtschaftswissenschafter 2. per se: von selbst / an und für sich 3. Guru: (religiöser Führer des Hinduismus) Lehrer mit grosser Anhängerschaft 4. Wust: (Durcheinander; grosse Menge) das weltweite Durcheinander von Daten 5. Inflation 6. Es handelt sich um Gesellschaften, in denen die Unterschiede zwischen Arm und Reich nur klein sind.

S. 112 A 4 1. Richtig: Obwohl Kinder grundsätzlich glücklicher machen, stellt ihre Betreuung eine Belastung dar. | Lange Zeit glaubte man, dass die Menschen umso glücklicher sind, je mehr sie konsumieren können. | Bei der Glücksforschung ist das Erheben der Daten einfacher als die Interpretation der Ergebnisse.
2. links | liberal | liberal | links
3. Glück ist kulturabhängig, aber Stabilität und Wohlstand machen alle glücklicher.
4. Der Autor stellt die Möglichkeiten und die Grenzen der Glücksforschung dar.

S. 113 A 5 1. Individuelle Lösungen. Beispiel: Der Zusammenhalt macht die Menschen zwar glücklicher, aber die Bevölkerungen der reichen Länder wären nicht bereit, individuelle Freiheiten zugunsten einer stärkeren Gemeinschaft aufzugeben (Beispiel für Erklärung). Diese Aussage ist meiner Meinung nach richtig, da sich das Rad der Geschichte nicht zurückdrehen lässt. Wirtschaftlich weniger entwickelte Gesellschaften mögen zwar glücklicher sein, aber wenn sie in Kontakt mit dem westlichen Wohlstand und den unbegrenzten Möglichkeiten der Industriestaaten kämen, wären auch sie nicht mehr bereit zu einem einfachen, aber glücklichen Leben (Beispiel für Stellungnahme).
2. Individuelle Lösungen. Beispiel: Der Begriff «Haben» beinhaltet den materiellen Besitz: Einkommen, Vermögen usw. Das Wort «Erleben» verkörpert nichtmaterielle Werte, wie Liebe, Freundschaft, Lebenserfahrung usw. (Erklärung und Beispiel). Besitz gibt eine gewisse Sicherheit, ohne die positive Erlebnisse fast nicht möglich sind. Trotzdem hat die Aussage einen wahren Kern, denn wirklich glücklich macht Reichtum nicht, zum Glücklichsein braucht es Beziehungen, schöne Erlebnisse usw. (Stellungnahme).
3. Individuelle Lösungen. Beispiel: Ich finde diese Idee gut, denn dieses Fach würde den jungen Leuten bewusst machen, was wichtig ist im Leben, und sie anregen, darüber nachzudenken, was Glück ausmacht (Argument). Die Generation, die so heranwüchse, könnte eher auf Konsum verzichten und verhielte sich umweltbewusster (Erklärung und Folge). Fraglich ist allerdings, ob dies in der Schule vermittelt werden kann (Einschränkung). Zudem dürften die anderen Inhalte, welche die Schule vermitteln muss, nicht vernachlässigt werden (Einschränkung).

S. 113 A 6 Individuelle Lösungen

S. 115 A 7 Cognitive Map / Mental Map: landkartenähnliche, schematisierte Abbildung von Strukturen und Wechselwirkungen. Dabei ist man nicht an die Baumstruktur (wie bei der Mindmap) gebunden, sondern frei in der Gestaltung. Zweiter Teil der Aufgabe: individuelle Lösungen

S. 118 A 8 Lösungsvorschlag:
Werden alle notwendigen Fakten und Schlussfolgerungen genannt? Ja. Die Beurteilung, was notwendig ist, kann aber subjektiv abweichen.
Wird auf persönliche Wertungen verzichtet? Nein. Beispiele: Zeile 8: Ich habe oft genug erlebt, dass beispielsweise das italienische «dolce far niente» Deutsche in den Wahnsinn treiben kann! | Zeile 11: Ich denke nicht, denn es möchte doch niemand auf Wohlstand verzichten.
Ist die Gedankenführung logisch und nachvollziehbar? Ja
Ist der Text in der dritten Person verfasst? Nicht immer. Verstösse: Zeilen 8 und 11: Ich (…)
Ist der Text im Präsens verfasst? Ja
Wird auf die direkte Rede verzichtet? Grösstenteils ja. Verstoss: Zeile 4: Mit den Worten des Psychologen Daniel Kahneman aus Princeton: «Glück erlebt man in Momenten, in denen man seine Aufmerksamkeit auf etwas Angenehmes richtet.»
Ist der Stil sachlich? Nein. Verstösse: Zeile 2: Und was sind die Erkenntnisse? | Zeile 9: (…) in den Wahnsinn treiben kann! | Zeilen 10/11: Aber lässt sich dieses Rezept auf uns Westeuropäer anwenden? (Der Text enthält Fragen und Wertungen.)

S. 119 A 9 Lösungsvorschlag: Der Schweizer Wirtschaftswissenschafter Bruno Frey befasst sich mit der Glücksforschung. Durch Umfragen versucht er herauszufinden, welche Eigenschaften glückliche Menschen gemeinsam haben. Es zeigt sich, dass die Resultate der Umfragen verlässliche Ergebnisse liefern. Ein Resultat ist die Erkenntnis, dass Arbeit glücklich macht. Sie gibt dem Leben Sinn. Zwischenmenschliche Beziehungen und das Familienleben tragen ebenfalls zum Glück bei. Kinder machen die Eltern allerdings erst dann glücklicher, wenn sie etwas selbstständiger sind. Warum auch der Glaube zum Glück beiträgt, hat wahrscheinlich mit verschiedenen Gründen zu tun, zum Beispiel mit den sozialen Kontakten. Glück hängt auch mit den gesellschaftlichen und staatlichen Rahmenbedingungen zusammen. Menschen in Demokratien sind glücklicher als Menschen ohne politische Mitbestimmung. Das Beispiel Bruno Frey zeigt, dass auch die Beschäftigung mit dem Glück glücklich macht. (123 Wörter)

S. 122 A 10 Alphabet, Hypothek, Labyrinth, Phase, Philosoph, Prophet, Rhinozeros, Rhetorik, Rhythmus, Strophe, Theater, Thema

S. 122 A 11 nummerieren, Kommission, Korrosion, Affekt, Aggression, Akkusativ, Effekt, Programm, annullieren, Appell, Interesse, Apposition, Aggregat, Schafott

S. 122 A 12 Katarr, Tunfisch, Fotografie, Ghetto, Joga, Penizillin, potentiell, Fassette, Kupon, Varietee, Sketsch, Club

S. 122 A 13 1 SUSPENDIEREN | 2 PROFITIEREN | 3 MANIPULIEREN | 4 REGLEMENTIEREN | 5 PUBLIZIEREN | 6 PROVOZIEREN | 7 KONKURRIEREN | 8 KOMPENSIEREN | 9 INTERVENIEREN | 10 FUNKTIONIEREN | Lösungswort: STAGNIEREN

S. 123 Test A 1 links: Sie wollen sich einen Überblick über den Inhalt des Textes verschaffen. – Sie wollen den Textinhalt vollständig begreifen und lernen. / Sie wollen sich eine Meinung zu den Inhalten des Textes bilden. | rechts: punktuelles Lesen – fortlaufendes Lesen

S. 123 Test A 2

1. Survey	Überblick	Einen ersten Eindruck gewinnen.
2. Question	Fragen	Texterschliessende Fragen formulieren, W-Fragen stellen.
3. Read	Lesen	Den Text konzentriert durchlesen.
4. Recite	Rekapitulieren	Den Inhalt in eigenen Worten wiedergeben.
5. Review	Rückblick	Die Textarbeit gedanklich noch einmal durchgehen. Überprüfen, ob das Leseziel erreicht ist.

S. 124 Test A 3 Inhalt: 1. knapp, aber dennoch umfassend 2. sachlich und informativ 3. logisch und nachvollziehbar
Sprache und Stil: 1. Er- statt Ich-Form 2. Präsens statt Präteritum 3. indirekte statt direkte Rede 4. sachlicher statt anregender Stil

S. 124 Test A 4 Mögliche Kurzzusammenfassung: Die Fähigkeit, Mitleid mit Artgenossen zu empfinden, unterscheidet den Menschen vom Tier. Nun ist wissenschaftlich bewiesen, dass sich auch Tiere in ihre Artgenossen hineinversetzen können, neben Affen auch Ratten.

S. 124 Test A 5 a) synonym: gleichbedeutend b) Privileg: Sonderrecht c) Relation: Beziehung d) Ressort: Geschäftsbereich e) manierlich: gesittet f) implizieren: einschliessen g) opportun: zweckmässig h) genetisch: erblich bedingt i) Cargo: (Schiffs-)Ladung j) taxieren: den Wert schätzen

Modul 8: Textsorten

S. 131 A 1 **Interview** Adressaten: Zeitungsleserinnen, Internet-Nutzer, Fernsehzuschauer, Mitglieder von Kommissionen u. a. | Funktionen: Unterhaltung, Berichterstattung, Ermittlung, wissenschaftliche Zwecke (Forschung, Dokumentation, Wissenserwerb)
Tagebuch Adressaten: meist keine Veröffentlichung und dementsprechend keine Adressaten. Bei Veröffentlichung breite Leserschaft | Funktionen: eigenes Erlebtes aufzeichnen, dokumentieren, reflektieren. Auch: Schreiben als Therapie, um über etwas Klarheit zu gewinnen
Porträt Adressaten: Leserinnen von Zeitungen / Zeitschriften, Hörer von Radiosendungen, Fernsehzuschauer, Internet-Nutzer | Funktionen: einen Menschen darstellen, unterhalten
Mahnung Adressaten: Schuldner | Funktionen: ausstehende Geldbeträge innerhalb der festgesetzten Fristen eintreiben
Abkommen Adressaten: Staatsangehörige der vom Vertrag / Übereinkommen betroffenen Staaten | Funktionen: Willenskundgebung, Regelungen
Ratgeberliteratur Adressaten: Leser, meist Laienpublikum | Funktionen: über ein Sachthema informieren, beraten, anleiten
Filmrezension Adressaten: Leserinnen, Hörer, Fernsehzuschauer, Internet-Nutzerinnen | Funktionen: Beschreibung, Interpretation und Bewertung von Filmen
Nationalhymne Adressaten: Angehörige eines Staates | Funktionen: kulturelle oder nationale Identität stiften, einen Staat bei einem besonderen Anlass repräsentieren

S. 134 A 2 1 *Palästinensische Terroristen ermorden drei Israelis:* Die Begriffe «Terroristen» und «ermorden» sind negativ besetzt und damit negative Wertungen.

2 *Palästinensische Befreiungskämpfer töten drei Israelis:* «Befreiungskämpfer» ist ein positiv besetzter Begriff und damit eine positive Wertung. «Töten» ist ein neutraler Begriff.

3 *Bevölkerungswachstum nur «dank» Zuwanderung von Ausländern:* Die Partikel «dank» drückt eine Begründung aus und ist an sich eine positive Wertung. Die Verwendung der Anführungszeichen zeigt, dass das Wort hier ironisch verwendet wird. Für den Verfasser der Schlagzeile ist die Zuwanderung offenbar nicht erwünscht.

4 *Legalisierung von Cannabis: Die Kiffer wittern Morgenluft:* Das Wort «Kiffer» ist umgangssprachlich und gehört damit einer anderen Sprachebene an als die übrigen Wörter. Cannabis-Konsumenten werden dadurch abgewertet.

5 *Gerichtsverhandlung gegen Mörder beginnt morgen:* Vorverurteilung. Korrekt wäre «gegen den mutmasslichen Mörder» oder «gegen den Tatverdächtigen».

6 *Frecher Sprayer festgenommen:* Das Adjektiv «frech» ist unsachlich, es beurteilt den Charakter des Sprayers.

S. 135 A 3 **Wer?** Ein 62-jähriger und ein 44-jähriger Mann
Was? Bei einem Rennen kam das Auto des 62-Jährigen in einer Kurve von der Strasse ab und ging in Flammen auf. Dabei verletzte sich der Mann schwer.
Wann? Am Samstag, 26. November 2011 (Die Meldung stammt vom 27. November 2011.)
Wo? In Meilen, Kanton Zürich
Wie? Der 62-Jährige hatte sich mit einem anderen Autofahrer ein Rennen geliefert. Er war mit seinem leistungsstarken Auto mit stark übersetzter Geschwindigkeit vorausgefahren, als er über den Strassenrand hinaus geriet.
Warum? Keine Angaben
Woher? Gemäss Polizeimeldung

S. 135 A 4 Zeile 1: besten | Zeile 5: leichtsinnigerweise | Zeile 12: bedauernswerte | Zeile 16: Halbgötter in Weiss – Ärzte | Zeile 21: geschockten

S. 136 A 5 a) nachrichtenorientiert | b) meinungsorientiert | c) nachrichtenorientiert | d) meinungsorientiert | e) meinungsorientiert

S. 138 A 6–7 Individuelle Lösungen

S. 141 Test A 1 a) Erörterung, Kommentar | b) Gebrauchsanweisung | c) Kochrezept | d) Reiseprospekt | e) Protokoll | f) Reisebericht | g) Sportbericht | h) Biografie) | i) Gegenstandsbeschreibung | j) Kondolenzschreiben | k) Wahl-/Parteiprogramm | l) Kündigungsschreiben

S. 142/143 Test A 2 a) Sachtext, Zeitungsbericht. Begründung: Der Text stammt aus einer Tageszeitung, ist nachrichtenorientiert und bezieht sich auf aktuelle Meldungen. Die Verfasserin wertet nicht und gibt keine persönliche Meinung bekannt. | b) Im Text geht es um ein gesellschaftliches Thema / Problemfeld, um den Umgang der heutigen Jugend mit Alkohol und anderen Drogen. Die Thematik wird von verschiedenen Seiten beleuchtet. Zusammenhänge, Statements von Fachleuten und Lösungsansätze werden genannt. Erklärt wird auch, dass die Erwartungen an die Jugendlichen hoch sind und Elternbildung immer wichtiger wird. | c) Titel: Der Titel nimmt Bezug auf das Thema «Rauschtrinken» («umfallen») und ist doppeldeutig, weil «umfallen» hier auch «sterben» bedeuten kann. Schlusssatz: Hier wird das Verhalten der Jugendlichen in einen gesellschaftlichen Zusammenhang gestellt. Zwar trinken viele Jugendliche (zu) viel, doch wird damit das Suchtverhalten gespiegelt, das in unserer Gesellschaft vorhanden ist (Arbeitssucht, Esssucht, Drogensucht, Sexsucht u. a.). | d) Der Bericht ist in drei Teile gegliedert. Die Teile zwei und drei weisen einen Zwischentitel auf. Es ist kein Lead vorhanden. Die wesentlichen Fakten stehen am Anfang, gefolgt von Erklärungen und Zusammenhängen («Pyramidenaufbau»). | e) Sprachliches Bild: Kampf gegen Windmühlen (Z. 29/30), Redewendung: über die Stränge schlagen (Z. 11)

S. 143 Test A 3 a) Was? Kühler Empfang, Wer? Präsident | b) Was? Anschlag, Wer? Ausländische Touristen, Wo? Amman (Jordanien) | c) Wer? Deutschland?, Was? Anti-Terror-Datei, Wann? In diesem Jahr | d) Was? Kosteneinsparung, Wie? Dank legalem Sprayen | e) Wer? Hacker, Wo? Im Computer der schwedischen Sozialdemokraten

S. 144 Test A 4 a) Falsch. Verbesserung: (…) die Verfasserin **und der Leser** orientieren **können**. b) Falsch. Verbesserung: (…) enthalten **keine persönlichen Einschätzungen.** c) Richtig d) Falsch. Verbesserung: Interviews sind **informative** Texte, weil der Leser **über einen Sachverhalt und / oder über fremde Meinungen informiert wird**. e) Falsch. Verbesserung: **Sachtexte** lassen sich (…), weil **sowohl in Dokumentarfilmen als auch in Sachtexten die Wirklichkeit möglichst unverfälscht dargestellt wird.** f) Richtig g) Falsch. Verbesserung: Biografien gelten als **textartenübergreifende Formen.** h) Falsch. Verbesserung: (…) gehören zu einem Kommentar **und einer Analyse.** i) Falsch. Verbesserung: (…) ist das **Gliedern eines längeren Textes.** j) Falsch. Verbesserung: (…) und Konzerten. Sie geben **die Meinung des Verfassers wieder und gehören deshalb zu den meinungsorientierten Textsorten.** k) Richtig l) Richtig

Modul 9: Sachtexte analysieren

S. 151 A 1 Die Klimabelastung durch den Fleischkonsum wird sich in Zukunft verstärken (= These). Dies hat drei Gründe (= drei Argumente): Wachstum des Wohlstandes in den Schwellenländern, Wachstum der Weltbevölkerung, Abnahme der landwirtschaftlichen Nutzfläche. Das erste Argument wird eingeschränkt (= Einschränkung) durch die Aussage, dass der Fleischverzehr in den Industrieländern am höchsten ist. Das dritte Argument erklärt zudem (= drei Erklärungen), warum die landwirtschaftlich genutzte Fläche abnimmt: Bevölkerungsdruck, Verstädterung und Versteppung.

S. 151 A 2   **Text 1:** «Fleisch ist eine Sünde – oder doch nicht?» lautet der Titel des Artikels von Claudia Wirz. Warum legt sich die Autorin in ihrer Haltung nicht klar fest? Natürlich ist es eine Sünde, Fleisch zu essen! Denn Fleischverzehr ist ethisch bedenklich, rücksichtslos gegenüber Tier und Mitmensch. Wen die im Text aufgeführten Beispiele wie Klimaerwärmung und Abholzung des Regenwalds noch nicht überzeugen, der kann sich gerne im Schlachthof davon überzeugen, was die Tiere alles durchmachen, bis sie als «Filet» oder als «Plätzli» auf unserem Teller landen.

Text 2: Fleisch ist ein unverzichtbares Nahrungsmittel, weil es einfach zu einer ausgewogenen Ernährung gehört. Es ist wissenschaftlich erwiesen, dass Personen, die auf Fleischprodukte verzichten, häufiger unter Mangelerscheinungen leiden als Fleischesser. Natürlich muss der Umgang mit Fleisch verantwortungsbewusst sein, denn die Konsumenten tragen die Verantwortung dafür, wie das Fleisch produziert wird. Das heisst zum Beispiel, dass wir nicht nur die besten Stücke essen sollten und dass es nicht jeden Tag Fleisch braucht. Warum nicht einmal ein Stück Suppenfleisch kochen und dafür am nächsten Tag eine vegetarische Lasagne zubereiten? Das – und nicht der strenge Verzicht – wäre ein verantwortungsbewusster Umgang mit der Problematik.

These   Argument   Beispiele

S. 152 A 3   Individuelle Lösungen

S. 154 A 4   Individuelle Lösungen analog dem Beispiel auf Seite 153 (Cartoon)

S. 159 A 5   Anmerkung: Angegeben werden die für die Darstellung besonders geeigneten Diagrammtypen.
1. Balken- oder Säulendiagramm | 1 Zahlenreihe 2. Balken- oder Säulendiagramm | 2 Zahlenreihen 3. Liniendiagramm | 1 Zahlenreihe 4. Liniendiagramm | 2 Zahlenreihen 5. Säulen- oder Balkendiagramm | 1 Zahlenreihe 6. Kreisdiagramm | 1 Zahlenreihe 7. Flussdiagramm | keine Zahlenreihe 8. Organigramm (Baumdiagramm) | keine Zahlenreihe

S. 159 A 6   Individuelle Lösungen

S. 162 A 7   1. zwar …, aber 2. einerseits …, andererseits 3. erstens … zweitens … drittens 4. Obwohl 5. durch … durch / mit … mit 6. Trotz 7. damit 8. Sobald … und

S. 162 A 8   1. Wie der Pressesprecher sagt, handelt es sich um Industriespionage. 2. Die Bahnstrecke ist für einzelne Züge wieder befahrbar, obwohl es anhaltend regnet. 3. Weil die rüstigen Rock-Veteranen zahlreiche Zugaben spielten, dauerte der Anlass bis Mitternacht. 4. Die Ärzte konnten das Schlimmste verhüten, indem sie sofortige Massnahmen einleiteten. 5. Nachdem man heftig diskutiert hatte, / Nachdem heftig diskutiert worden war, führten die Verhandlungen doch noch zum Erfolg.

S. 163 Test A 1   Das Zoom-Prinzip bei der Sachtextanalyse bedeutet, dass der Text zuerst eingeordnet wird, zum Beispiel was Thema und Textsorte angeht. Anschliessend untersucht man Gliederung und Aufbau des Textes. Zuletzt beschäftigt man sich mit dem Inhalt und mit der sprachlichen Gestaltung. Man geht also Schritt für Schritt näher an den Text heran.

S. 163 Test A 2   Verheiratete leben länger! – Dies sagen die Statistiken tatsächlich aus. Wer nun meint, man könne sich durch die Ehe ein längeres Leben sichern, irrt sich trotzdem, denn er zieht aus der Statistik die falschen Schlüsse. Die Lebenserwartung von Verheirateten ist zwar tatsächlich höher. Dies liegt aber daran, dass Menschen mit tieferer Lebenserwartung viel seltener heiraten als Menschen mit einer durchschnittlichen oder hohen Lebenserwartung. So schliessen beispielsweise chronisch kranke, depressive oder behinderte Menschen den Bund fürs Leben oft gar nicht ab – und beeinflussen so die Statistik.

These   Argument   Beispiele

S. 163 Test A 3   Über dem Dorf erhebt sich eine Felswand / ragt eine Felswand empor.
Der Boulevard wird von Bäumen gesäumt.

S. 163 Test A 4   Obwohl Maria in Schwierigkeiten steckt, will sie keine Hilfe annehmen. (Einschränkung)
Maria steckt in Schwierigkeiten, weil sie keine Hilfe annehmen will. (Begründung)

S. 164 Test A 5   1 Richtig | 2 Falsch | 3 Richtig | 4 Richtig | 5 Falsch | 6 Richtig

S. 164 Test A 6   Es soll eine Entwicklung gezeigt werden und dazu benötigt man eine Zeitachse. Ebenfalls geeignet wäre ein Flächendiagramm.

Modul 10: Erzählen

S. 167 A 1 **Geschichte 1:** Die Geschichte illustriert die Tatsache, dass ein Auto der Marke Mercedes besonders robust und zuverlässig sein soll, so dass Pannen nahezu unmöglich sind. Die Frau weiss das und überführt so den Mann der Lüge.
Geschichte 2: Der Text stellt anhand einer Erzählung dar, dass Glück und Pech nahe beieinander liegen. Vermeintliches Glück kann sich im Nachhinein als Pech herausstellen und umgekehrt.
Geschichte 3: Die Aussage der Geschichte wird im letzten Satz auf den Punkt gebracht. Es ist im Nachhinein für Aussenstehende einfach, zu behaupten, dass eine Leistung nichts Besonderes darstellt.

S. 168 A 2 Die Zuordnung der Sätze ist teils subjektiv. Die Lösung gilt als Richtlinie:

erzählend		schildernd		beschreibend
5, 7	8, 2, 4	1	9, 10	11	3, 6

S. 169 A 3 **Text 1:** schildernd | kaum Handlung, statisch | subjektive Eindrücke, wie zum Beispiel Geräusche, Gerüche
Text 2: beschreibend | keine Handlung, statisch | relativ genaue und sachliche Angaben
Text 3: erzählend | handlungsorientiert | subjektive Wahrnehmungen

S. 170 A 4 **Ich-Erzählsituation:** Der Leser erlebt das Geschehen aus der Sicht des Ich-Erzählers. Die Identifikation mit dem Ich-Erzähler bewirkt, dass man stärker in die Handlung hineinversetzt wird.
Personale Erzählsituation: Sie schafft mehr Distanz zum Text als die Ich-Erzählung. Sie ermöglicht es, eine Handlung aus der Sicht verschiedener Personen zu erleben, und bietet dem Erzähler somit mehr Gestaltungsmöglichkeiten.

S. 171 A 5 Individuelle Lösungen. Aus dem Text muss ersichtlich werden, was das Gegenüber vorher getan hat, warum es sich an den Tisch der Ich-Erzählerin setzt, warum es mit dem Schlüsselbund klimpert.

S. 176 A 6 Skizzierter Lösungsvorschlag: die Schlägerei als Höhepunkt ausarbeiten und Zeitdeckung, bei entscheidenden Szenen Zeitdehnung anwenden. Die restlichen Handlungselemente stark kürzen (Zeitraffung) oder weglassen (zum Beispiel Autofahrt).

S. 177 A 7 **Beginn:** Schilderung einer Situation, man wird unmittelbar in die Geschichte versetzt.
Gestaltungselemente: Rückblende (Badeausflug), Höhepunkt (Panik im Wasser), verschiedene Wendepunkte vorhanden, zum Beispiel als die Freundinnen essen gehen, aber die Ich-Erzählerin schwimmen will.
Schluss: offenes Ende, mit angedeutetem Happy End
Zeitgestaltung: Höhepunkt wird sehr genau erzählt – zeitdeckend

S. 179 A 8 Individuelle Lösungen

S. 183 A 9 Lösungsvorschläge: 1. marschierte 2. funktionierte / lief / brummte ... 3. klappte 4. nahte / kündigte sich an 5. aufgetaucht 6. trat ein 7. einem Schuppen 8. einem Schloss / einem Palast / einer Villa 9. reizend / sommerlich ... 10. beeindruckend / überwältigend / grandios 11. wolkenlos 12. riesigen / ausladenden 13. erwachsen / selbstständig 14. historisches 15. unerschöpflich / immens 16. zimmerte / konstruierte 17. bastelte / kreierte 18. abgelegt / absolviert 19. stellt ... her / fabriziert

S. 184 A 10 2. Das Grundstück erstreckte sich über ... 3. Panik überfiel sie. 4. Der Baum überragte das Haus um einige Meter. 5. Das Bächlein schlängelte sich / plätscherte / floss durchs Tal. 6. Vor der Kasse drängte sich ...

S. 184 A 11 1. Im Winter sind die Bäume kahl, die Pflanzen wirken leblos. 2. Immer mehr Bewohner verliessen das Dorf. 3. Die Fenster waren so schmutzig, dass man nicht hindurchsehen konnte.

S. 185 A 12 1. I – ein Glückspilz 2. A – etwas auf die lange Bank schieben 3. B – nach den Sternen greifen 4. D – sich kein Bein ausreissen 5. M – Hals über Kopf 6. O – etwas an den Haaren herbeiziehen 7. K – in der Tinte sitzen 8. F – jemandem den Kopf verdrehen 9. G – ein Kettenraucher 10. N – die Hände in den Schoss legen 11. H – die Karten auf den Tisch legen 12. C – es faustdick hinter den Ohren haben 13. J – jemanden an der Nase herumführen 14. L – kein Blatt vor den Mund nehmen 15. E – bei jemandem einen Stein im Brett haben

S. 186 Test A 1–6 Individuelle Lösungen

Erlebnis Sprache 1
für die Sekundarstufe II

Autoren
Stefan Graf und Markus Gsteiger (1. Auflage: Catherine Hari, Stefan Graf und Markus Gsteiger)

Beratung
Friederike Kaspar, Sibylle Kissling und Karin von Büren-Schaedler (1. Auflage: Kurt Widmer)

Projektleitung und Redaktion
Nathalie Gygax Huber (1. Auflage: Irene Schüpfer)

Redaktion und Finalisation
Nicole Habermacher, punkto, Luzern

Rechte
Dijana Krizanac

Grafische Gestaltung
Typogräfin Petra Wenger, Oberkulm (Gestaltung, Typografie und Finalisation)
Brigitte Mathys, Langenthal (Konzept Umschlag)
Cyan, Luzern (Konzept Inhalt und Gestaltung)

Illustrationen
Evelyn Trutmann, Basel

Korrektorat
Stefan Zach, Plagne

2., überarbeitete Auflage 2012
7., unveränderter Nachdruck 2019
Alle Drucke dieser Auflage können im Unterricht nebeneinander verwendet werden.
© Klett und Balmer AG, Zug 2012

Alle Rechte vorbehalten.
Nachdruck, Vervielfältigung jeder Art oder Verbreitung – auch auszugsweise –
nur mit schriftlicher Genehmigung des Verlags.

ISBN 978-3-264-83977-7

Erlebnis Sprache 2, Arbeitsbuch: ISBN 978-3-264-83978-4
Erlebnis Sprache 1+2, Begleitband: ISBN 978-3-264-83979-1
eBook Erlebnis Sprache 1, Arbeitsbuch: ISBN 978-3-264-84214-2
eBook Erlebnis Sprache 2, Arbeitsbuch: ISBN 978-3-264-84215-9
Praktische Übungsgrammatik: ISBN 978-3-264-84187-9 (zur Ergänzung)
eBook Praktische Übungsgrammatik: ISBN 978-3-264-84197-8 (zur Ergänzung)
Systematische Übungsgrammatik: ISBN 978-3-264-83976-0 (zur Ergänzung)

www.klett.ch
info@klett.ch

Der Verlag hat sich bemüht, alle Inhaber von Nutzungsrechten zu eruieren. Sollten allfällige Nutzungs-
rechte geltend gemacht werden, so wird gebeten, mit dem Verlag Kontakt aufzunehmen.